신앙, 무엇을 믿는가?

교리와 논쟁, 신조의 역사〔고대와 중세편〕

개혁교회 전통에서 본 신앙고백 역사 ❶

신앙, 무엇을 믿는가?

교리와 논쟁, 신조의 역사 〔고대와 중세편〕

초판 1쇄 인쇄 | 2024년 6월 1일
초판 1쇄 발행 | 2024년 6월 7일

지은이　양정호
펴낸이　김운용
펴낸곳　장로회신학대학교 출판부

등록　제1979-2호
주소　(우)04965 서울시 광진구 광장로5길 25-1(광장동)
전화　02-450-0795
팩스　02-450-0797
이메일　ptpress@puts.ac.kr
홈페이지　http://www.puts.ac.kr

값　18,000원
ISBN　978-89-7369-491-4　93230

개혁교회 전통에서 본 신앙고백 역사 ❶

信仰
신앙, 무엇을 믿는가?

교리와 논쟁, 신앙고백의 역사 [고대와 중세편]

양정호 지음

장로회신학대학교출판부

머리말

      유학 시절 한국에서 목회하고 있던 친구 목사로부터 이메일을 받았습니다. 홍성사에서 발간예정인 "그리스도교 사상사" 초벌 번역이 있는데, 용어 및 문체 등을 확인해 줄 교회사 전공자를 추천해 달라는 부탁을 받아서 필자를 추천하고 싶다는 내용이었습니다. 수락을 해놓고 원고를 받아보니, 번역을 다시해야 할 것 같아 10페이지 정도 범위 내에서 눈에 띄는 용어와 문장을 고쳐서 홍성사로 보냈습니다. 결국 편집실에서는 처음부터 다시 번역하기로 결정하였고, 필자의 번역 전체로 번역본이 완성되었습니다. 어찌하다 보니 의도하지 않게 코스웍이 끝나지 않은 상황에서 책을 번역하게 되었고, 번역과 편집 작업에 2년의 시간이 소요되었습니다. 우여곡절 끝에 『기독교 인물 사상사전』이라는 이름으로 출판된 토니 레인^{Tony Lane}의 *History of Christian Thoughts*^{그리스도교 사상사} 공동 번역자가 되었습니다. (생각하기에 따라서) 학위 공부는 1~2년 정도 늦어졌지만, 그 번역서와 씨름하며 보낸 시간은 그리스도교 사상사를 집중적으로 공부한 시간이 되었고, 2007년부터 미주한인장로회신학대학교에서 교회사 강의를 시작한 계기가 되었습니다.

      결국, 박사학위 논문도 여성사와 중세사와 사상사가 만나는 지점에 위치시킬 수 있는 논문이 되었습니다. 논문의 제목은 "Passion to

Compassion: Julian of Norwich's Theology of Emotion from the perspective of Korean Women's Han and Jeong"입니다. 노르위치의 줄리안이 남긴 『사랑의 계시』에 나타난 신학사상 가운데 핵심이라고 할 수 있는 삼위일체 하나님의 사랑이 어떻게 passion과 compassion의 순환구조로 표현될 수 있는지를 '한'과 '정'이라는 개념과 연결시킨 그리스도교 사상사 논문입니다.

교회사, 그리스도교 사상사, 교리사 모두 역사신학이라는 범주 안에 들어와 있지만, 일반 역사학 방법을 사용하여 사료 곧 증거를 치밀하게 다루어야 하는 교회사와, 논리와 해석학 방법을 사용하여 텍스트를 분석하고 해석 및 재해석하는 사상사는 접근방법에 있어서 약간의 차이가 있습니다. 예를 들어, 중세 여성사를 연구하는 경우 사료의 제한으로 인하여 증거를 제시하면서 치밀하게 여성의 개인사를 재구성하기는 쉽지 않지만, 여성들이 남긴 작품을 분석하고 해석하면서 그들의 사상을 정리하는 것은 비교적 용이합니다. 세부 전공분야가 중세 여성사이다 보니, 결국 사상사 분야에서 많은 작업을 해 왔습니다. 귀국 이후 10년 가까이 교회 현장에서 부목사로 일하면서 그리스도교 사상사 분야의 내용을 교회의 성도들과 함께 나눈다면 어떤 내용이 좋을까를 생각하게 되었고, 신앙고백의 역사를 다루는 것이 좋겠다는 잠정적인 결론을 내린 적이 있습니다. 왜냐하면 한국교회의 그리스도인들이 신앙이란 무엇인지, 그 내용이 무엇인지에 대해 정확하게 알지 못하기 때문에 이단에 빠지는 것 같다는 생각이 들었기 때문입니다.

그러다가 손달익 목사님이 위임목사로 시무하시는 대치동 서울 교회에서 협동목사로 사역을 하게 되었고, 저에게 맡겨진 사역 가운데 하나가 장년부 신앙강좌였습니다. 평소 신앙고백의 역사를 통해 신앙의 기초적인 내용을 나누고 싶었고, 장로교 전통 안에 있는 신앙고백의 역사에 대해서 나누고 싶기도 했으므로 2022년 서울교회 신앙강좌부 강의 주제를 "교리와 신조: 신앙고백의 역사"로 정하고 매주 한 시간씩 일 년 동안 강의하였습니다. 강의 내용은 2021년 대전신학교에서 가르쳤던 "교리와 신조"에 기초를 두었고, 두 곳에서 강의하면서 정리한 내용을 이 책에 담았습니다. 학교에서 일주일에 3시간씩 강의하는 패턴을 따라가면 한 학기 분량에 해당되는 내용입니다.

강의를 위해서 주로 참고했던 책은 Justin S. Holcomb, *Know the Creeds and Councils*, 이심주 역, 『신조를 알면 교회사가 보인다』^{서울: 부흥과 개혁사, 2015}입니다. 이 책은 각각의 신조에 대하여 역사적 배경 – (신조의) 내용 – 오늘과의 연관성 – 토론할 문제 순으로 내용을 풀어갑니다. 고대교회부터 현대에 이르기까지 13장에 걸쳐서 중요한 신조들을 간략하게 교회사의 관점에서 잘 풀어낸 책이지만, 논쟁의 쟁점에 대한 설명이나 오늘과의 연관성에 대한 설명에서는 개인적으로 아쉬움이 느껴졌습니다. 그래서 이 책에서는 오늘과의 연관성을 좀 더 쉽게 설명하면서도 각 장의 주제와 연결될 수 있도록 각 장 시작에 "서론적 질문"을 제시하였고, 마지막에는 "결론적 진술"을 통해서 내용을 정리하였습니다. 이 책에서 제시한 사도 신조, 니케아-콘스탄티노플 신조는 대한예수

교장로회(통합) 『헌법』에서, 아타나시우스 신조와 칼케돈 신조는 『신조를 알면 교회사가 보인다』의 번역을 그대로 가져왔고, 니케아 신조는 원래의 저주문이 있는 번역을 찾아서 소개하였습니다.

작성된 강의 원고의 분량이 많다보니 둘로 나누어 "고대와 중세편"을 제1권으로 "종교개혁 이후"를 제2권으로 출판할 수 있도록 기획하였습니다. 사실 중세시대는 신앙고백의 역사라는 관점에서 본다면, 고대교회의 연속선상에 있습니다. 사도 신조와 니케아-콘스탄티노플 신조가 계속 사용되었고, 별도의 신앙고백문 또는 신조를 만들어 사용하지는 않았기 때문입니다. 그래서 중세편을 따로 기획하지 않고, 오늘날까지 영향을 미치고 있는 고대와 중세의 중요 교리논쟁을 3부에서 소개하였습니다.

"개혁교회 전통에서 본 신앙고백의 역사" 시리즈를 구상하면서 고대교회에서 21세기 한국교회에 이르기까지, 고대교회의 에큐메니칼 공의회를 통해서 작성된 신조부터 대한예수교장로회 21세기 신앙고백에 이르기까지 중요한 신조들 또는 신앙고백의 내용들을 담아내려고 하였습니다. 특히 1권에서는 고대교회의 중요한 신조들인 사도 신조, 아타나시우스 신조, 니케아-콘스탄티노플 신조, 칼케돈 신조 뿐만 아니라 이 신조들이 작성된 배경을 함께 다루었습니다. 고대 교회의 기독론을 중심으로 진행되었던 4차례의 고대 교회 에큐메니칼 공의회에 대한 설명을 보면 각각의 신조가 강조하는 바가 무엇인지를 이해할 수 있을 것입니다.

이 책을 어떻게 사용할 것인가에 대해 안내하자면, 각각의 신조를 이해할 때 교리라는 관점에서가 아니라 믿음의 내용이라는 관점에서 이해할 필요가 있습니다. 그리스도교 전통은 무엇을 믿어야 한다고 가르쳐왔는지 또 오늘 우리는 무엇을 믿어야 하는지 확인하기 위해서 신앙고백의 역사를 반드시 살펴보아야 합니다. 그러나, 신앙고백에 대해서 가르치는 교회를 찾아보기가 쉽지 않습니다. 우리가 믿어야 하는 것이 무엇인지 제대로 알지 못한 채 덮어놓고 "미~쓥니다"라고 고백할 수는 없습니다. 그 폐단은 성경에 기록된 하나님의 말씀을 믿는 것이 아니라 자신의 신념을 믿는 것으로 나타나기도 합니다. 자신의 종교적 신념이 그리스도교 전통과 괴리가 있는 것은 아닌지, 성경 말씀에 근거하고 있는 것인지 확인하는 작업은 반드시 필요합니다. 이단들도 성경을 근거로 자신들의 신념을 전파하기 때문입니다. 그래서 우리는 성경과 함께 그리스도교 전통을 반드시 알아야 합니다. 그 가운데서도 믿음의 내용을 요약하고 있는 신앙고백의 전통을 알아가는 것은 앞으로 교회가 관심을 기울여야 할 내용입니다. 아무쪼록 이 책이 크고 작은 교회의 교육공동체에서 사용될 뿐만 아니라, 신학대학교 교과과정에서도 교재로 사용할 수 있게 되기를 바라는 마음입니다.

2024년 4월 26일
장로회신학대학교 마펫관 2층에서

감사의 글

매주 월요일부터 금요일까지는 학교 일로, 토요일은 주일 사역준비로, 주일은 교회사역으로 쉬는날 없이 바쁘게 살았다는 증거가 책으로 남게 된 것 같습니다. 개인 저술로 펴내는 첫 번째 전공서적이라는 점에서 의미가 있는 책입니다. 이 자리를 빌어 녹슬어 없어지기보다는 닳아 없어지기로 마음먹게 하시고 또 그런 마음으로 일할 수 있는 힘을 주신 하나님께 감사와 영광을 올려드립니다. 서울교회에서 협동목사로 일할 수 있도록 기회를 주신 손달익 목사님과 당회 및 서울교회 신앙강좌부에서 함께 마음과 시간을 나누어 주신 성도님들께 감사의 마음을 전합니다.

장신대 연구지원처에서 일할 수 있도록 기회를 주신 김운용 총장님, 책을 출판할 수 있도록 기회를 주신 학술연구위원회 위원장 김은혜 교수님, 출판 원고를 작성하는 과정에서 도움을 주신 연구지원처 식구들 — 실장 우선하 차장님, 실원 이은혜 선생님, 조교 최이삭 전도사님, 임대봉 전도사님에게 감사의 마음을 전합니다. 최이삭 전도사님은 신약학 전공자로 키릴의 "12개 항목의 파문장"을 헬라어 원문으로부터 다시 번역해 주는 수고를 아끼지 않았습니다. 장로회신학대학교출판부에서 편집인으로 일하면서 제가 저술한 책을 편집하는 영광을 누리게 된 것도 감사한 일입니다. 학교를 사랑하는 마음은 표현하면서도 가족을 사랑하는 마음은 잘 표현하지 않았기에 이 자리를 빌어 아내와 아이들에게 사랑의 마음을 전합니다.

"I love you with the love more than a love."

목차

СѵМВО́ЛЪ,

ре́кше и҆сповѣ́данїе, и҆́же во ст҃ы́хъ ѻ҆ц҃а̀ на́шегѡ
а҃.ѳ.ана́сїа, патрїа́рха а҆леѯандрі́йскагѡ.

И҆́же хо́щетъ спасти́сѧ, пре́жде всѣ́хъ подоба́етъ є҆мꙋ̀
держа́ти каѳоли́ческꙋю вѣ́рꙋ, є҆́юже а҆́ще кто̀ цѣ́лы
и҆ непоро́чны не соблюда́етъ, кромѣ̀ всѧ́кагѡ недо-
ꙋмѣ́нїѧ, во вѣ́ки поги́бнетъ. вѣ́ра же каѳоли́-
ческаѧ сїѧ̀ є҆́сть: да є҆ди́нагѡ бг҃а въ трⷪ҇цѣ, и҆ трⷪ҇цꙋ во є҆ди́ницѣ
почита́емъ, нижѐ слива́юще ѵ҆поста̑си, нижѐ сꙋщество̀ раздѣ-
лѧ́юще. И҆́на бо є҆́сть ѵ҆поста́сь ѻ҆́ча, и҆́на сн҃о́внѧ, и҆́на ст҃а́гѡ
дх҃а: но ѻ҆́ча, и҆ сн҃о́внѧ, и҆ ст҃а́гѡ дх҃а, є҆ди́но є҆́сть бж҃ество̀,
ра́вна сла́ва, соприсносꙋ́щно вели́чество. Ꙗ҆́ковъ ѻ҆ц҃ъ, тако́въ
сн҃ъ, тако́въ и҆ ст҃ы́й дх҃ъ. Несозда́нъ ѻ҆ц҃ъ несозда́нъ сн҃ъ,
несозда́нъ и҆ ст҃ы́й дх҃ъ. Непостижи́мь ѻ҆ц҃ъ, непостижи́мь
сн҃ъ, непостижи́мь и҆ дх҃ъ ст҃ы́й. вѣ́ченъ ѻ҆ц҃ъ, вѣ́ченъ сн҃ъ,
вѣ́ченъ и҆ ст҃ы́й дх҃ъ: ѻ҆ба́че не трѝ вѣ́чни, но є҆ди́нъ
вѣ́чный: та́коже нижѐ трѝ несозда́нни, нижѐ трѝ непо-
стижи́мїи, но є҆ди́нъ несозда́нный, и҆ є҆ди́нъ непостижи́-
мый. Подо́бнѣ: вседержи́тель ѻ҆ц҃ъ, вседержи́тель сн҃ъ, все-
держи́тель и҆ дх҃ъ ст҃ы́й: ѻ҆ба́че не трѝ вседержи́тели, но
є҆ди́нъ вседержи́тель. Та́кѡ: бг҃ъ ѻ҆ц҃ъ, бг҃ъ сн҃ъ, бг҃ъ и҆ дх҃ъ
ст҃ы́й: ѻ҆ба́че не трѝ бз҃и, но є҆ди́нъ бг҃ъ. Ра́внѡ гдⷭ҇ь ѻ҆ц҃ъ,

*

1부

❋

고대교회의 신조들

제1장

신앙이란 무엇인가?
믿음과 신앙 — 믿음의 대상과 내용

1. 서론적 질문
— 취미가 무엇입니까?

여러분들은 어떤 취미 생활을 하십니까? 취미라는 단어를 사전에서 찾아보면 "인간이 금전이 아닌 기쁨을 얻기 위해서 하는 활동, 즉 전문적으로 하는 것이 아니라 즐기기 위해서 하는 일로써 일반적으로 여가에 즐길 수 있는 정기적인 활동이라고 할 수 있다."[1]라고 되어 있습니다. 이러한 정의를 따른다면 어떤 이들은 직장에서 근무하는 시간을 제외하고 남는 시간에 즐길 수 있는 정기적인 활동으로 '다양한 문화활동' 및 '스포츠 활동'을 취미로 즐깁니다. 또 어떤 이들은 독서를 취미라고 말하기도 하는데, 독서는 취미가 아니라 생활의 일부라고 말하는 사람들도 있습니다. '여가활동'이 누군가에게는 취미가 되고 다른 누군가에게는 생활의 일부가 되는 것과 같이 '신앙생활'도 그러합니다.

좋은 의미로 신앙생활을 취미로 선택하는 사람들이 있습니다. 또 저와 같은 목사나 신학교 교수들은 신앙생활이 직업과도 연결되어 있기에 직업이 신앙생활이라고 할 수도 있을 것입니다. 비록 신앙생활이 취미나 직업과 공통 분모가 있기는 하지만, 신앙생활은 취미생활도 아니고 직장생활도 아닙니다. 그러므로 신앙생활이 취미생활이나 직장생

---

[1]   위키 백과, "취미," https://ko.wikipedia.org/wiki/%EC%B7%A8%EB%AF%B8, [2023. 11. 06. 접속].

활이 되지 않으려면 어떠해야 하는지 고민할 필요가 있습니다. 순교자들과 같은 신앙의 선배들의 모습에서 보는 것처럼 신앙을 위해서는, 때로는 목숨을 걸어야 하는 경우도 있기 때문입니다.

같은 부모 밑에서 태어나고 자란 형제자매들도 살아가는 모습이 다른 것처럼, 같은 하나님을 믿고 같은 교회에서 함께 신앙생활을 하는 '형제자매'의 모습 곧 신앙생활의 모습도 사람마다 차이가 있습니다. 이렇게 신앙생활의 모습에 차이가 생기는 것은 신앙정체성과 연결되어 있는데, 그 이유는 한 사람의 신앙정체성은 그 사람이 가지고 있는 믿음의 대상과 내용 그리고 그 믿음의 대상이신 삼위일체 하나님과의 관계성에 따라 결정되기 때문입니다.

책 전체를 여는 1장 첫머리에서 독자를 향한 저자의 바람을 적어보면, 이 책을 통해서 독자들이 신앙정체성에 대해서 생각해 보고, 전통에 비추어 자신의 신앙정체성을 확인해 보면서, 종교개혁 전통 또는 개혁교회 전통 안에서 신앙정체성이 확립되기를 바라는 마음입니다. 이 질문으로 스스로 신앙정체성이 확립되었는지의 여부를 점검해 보십시오. "나는 신앙생활을 취미로 하고 있는가, 아니면 이 일에 목숨을 걸 수 있는가?"

2. 믿음과 신앙

믿음이나 신앙이나 모두 영어로는 faith로 표현하지만, 엄밀히 말하면 믿음이나 신앙이 동일한 것은 아닙니다. 왜냐하면 어느 한 사람에 대해서 말할 때 믿음이나 신뢰가 간다고 표현하는데 반하여, 신앙이라는 단어는 사람에 대해서는 사용하지 않고 종교에 관한 내용에 대해서만 사용하기 때문입니다. 말하자면, 신앙이란 종교적 믿음의 특별한 체계를 확신하거나 신뢰하는 것을 말합니다. 그래서 믿음의 내용을 고백적이면서도 교리적 체계를 갖춘 고백문 형태로 표현한 것에 대해 '믿음고백'이라는 용어를 사용하지 않고 '신앙고백'이라는 용어를 사용합니다. 믿음이나 신앙이나 별 차이가 없는 것 같은데, 굳이 구별을 하면서 공통점과 차이점을 언급하는 이유는 사람은 믿음의 대상이 아니라 사랑의 대상이라는 것과 신앙의 대상은 오직 삼위로 일체되신 하나님이시라는 것은 아무리 강조해도 지나치지 않기 때문입니다.

'올바른 신앙생활'은 신앙의 정의, 대상, 그리고 내용에 대한 분명한 이해에서 출발합니다. 성경이 믿음/신앙의 정의, 대상, 내용에 대하여 우리에게 어떻게 가르쳐 주고 있는지 확인함으로써 올바른 신앙생활로 나아가는 첫 걸음을 내딛을 수 있습니다. '믿음 장'이라는 별명을 가진 히브리서 11장의 말씀을 통해서 이러한 내용들을 확인할 수 있습니다. 히브리서 11장에서 가장 많이 등장하는 단어가 믿음이라면, 그 다음으로 많이 나타나는 단어는 무엇일까요? 그것은 바로 '약속'입니다. 믿음을 약속이라는 관점에서 정의함으로써, 우리 신앙의 대상이신 하나님을 믿는다는 것은 하나님의 약속을 믿는 것이라는 관점에서 생각해 볼 수 있습니다.

∃. 신앙의 대상과 내용

신학생들에게 우리 믿음의 대상이 누구신지를 질문해 본 적이 있습니다. 대부분의 학생들이 하나님이라고 대답을 합니다. 대부분의 사람들이 하나님을 믿는다고 말하지만, 이것은 정답이 아닙니다. 유대인들은 여호와 하나님을, 무슬림은 알라 하나님을 믿습니다. 말하자면, 유대인들은 아브라함과 이삭과 야곱의 하나님을, 무슬림 아브라함과 이스마엘의 하나님을 믿으며 두 종교는 모두 아브라함의 하나님을 신앙의 대상으로 여깁니다. 심지어 천부교는 박태선 씨를 하나님으로 믿고, 신천지예수교 증거장막성전은 이만희 씨를 하나님으로 믿습니다. 그렇다면 그리스도교의 하나님은 유대교나 이슬람교에서 믿는 신앙의 대상과는 어떻게 다를까요? 하나님을 믿기는 믿는데 어떤 하나님을 믿는가?하는 질문입니다. "우리 그리스도인들에게 신앙의 대상이 누구일까요?" 하는 질문에 대한 모범답안은 "우리 그리스도인들에게 신앙의 대상은 예수 그리스도의 아버지이신 성부 하나님, 하나님의 아들 구원자 예수 그리스도이신 성자 하나님, 예수 그리스도를 인간의 몸으로 오게 하신 성령 하나님, 곧 삼위로 일체되신 하나님"입니다.

우리가 믿는 믿음의 대상과 내용에 대해서 히브리서 11장은 이렇게 기록합니다. "믿음이 없이는 하나님을 기쁘시게 하지 못하나니 하나님께 나아가는 자는 반드시 그가 계신 것과 또한 그가 자기를 찾는 자에게 상 주시는 이심을 믿어야 할지니라."[2] 우리가 하나님을 믿는다고 할 때 그저 '하나님이 존재하신다는 사실' 곧 신의 존재를 믿는 것은 아닙니다. 하나님이 존재하신다는 것을 믿는 것 만큼이나 하나님이 존재하지 않는다는 신념을 유지하는 데에도 동일한 분량의 믿음이 필요합니다. 덧붙여, 하나님이 존재한다고 주장하는 것은 '신앙'이고, 하나

---

2   히브리서 11:6 (개역개정).

님이 존재하지 않는다고 주장하는 것은 '과학'이라고 생각하는 것은 타당하지 않습니다. 신이 존재하지 않는다는 가설은 절대 과학적으로 증명될 수 없습니다. 과학의 방법은 ① 가설을 세우고 ② 그 가설을 바탕으로 실험이나 조사한 결과를 가지고 ③ 가설을 입증하는 것이기 때문에, 신이 존재하지 않는다는 가설이 제대로 증명되려면 ① 신이 존재하지 않는다는 가설에서 출발해서 ② 온 우주 공간을 대상으로 조사한 결과를 가지고 ③ 신이 존재하지 않는다는 가설을 입증해야합니다. 그러나, 이 가설을 입증하는 것은 인간의 능력 밖에 있는 일입니다.

그런데, 신이 존재하지 않는다고 믿는 사람들이 과학적 사고와 실험정신을 가지고 신이 존재하지 않는다는 것을 증명하려고 할까요? "신이 존재한다"는 명제가 참이면 대우명제인 "존재하지 않는 것은 신이 아니다"는 명제가 참이어야 하고, "신이 존재하지 않는다"는 명제가 참이면 "존재하는 것은 신이 아니다"라는 명제가 참이어야 합니다. 신이 존재하지 않는다는 명제를 믿는 사람에게는 존재하는 것은 신이 아니기 때문에, 존재하지도 않는 것을 찾으려 하지 않을 것이란 점은 분명합니다. 따라서, 역설적이게도, 신이 존재하지 않는다고 주장하는 사람들은 과학적이라거나 실험정신이 투철하다기보다는 오히려 신이 존재한다고 믿는 사람들보다 믿음이 더 좋은 사람들이라고 할 수 있습니다. 물론, 그리스도교 신앙을 갖지 않은 사람들 가운데에도 신의 존재에 대해서는 인정하는 사람들이 있습니다. 결국, 신을 대상으로 하는 믿음이란 — 신이 존재한다고 믿든지 아니면 신이 존재하지 않다고 믿든지 — 두 방향의 믿음 가운데 하나의 방향을 정해서 믿는 것으로 설명할 수 있습니다.

하나님이 계시지 않는다고 믿다가 어떤 계기로 자신의 방향 설정이 잘못되었다고 깨달은 사람은 회개하고 돌이켜 하나님의 존재를 믿게 됩니다. 그러나, 진정한 회개에서 비롯된 신앙은 단순히 하나님이 계신다는 사실 즉 존재만을 믿는 것으로 그치는 것이 아니라, 하나님과 올바른 관계를 맺고 하나님께서 하신 말씀과 약속을 믿는데까지 이르게 됩니다. "하나님께서 하신 말씀과 약속을 믿지 않으면서도 신앙생활을 한다고 말할 수 있느냐?"고 반문할 수도 있겠지만, 실제로 있습니다. 자신의 신념을 신앙이라고 착각하는 사람들도 있고, 이단적인 가르침을 참된 신앙이라고 착각하는 사람들도 있으며, 자기 마음대로 신앙생활하는 사람들도 있습니다. 따라서, 하나님의 존재를 믿는 것만으로는 충분하지 않습니다. 존재하시는 하나님이 어떠한 분이라고 믿는가가 더 중요합니다.

　　예를 들어, 성부 하나님께서는 아브라함과 야곱에게, 그리고 모세와 여호수아 같은 하나님의 사람들에게 "두려워 말아라. 네가 어디로 가든지 너와 함께 하겠다."[3]고 약속하셨습니다. 성자 하나님께서는 "볼 찌어다 내가 세상 끝날까지 너희와 항상 함께 있으리라"[4]고 약속하셨습니다. 성령 하나님에 대해서는 예수님께서 "성령께서 모든 것을 가르치고 생각나게 하시리라"고 대신 약속해 주셨습니다. 성삼위 하나님께서 하신 이러한 약속들은 성경 전체에 기록된 삼위일체 하나님의 약속들 가운데 지극히 일부에 불과합니다. 그러나 힘든 현실을 살아가고 있는 사람들에게는 충분한 약속이 될 수도 있습니다. 하나님의 약속을 믿는 사람들에게 베푸시는 은혜를 그들이 경험하기 때문이기도 하고, 약속 그 자체가 힘든 상황을 이겨낼 힘을 주기 때문이기도 합니다.

3　　여호수아 1:9 (개역개정).
4　　마태복음 28:20 (개역개정).

그런데 주의할 것은 하나님께서 약속을 이루실 때의 시기와 방법은 하나님 자신이 정하신다는 점입니다. 그래서, 하나님께서 하신 약속이 지금 당장 이루어지지 않는다고 하여도 언젠가는 이루어질 것이라고 믿어야 합니다. 아브라함과 사라의 이야기는 이것을 분명하게 보여줍니다. 이에 대하여 성경 말씀은 이렇게 기록합니다. "이 사람들은 다 믿음으로 말미암아 증거를 받았으나, 약속된 것을 받지 못하였으니."[5] 하나님께서는 아브라함과 사라에게 하늘의 허다한 별과 또 해변의 무수한 모래와 같이 많은 후손을 생육하게 해 주겠다고 약속하셨는데, 아브라함 당대에는 이삭 한 사람만을 보았을 뿐입니다. 하나님의 약속이 아브라함 당대에 이루어지지 않았다면 하나님이 거짓말을 하신 것일까요? 그렇지 않습니다. 하나님께서 아브라함과 약속하실 때, 그 시간을 정하지는 않으셨습니다. 비록 아브라함 당대에는 하나님의 약속이 성취되지 않은 것처럼 보일지라도, 오늘날 수많은 사람들이 혈통으로 그리고 믿음으로 아브라함을 조상으로 여기고 있다는 사실을 떠올린다면 하나님께서 아브라함에게 약속하신 그 약속이 분명하게 성취되었음을 알 수 있습니다.

4. 믿음과 신념

믿음과 유사하지만 다른 개념인 신념을 믿음과 비교함으로써 믿음이 무엇인지를 분명히 할 수 있습니다. 사전에서 '신념' 이라는 표제

---

5   히브리서 11:39 (개역개정).

어를 찾아보면 '굳게 믿는 마음'이라고 되어 있는데, '꺾이지 않는 마음'이라고도 표현할 수 있습니다. 신념을 설명하는 중요한 단어가 마음이라는 점에서, 신념은 심리적인 부분과 연결되어 있는 것을 알 수 있습니다. 긍정적으로 본다면, 신념은 꿈을 튼튼히 키우는 토양이라는 점에서 신앙만큼이나 삶을 살아가는데 중요한 부분을 차지합니다. 그러나, 신앙과 신념은 서로 긴밀히 얽혀 있기 때문에 어떤 사람들은 신념과 신앙을 분명하게 구분하지 않고 같은 것처럼 사용할 뿐만 아니라 때로는 신념을 신앙이라고 착각하기도 합니다.

한 때 열심히 신앙생활 했던 사람들 가운데는 사이비 이단으로 넘어가 교주를 하나님으로 믿는 사람도 적지 않습니다. 또한 5년 전인 2019년, 미국에서 유명한 찬양사역자가 공개적으로 그리스도교 신앙을 포기하였는데, 그리스도교 신앙이 자신의 신념과 다르다는 것이 그 이유였습니다.[6] 미국의 대표적인 찬양 밴드 힐송 유나이티드 Hillsong United 출신 마티 샘슨 Marty Sampson 의 이야기입니다. 그는 오랫동안 그리스도교 신앙에 대해 품고 있었던 의문과 실망에 관해 이야기하였고, 그리스도교 신앙 내부에 수많은 모순과 부조리가 있지만 아무도 이런 문제를 대면하려 하지 않는다고 불만을 토로하였습니다.

마티 샘슨의 예에서 볼 수 있듯이 신념은 경험치가 쌓이고 지식이 쌓인 결과로 형성됩니다. 내 경험과 지식에 기반을 두고 믿는 것이 신념이라면, 신앙은 내 경험 내 생각과는 다르지만 하나님의 말씀이고 하나님의 약속이기에 믿는 것을 말합니다. 신념은 나를 믿는 것이고 신앙을 하나님을 믿는 것입니다. 신앙과 신념을 혼동하게 되면 하나님의

---

6   노형구, "힐송 멤버 마티 샘슨, "신앙에 회의 느껴" 고백," 『기독일보』, https://www.christiandaily.co.kr/news/84476, [게시 2019. 08. 15.].

자리에 내가 앉아서 하나님을 우상처럼 섬기고 우상을 하나님처럼 섬길 수도 있습니다. 그뿐 아니라, 신앙과 신념을 혼동하게 되면 그 자체가 엄청난 죄악으로 이어질 수 있다는 것을 역사는 우리에게 가르쳐 줍니다. 십자군 전쟁, 마녀 재판, 인디언 학살, 홀로코스트 등등… 그래서 우리는 우리의 신념과 신앙이 혼동되지 않도록, 우리의 신념이 신앙이 되지 않도록 사도 신조의 의미를 생각하면서 우리가 믿고 있는 내용을 고백해야 합니다.

5. 결론적 진술

히브리서 11장의 말씀은 우리에게 믿는다는 것이 무엇인지, 즉 믿음의 대상과 내용에 대해서 가르쳐 주고 있습니다. 우리 믿음의 대상은 삼위로 일체되시는 하나님입니다. 우리가 믿는 하나님은 언제나 좋으시고 옳으신 하나님, 우리에게 상 주시는 하나님, 약속하신 것은 신실하게 지키시는 하나님입니다. 다른 말로 표현하면 하나님을 믿는다는 것은 하나님의 성품과 사역, 그리고 하나님의 약속을 믿는 것을 말합니다. 이렇게 믿음의 대상과 내용을 분명히 알고 믿음의 여정을 계속할 때에 그 길에서 벗어나지 않을 수 있습니다.

이제 우리는 믿음의 대상과 내용을 다시 확인했습니다. 우리는 우리가 옳다고 생각하는 신념을 믿는 사람들이 아니고, 욕심을 좇아 우상을 하나님처럼 섬기고 믿는 사람들도 아닙니다. 우리는 하나님의 말씀인 성경에 기초하여 언제나 좋으시고 옳으신 하나님, 삼위로 일체되신 하나님의 성품과 사역, 그리고 하나님의 약속을 믿는 사람들입니다.

비록 살아있는 동안 약속이 성취된 결과를 손에 잡지 못한다고 하더라도, 내가 원하는 것을 얻지 못한다고 하더라도, 하나님은 좋으신 분이시고 하나님이 하시는 일을 옳다고 믿는 사람들이 바로 그리스도인입니다.

제 2 장

신조란 무엇인가?

1. 서론적 질문
— 복무신조?

여러분 직장에는 어떤 복무신조가 있습니까? 모든 직장에 복무신조가 있는 것 같지는 않습니다만, 제가 육군 제5사단 소속 보병장교로 근무하던 90년대 중반에는 모든 행정실 벽에 복무신조가 걸려있었습니다. 그 내용은 다음과 같습니다.

> 우리는 국가와 국민에 충성을 다하는 대한민국 육군이다. 하나, 우리는 자유민주주의를 수호하며 조국통일의 역군이 된다. 둘, 우리는 실전과 같은 훈련으로 지상전의 승리자가 된다. 셋, 우리는 법규를 준수하고 상관의 명령에 복종한다. 넷, 우리는 명예와 신의를 지키며 전우애로 굳게 단결한다.[1]

비록 2년 반의 짧은 기간이었지만 군인으로 살아가는 이유가 무엇인지 잊어버리지 않았던 것은 적어도 일 주일에 한번은 복무신조의 내용을 큰 소리로 외쳤던 까닭인 것 같습니다. 내용을 통해서 확인할 수 있는 것처럼, 신조란 굳게 믿으며 따르는 생각 또는 좌우명이나 신념과

---

[1] 대한민국 국방부, "복무신조," https://www.facebook.com/MNDKOR/posts/4208771755844426 [게시 2024. 02. 22.].

비슷한 뜻으로 사용됩니다. 군인들이 이러한 복무신조를 지킨다면 주권자인 국민은 나라의 안보에 대해서 걱정할 일이 별로 없을 겁니다. 그러나, 문제는 복무신조를 암송하면서도 군인의 본분을 애써 외면하고 자신의 권력과 자신을 따르는 사람들의 이익을 위해 주어진 권한을 남용하는 사람들이 역사의 진행속도를 늦추고 때로는 뒤로 물러나게 만들었다는 점입니다. 대한민국 군인들이 복무신조를 암송함으로써 군인으로 살아가야 이유에 대해서 결의를 다졌던 것처럼, 그리스도인들도 사도 신조를 암송함으로써 그리스도인으로 살아가는 이유에 대해서 결의를 다진다고 할 수도 있고, 우리가 굳게 믿으며 따라야 하는 내용이 무엇인지를 확인할 수 있습니다.

2. 신앙과 신조

신조란 앞 장에서 살펴본 믿음, 신앙, 신념과 연결되어 있습니다. 백과사전에서 '신조'를 찾아보면, "신조는 믿음 특히 종교적 믿음이나 신앙을 기술한 것으로 종교적 예배의 일부로 자주 쓰인다. 신경, 교의라고도 하며 라틴어로는 credo라고 한다"[2]로 설명합니다. 신조가 무엇인가를 이해하기 위해서 눈여겨 보아야할 단어는 '믿음, 신앙, 기술' 이 세 단어 입니다. 믿음의 대상에 대해서 기술해 놓은 것, 신앙의 내용에 대해서 기술해 놓은 것이 신조입니다. 따라서, 신조란 그리스도인들이 믿어야 할 믿음의 내용들을 잘 기술해 놓은 것이라고 정리할 수 있습니다.

---

2   위키백과, "신조," https://w.wiki/848p, [2023. 11. 06. 접속].

사실, 우리들이 그리스도인으로서 굳게 믿으며 따라야 하는 모든 내용은 성경에 기록되어 있습니다. 성경이 있는데도 불구하고 또 신조가 필요할까 싶지만, 신조가 필요한 이유는 신조가 성경의 많은 내용들 가운데 우리가 믿어야 할 핵심적인 내용들을 간단하게 정리함으로써 올바른 신앙을 찾아가는데 있어서 나침반과 지도 역할을 하기 때문입니다. 성경만 잘 읽으면 되지 성경 외에 신조가 무슨 필요가 있냐고, 사도 신조가 성경에 나오냐고 따지는 사람들이 있습니다. 그런데, 여기에 함정이 있습니다. 성경을 해석하는 사람들의 교파적 배경이나 학문적 여정에 따라 그리고 그 해석자가 현재 속해 있는 신앙공동체에 따라 성경 본문이 전혀 다르게 해석되기도 한다는 사실입니다. 예수님께서 최후의 만찬 자리에서 제자들에게 떡을 떼어주시고 포도주를 나누어 주실 때 말씀하신 내용을 가장 대표적인 예로 들 수 있습니다.

> 그들이 먹을 때에 예수께서 떡을 가지사 축복하시고 떼어 제자들에게 주시며 이르시되 받아서 먹으라 이것은 내 몸이니라 하시고 또 잔을 가지사 감사기도하시고 그들에게 주시며 이르시되 너희가 다 이것을 마시라. 이것은 죄 사함을 얻게 하려고 많은 사람을 위하여 흘리는 바 나의 피 곧 언약의 피니라[3]

로마 가톨릭과, 독일 종교개혁자들과, 스위스 종교개혁자들은 이 본문을 각각 다르게 해석했습니다. 로마 가톨릭은 12세기를 거치면서 빵과 포도주가 실제적인 주님의 살과 피로 변한다는 화체설을 공식적

---

3   마태복음 26:26-28 (개역개정).

인 교리로 확립했습니다. 이에 반대한 루터는 주님의 몸이 변하는 것이 아니라, 하나님 우편에 앉아계신 그리스도께서 실제적으로 임재하신다고 하는 공재설을 주장했습니다. 스위스 취리히를 중심으로 활동했던 츠빙글리는 빵과 포도주는 주님의 살과 피를 기억하게 하는 것에 불과하다는 기념설을 주장했고, 제네바에서 종교개혁을 진행하던 칼뱅은 성만찬의 자리에 예수 그리스도께서 영으로 임재하신다고 주장했습니다.

이와 같이 각 신앙공동체마다 다른 해석을 내놓았기에 각각의 신앙공동체는 다른 신앙공동체와는 구별되는 신앙의 내용과 교리를 신앙고백문의 형태로 발전시켰습니다. 이것이 신조입니다. 이와같이 신앙과 신조는 밀접하게 연결되어 있습니다. 하나의 교파가 견지하는 신앙의 핵심적인 내용이 무엇인지를 파악하려고 하면 그 교파에서 중요시하는 신앙고백의 내용을 확인해야 합니다. (개혁교회 전통에서 중요시하는 신앙의 핵심 내용은 『신앙, 무엇을 믿는가? ❷ : 종교개혁이후』에서 다룰 예정입니다.)

∃. 신조의 기능과 역할

그리스도교라는 커다란 종교 안에 있는 각 교파들은 저마다 제각각 다른, 다양한 신앙고백과 신조를 가지고 있습니다. 이러한 다양성 속에서도 일치를 추구해야만 하는, 결코 양보할 수 없는 중요한 내용들이 있습니다. 마태복음 26장에 기록된 최후의 만찬 이야기와 관련된 성만찬에 관한 교리인 성례론은 다양성을 인정할 수 있는 내용에 해당되지만, 예수 그리스도에 관한 교리인 기독론은 일치를 추구해야만 하고 다양성이라는 이름으로 양보할 수 없는 핵심적인 내용입니다. 왜냐하면 그리스도의 위격과 사역에 대한 교리인 기독론은 그리스도교의 핵심적인 신앙의 내용으로써 그리스도인의 신앙정체성을 규정하는 내용에 해당하기 때문입니다. 그래서 초대교회 때부터 오늘날까지 이단들은 계속해서 기독론을 위협하고 공격해 왔습니다. 그리고 오늘날에는 기독론을 공격하는 대신에 ― 일종의 우회로를 찾은 듯이 ― 사도 신조의 정통성과 사도 신조 사용의 정당성에 대해 이의를 제기하기도 합니다.

사도바울이 각 교회에 편지를 쓰면서 거짓 교사들의 가르침에 대해서 경고한 것도 오늘날의 표현으로라면 이단적 가르침에 대해서 경종을 울린 것이라 하겠습니다. 교회는 신약성서 시대부터 거짓교사들과 이단들로부터 위협을 받아 왔습니다. 그래서 교회는 이단에 맞서서 예수 그리스도께서 사도들에게 넘겨주신 복음의 전통을 수호하고자 노력해 왔고, 이단의 공격으로부터 정통교리들을 수호하는 과정에서 교리와 신조가 발달하였습니다. 우리는 예수 그리스도를 믿는 그리스도인, 곧 그리스도교에 속한 사람들이기에 그리스도교 밖에 있는 사람들이 그리스도에 대해서 말하고 때로는 공격하는 내용들에 대해서는 다양성을 수용한다면서 문을 활짝 열어 놓을 수는 없습니다. 초대교회는 이 기독론과 관련된 문제를 가지고 325년부터 451년까지 약 125년간 4차례의 에큐메니칼 공의회를 통해서 기독론과 삼위일체론을 중심으로 그리스도교의 핵심적인 교리들을 정리했습니다.

그 핵심적인 교리들이란 예수 그리스도로부터 시작되어 사도들을 통해서 전해지고, 또 세대와 세대를 거듭하여 내려와 우리에게까지 전해진 복음의 내용을 담고 있는 교리들입니다. 복음의 핵심적인 내용들이 고대교회의 신조들 안에 기록되어 있습니다. 1054년 로마가톨릭과 동방정교회가 갈라지기 전에도, 그리고 1517년 로마 가톨릭의 면죄부 판매에 대해 반대하면서 종교개혁이 시작된 이후 오늘날까지도 정통신앙을 간직한 모든 교회가 인정했던 고대교회의 신조들이 있습니다. 고대교회의 신조들 가운데 가장 대표적인 것이 사도 신조 또는 사도 신경이라는 이름의 신앙고백입니다. 사도 신조를 포함한 고대교회의 신조들이 정통신앙을 가진 사람들이 믿고 고백하는 내용들을 정리한 것이다 보니, 이단들은 이 사도 신조의 전통성과 정통성에 대해서 이의를 제기하기도 하고, 사도성과 역사성에 대해서 이의를 제기하기도 합니다. 따라서, 그리스도인들이 믿고 고백하는 사도 신조를 포함한 고대교회 신조들을 향한 이단들의 문제제기와 공격을 염두에 둔다면 신조의 기능과 역할이 갖는 중요성에 대하여 다시 한번 생각해 볼 수 있습니다. 그 기능이란 정통 신앙을 가진 그리스도인이 믿는 바가 무엇인지를 명시함으로써 이단들의 가르침에 적극적으로 맞서는 것입니다.

4. 신조와 교리

2,000년 교회역사에 등장한 신조들을 하나하나 살펴보게 되면, 이렇게나 다양한 신조들이 있었나 하는 점에서 놀라게 됩니다. 또한, 신조들이 서로 다른 내용과 심지어 모순되는 것처럼 보이는 내용을 포함하고 있다는 것을 확인하면서 다시 한번 놀라게 됩니다. 이러한 모순된 것처럼 보이는 내용들을 발견하고 설명하려다 보니, 신조 자체가 처음에는 이단들의 가르침에 적극적으로 대응하는 과정에서 생겨났고, 신

조를 통해서 교리를 확립해 가려고 시도했지만 결과적으로 시대가 흐르고 (인간과 신, 그리고 성경에 대한 지식이 점차 축적되면서) 하나의 신조가 공식적인 교리의 기준이 되기에는 충분하지 않게 되었기에, 계속해서 각 시대에 맞는 신앙고백이 필요하게 되었다는 점을 인정하지 않을 수 없게 되었습니다. 예를들면, 325년의 니케아 신조는 성령에 관한 고백이 약하게 표현되었지만, 381년의 콘스탄티노플 신조는 성령에 관한 고백이 325년의 신조에 비해서 구체적으로 표현되어 있습니다. 말하자면 325년에서 381년 사이에 교리사적으로는 성령론이 발전한 것으로 이해할 수 있습니다. 그런데, 325년의 니케아 신조와 381년의 콘스탄티노플 신조는 연속성을 지니기 때문에 381년의 신조를 니케아-콘스탄티노플 신조라고 부릅니다.

또 각각의 신앙공동체들은 자신들이 공통적으로 믿고 고백하는 내용이 다른 신앙공동체와 또는 이단들과 어떻게 다른지를 표현하기 위해서 신조를 사용해 왔습니다. 예를 들면, 초대교회에서 가장 중요한 신학논쟁이라고 할 수 있는 기독론 논쟁과 관련하여 당시 세력이 상당하였던 아리우스 이단에 대응하기 위해서 만들어진 신조는 325년 니케아 공의회와 381년 콘스탄티노플 공의회를 통해서 만들어진 니케아-콘스탄티노플 신조입니다. 이 니케아-콘스탄티노플 신조를 가지고 이른바 니케아파라고 일컬어지는 정통교회는 이단적인 가르침을 전하는 아리우스파에 대항하였습니다. 그리고 그 니케아-콘스탄티노플 신조를 기초로하여 기독론과 삼위일체론이 확립될 수 있었습니다.

고대교회 뿐만 아니라, 종교개혁을 거치면서 등장한 다양한 교파들은 자신이 믿고 고백하는 바를 표현하기 위해서 교파의 교리들을 담아낸 신조 또는 신앙고백서를 작성하여 사용했습니다. 예를 들면, 루터

교회는 '일치신조' Formula of Concord, 1577 를, 스위스의 칼뱅파 개혁교회는 '제네바 신조' The Geneva Catechism, 1541/2 를, 독일의 칼뱅파는 '하이델베르크 신조' Heidelberg Catechism, 1563 를, 그리고 영국 성공회는 39개 신조 39 Articles of Religion, 1571 를 작성하여 자신들의 교파적 전통과 교리를 세워나갔습니다.

이와 같이 신조는 교리와 직접적으로 연결되어 있습니다. 신앙은 신조와, 신조는 교리와 연결되어 있다보니, 신앙을 '교리에 대한 지적인 동의'라고 생각하는 경향이 있습니다. 그러나, 신앙은 신조를 암송하는 것이나, 교리에 동의하는 것과 같지 않습니다. 만약 신앙을 교리에 대한 지적인 동의라고 주장한다면 유아들이나 (지성의 활동이 원활하지 않은) 지적장애인들은 지성의 활동을 위주로 하는 신앙생활을 할 수 없을 것이며, 교리를 이해할 수 없을 것이기에 그에 대해 동의할 수 없을 것이고, 나아가 구원에 이르지 못한다는 결론에 이르게 됩니다. 이러한 까닭에 신앙을 이성이나 지성의 활동으로 한정시키는 것은 신앙에 대해서 충분히 설명하지 못하는 오류를 가져올 수 있습니다.

그렇다면 지성의 활동이 원활하지 않은 이들이 신조를 암송한다는 것은 어떤 의미가 있을까요? 이해하지도 못하는 내용을 앵무새처럼 반복하면서 따라하는 것이 과연 의미가 있을까요? 과거 주입식 교육을 경험한 세대들은 이해하지도 못하는 내용을 암기한다는 것을 경험해 보았을 것입니다. 지금 생각하면 구구단도 이해하고 암기하지는 않았던 것 같습니다. 일단 암기하고 나중에 설명을 들을 때, "그게 그거였구나!" 하면서 이해하는 척 했던 것 같습니다. 수학의 원리를 이해하고 증명하지 못한다고 하더라도 공식을 외워서 풀수 있는 문제들이 있었던 것처럼, 교리의 내용을 전부 이해하지는 못한다고 하더라도 최소한 신앙의 내용이 무엇인지 사도 신조를 암송함으로써 알 수 있습니다.

비록 지성을 활용하여 교리를 이해하고 그 교리에 대해 동의하지는 못한다고 하더라도, 신앙의 대상이신 성삼위 하나님의 사랑을 느낄 수는 있을 것입니다. 삼위로 일체되신 하나님의 사랑을 느끼고, 은혜에 감사하며, 그 은혜에 응답하며 살아가는 것이 신앙생활입니다. 그러나, 지성만을 강조할 때와 마찬가지로 신앙생활을 감성이나 경험으로 한정시키는 것도 동일한 함정에 빠질 위험이 있습니다. 그래서, 이성과 감성의 균형 또는 이성과 감성의 종합이라는 관점을 가지고 신앙에 대해서 깊이 생각해 볼 필요가 있습니다. 왜냐하면 신조란 개인과 공동체의 감정을 동반한 신앙경험을 논리적이고 이성적인 용어로 풀어낸 것이기 때문입니다.

신조는 신앙공동체가 믿고 고백하는 내용들을 논리적이고 이성적인 용어로 정리한 것인데, 그 신조를 구성하고 있는 내용을 문장 단위로 하나하나 살펴보면 문장 하나하나가 하나의 교리를 담아내어 표현하고 있음을 확인하게 됩니다. 예를 들면, 신론, 기록론, 성령론, 교회론, 구원론, 영혼론 등의 교리들이 신조를 통해서 표현되어 있습니다. 신조에 표현된 교리들을 살펴보는 것은 우리가 믿고 고백하는 구체적인 내용이 무엇인지를 확인하는 과정으로 설명할 수 있습니다.

5. 결론적 진술
— 신조들을 공부하면 교리의 역사가 보인다

신구약 성경에 기록된 하나님의 말씀에는 그리스도인들이 믿고 따라할 진리가 명시되어 있습니다. 예수 그리스도의 복음 선포에서 비롯된 그리스도교가 생겨날 당시에는 오늘날의 관점에서 볼 때, 교리라고 할 만한 것이 없었습니다. 구전으로 전해지다가 기록된 예수 그리스도의 생애와 가르침이 전부였습니다. 예수 그리스도께서 부활 승천하신 후에 예수 그리스도의 가르침과 생애를 후대에 전해야 할 필요에 의해서 공동체별로 예수 그리스도의 생애와 가르침을 기록하여 남긴 것이 4복음서 입니다. 그 후에 교회 안에서 거짓 교사들이 등장하면서 흩어져 있는 교회들에게 복음의 내용을 다시 설명하고 정리해 주어야 할 필요가 생겼습니다. 복음의 진수를 요약한 것으로 평가받는 로마서는 사도바울이 로마에 있는 그리스도인들에게 다시 들려주는 복음이라고 할 수 있습니다.

유대교와 그리스도교와의 관계 곧 율법과 복음의 관계를 비롯하여, 헬레니즘과 그리스도교와의 관계 곧 문화와 복음과의 관계 등 교회에서 발생한 여러 가지 문제들을 해결할 방법들을 교회에 가르치기 위해서 편지를 쓴 내용들이 사도 바울의 서신서입니다. 그리스도인으로서 어떻게 살아야 할지를 복음의 정신에 근거하여 하여 편지글로 보낸 것 역시 사도들에 의해서 기록된 서신서들입니다. 이렇게 복음서와 서신서, 사도행전과 요한계시록 등 그리스도인들이 믿고 따라야 할 모든 가르침들이 신약성경을 통해서 종합되었습니다.

우리가 믿고 고백하는 신앙의 모든 내용은 신약성경과 구약성경에 기초하고 있습니다. 그러나, 복음이 유대교 안으로 깊숙이 들어가고 그리스-로마 세계에서 확장되면서 성경을 사용하는데 문제가 발생하기 시작했습니다. 신약과 구약성경을 해석하는 과정에서 헤브라이즘과 헬레니즘이 충돌하기 시작했고, 이는 이단이 등장하는 배경이 되기도 했습니다. 이단적 가르침을 배격하기 위해서 성경 사용을 위한 일종의 안내서가 필요하게 되었고, 그리스도교의 가르침을 요약하고 새신자들에게 가르치기 위해서도 공식적인 신앙의 요약이 필요하게 되었습니다. 이러한 필요에 따라 성경을 제대로 사용하게 하기 위한 일종의 안내서 역할을 하는 것이 신조입니다. 따라서, 신조는 성경에 나와 있는 것도 아니고, 모든 교리를 포함하고 있는 것도 아니지만, 각 시대마다 가장 중요한 교리들을 언급하면서 발전해 왔기에 신조를 배우면 교리의 역사가 보입니다.

제 3 장

고대교회의 신조들 (1):
사도 신조, 니케아–콘스탄티노플 신조

1. 서론적 질문
— 전통성과 정통성?

'사도 신조' 또는 '사도 신경'[1]과 같은 고대교회의 신조들을 포함한 교회의 전통들은 어떻게 정통성을 갖게 되었을까요? 예를 들어, 12월 25일을 크리스마스 곧 성탄절로 지키는 것은 서방교회의 전통입니다. 동방교회는 380년부터 1월 6일을 성탄절로 지키다가 431년 에베소 공의회의 결정에 따라 432년부터는 12월 25일을 성탄절로 지키고 있지만, 러시아 정교회와 세르비아 정교회는 1월 7일을 성탄절로 지키고 있습니다. 사도 신조로 신앙고백을 하는 것 역시 개혁교회가 속한 서방교회의 전통입니다. 이외에도 많은 서방교회의 전통들이 있습니다. 그러나, 모든 전통들이 다 정통성을 갖는 것은 아닙니다. 전통들 가운데 정통성을 갖는 것들은 분명히 이유가 있습니다. 어느 누구 한 사람이 우긴다고 정통성이 희석되는 것도 아니고, 전통이 사라지는 것도 아닙니다. 교회 회의를 통해서 결정된 사안들이 전통으로 그리고 정통으로 인정받을 수 있습니다.

전통에 대해서는 조금 더 설명이 필요한데, 로마가톨릭에서는 교리를 판단하는 기준으로 성경과 전통을 내세우기 때문입니다. 로마가

---

1   이 글에서는 다른 신조들과의 연속성이나 관계성을 시각적으로 보여주기 위해서 사도 신경과 사도 신조 가운데 사도 신조라는 용어를 선택해서 사용합니다.

톨릭에서 말하는 전통은 성경 이외에 교부들의 글과 교황의 교서를 포함합니다. 신학자들은 교리를 연구하는 과정에서 성경 뿐만 아니라 교부들과 교황의 교서도 참고하기는 합니다. 실제로 칼뱅은 성경뿐만 아니라 교부들 가운데 아우구스티누스의 신학을 사용하여 개혁교회 교리전통을 세워나갔습니다. 그런데, 문제는 교황의 교서가 성경과 동일한 권위를 갖는 것처럼 여긴다는 것입니다. 어떤 교리가 성경과 맞지 않는다면 그 교리는 폐기되어야 마땅할 텐데, 교부들의 글이나 교황의 교서를 전통으로 내세우면서 전통과 충돌되지 않는다는 이유로 특정 교리를 주장한다면 그것은 올바른 교리라고 할 수 없습니다.

그런데, 역설적이게도 성경이 형성된 것은 교회의 '전통'이라는 관점에서 보아야 합니다. 성경은 어느 날 갑자기 하늘에서 66권을 포함한 원본 형태로 떨어진 것이 아니라, 다양한 저자들이 성령의 감동을 받아서 특정한 상황에서 특정한 목적으로 기록된 글들이 묶여진 것입니다. 교회는 복음서와 사도들의 편지들을 유산으로 간직하고 있었는데, 이단들이 먼저 구약을 제외한 신약성경 가운데 복음서와 사도 바울의 서신들만을 정경으로 인정하면서 정통교회는 구약을 포함한 정경목록을 만들어야 할 필요성을 느끼게 되었습니다. 그러다가 박해가 진행되면서 배교한 사람들이 교회가 소중하게 간직해 온 전통 가운데 복음서와 사도들의 편지 일부를 로마 당국에 넘겨줌[2]으로써 자신들의 신앙철회 사실을 입증하고 목숨을 건졌습니다. 이러한 과정을 겪으면서 교회는 구약과 신약을 포함한 66권의 정경목록을 작성하였고 397년과

2　전통이라는 영어단어는 tradition이고, 배교자라는 영어단어는 traditor입니다. 두 단어모두 'tradi'를 어근으로 하는데 그 뜻은 넘겨주다입니다. traditor가 배교자라는 뜻이 된 것은 초대교회의 그리스도인들이 로마 황제에 의해서 박해를 받을 때에 교회가 소중하게 여겼던 전통, 곧 성경의 일부를 배교의 표시로 로마 당국에게 넘겼기 때문입니다.

419년 카르타고에서 열린 공의회에서 66권 정경목록이 확정되었습니다.

　　그런데, 전통과 정통을 생각할 때 주의할 것이 있습니다. "성경에도 나와 있지 않은 개념이나 내용을 사람들이 회의를 통해서 만들어 낸 것"[3]은 아니라는 점입니다. 오히려, 교회가 간직하고 있던 전통이나 정통신앙이 이단의 공격으로부터 위협받게 된 상황에서 교회 회의를 통해서 공식화된 것이라 보아야 합니다. "교회 회의를 통해서 공식화된다고 해서 모든 결정 사항이 오류가 없는 것이라고 할 수 있는가? 교회 회의를 통해서 결정이 되기만 하면 전통이 되고 정통이라고 할 수 있는가?"에 대해서는 문제를 제기할 수 있는 여지가 있는 것도 사실입니다. 왜냐하면, 종교개혁자들 대부분은 교회회의를 통해서 이단으로 정죄되었기 때문입니다. 그러하기에, 그 회의를 소집한 사람이 누구인지, 그 회의가 소집된 배경이 무엇인지, 참가한 사람이 누구인지, 회의에서 다룬 주제와 결정 사항이 무엇인지, 누구의 주도에 의해서 결정된 것인지 등의 문제들은 "공의회의 역사"라는 과목을 통해서 다루어지기도 합니다.

2. 공의회와 신조

　　우리가 믿고 고백하고 신앙의 표준으로 삼는 많은 교리와 신조들이 있습니다. 예를 들면, 삼위일체 교리를 대표적인 교리 전통으로 그

3　　참고, Ronald William Howard (director), *Da Vinci Code*, 영화 「다빈치 코드」(2001). 영화 속 리 티빙 경의 대사.

리고 정통 교리로 꼽을 수 있습니다. "삼위일체"라는 단어가 문자적으로 성경에 나와 있지는 않습니다만, 삼위일체 교리의 근거가 되는 성경 구절은 성경 곳곳에서 찾아볼 수 있습니다. 가장 대표적인 본문은 예수 그리스도께서 세례를 받으시던 장면[4]을 기록한 마태복음입니다. 삼위일체 교리는 325년 니케아 공의회와 381년 콘스탄티노플 공의회 그리고 451년 칼케돈 공의회를 통해서 작성된 니케아-콘스탄티노플 신조와 칼케돈 신조를 통해서 확립되었습니다. 이른바 고대교회의 제1차 에큐메니칼 공회의로 인정받는 니케아 공의회에서 삼위일체 교리가 정통으로 인정받고, 교회의 전통으로 확립되기까지 약 125년이 걸렸습니다. 니케아-콘스탄티노플 신조와 칼케돈 신조의 작성 과정을 통해서 확인할 수 있는 것처럼 교회의 신조, 신앙고백, 교리문답 등을 통해서 표현된 교리들은 교회 회의에서 결정되었습니다. 그러나 451년이 되어서야 비로소 삼위일체 신앙이 생겨난 것은 아닙니다. 본래부터 가지고 있었던 삼위일체 신앙이 교리로 확정되기까지 400여 년의 시간이 걸렸다고 이해해야 합니다.

325년부터 787년까지 7차례의 중요한 교회회의를 초대교회 역사에서 찾아볼 수 있는데, 7개의 회의는 다음과 같습니다: 325년 1차 니케아 공의회, 381년 1차 콘스탄티노플 공의회, 431년 에베소 공의회, 451년 칼케돈 공의회, 553년 2차 콘스탄티노플공의회, 680-681년 3차 콘스탄티노플공의회, 787년 2차 니케아 공의회입니다. 7번의 교회회의에 대해서 "고대교회의 일곱 에큐메니칼 공의회" Seven Ecumenical council of Early Church 라는 용어를 사용합니다. 에큐메니칼이라는 용어는 "사람들

---

4   마태복음 3:13-17.

이 살고 있는 온누리"를 의미하는 그리스어 오이쿠메네 oikoumene 에서 파생되었습니다. 에큐메니칼이라는 용어의 교회사적인 의미는 '세계적인 교회' world-wide Christian unity 를 의미하는 말이기도 하고, 창조주이신 하나님께서 만드신 '세상'을 의미하기도 합니다. 오늘날, 영어 단어 에큐메니칼 ecumenical 은 유니버설 universal 과 동의어로 사용됩니다.

고대교회에서는 교리문제로 인한 교회의 분쟁을 해결하기 위해서 에큐메니칼 공의회로 모였습니다. 7번의 고대교회 에큐메니칼 공의회 가운데 동방교회와 서방교회 그리고 개신교회 모두가 인정하는 회의는 처음 4번의 공회의입니다. 나머지 3번의 회의는 주로 동방교회 내에서 큰 논쟁이 되었던 단성론 논쟁과 성화상 사용과 관련된 논쟁을 다룬 회의들입니다. 7번의 공의회 이외에도 로마 가톨릭에서 인정하는 14번의 공의회가 있습니다. 이러한 고대교회의 공의회를 통해서 교회는 이단과의 논쟁에서 정통교리를 수호하였고, 또 반드시 지켜야 할 정통교리의 내용을 신조의 형태로 작성해서 표현했습니다. 고대교회의 에큐메니칼 공의회를 통해서 작성된 니케아-콘스탄티노플 신조, 그리고 칼케돈 신조는 정통 기독론과 삼위일체론을 확립하는 역할을 했습니다. 비록 에큐메니칼 공의회를 통해서 작성된 신조는 아니지만 사도신조와 아타나시우스 신조는 동방교회와 서방교회 모두 중요하게 여기는 신조들입니다. 공의회를 통해서 작성되었거나 중요성을 인정받은 에큐메니칼 신조 또는 공교회의 신조에는 사도 신조, 니케아-콘스탄티노플 신조, 아타나시우스 신조, 그리고 칼케돈 신조가 있습니다.

ㅋ. 사도 신조

사도 신경 또는 사도 신조는 서방교회에서 가장 널리 알려진 신조입니다. 12개의 항목에 대한 신앙고백이 그 내용이다 보니, '확인되지 않은 전승' 또는 전설에 의하면 12명의 사도들이 한 구절씩 고백한 내용이기에 사도 신조라 부른다고 알려지기도 했습니다. 그 12개 항목의 내용을 하나하나 살펴보면 다음과 같습니다: 성부 하나님의 천지창조, 성자 하나님의 동정녀 탄생, 고난과 죽음, 부활, 승천, 재림, 성령, 교회, 성도의 교제, 죄 용서, 몸의 부활, 영생.

그러나, 사도 신조는 사도들의 의해 작성된 것이라기보다는 사도적 신앙을 잘 요약한 것으로 보는 것이 타당합니다. 사도적 신앙, 또는 사도적 가르침은 사도행전 2장 말씀과 연결되어 있습니다. "저희가 사도들의 가르침을 받아 서로 교제하며 떡을 떼며 기도하기를 전혀 힘쓰니라."[5] 사도들이 가르친 내용은 사도들이 예수 그리스도께로부터 전해받은 가르침과 그들이 직접 목격하고 경험한 예수 그리스도의 생애입니다. 바로 이 예수 그리스도의 생애와 가르침이 복음의 내용인데, 그 복음의 내용을 잘 요약한 것이 사도 신조입니다. 가장 중요한 개혁교회 신앙고백서들 가운데 하나인 『하이델베르크 교리문답』 제22문답은 다음과 같이 복음과 사도 신조의 관계에 대해서 설명합니다.

22. 그러면 그리스도인은 무엇을 믿어야 합니까?
답: 복음을 통해 하나님이 우리에게 약속하신 모든 것을 믿어야만

---

5   사도행전 2:42 (개역개정).

합니다. 우리가 공통으로 믿고 있으며 또한 의심의 여지가 전혀 없는 기독교 신앙고백의 조항들, 사도신경이 그것을 요약해서 가르쳐 줍니다.[6]

간혹 사도 신조의 전통성과 정통성에 이의를 제기하는 이들이 있습니다. 그러나, 사도들에 의해서 직접 작성된 것이 아니라 하더라도 사도적인 가르침을 잘 요약하고 있기 때문에 복음의 빛 아래서 볼 때 전통성이나 정통성이 의심되어야 하는 것은 아닙니다. 이단적 사상을 가진 사람들 가운데 사도 신조의 정통성과 전통성에 이의를 제기하는 사람이 있을 뿐만 아니라, 정통 신앙을 견지하고 있는 교단에 속한 이들 가운데도 사도 신조의 사용에 대해서 다른 견해를 가지고 다음과 같이 주장하기도 합니다.

사도신경은 사도의 신앙고백이 아니며, 성경에 맞지 않는 사람의 가르침이다. 사도신경은 2세경 로마 가톨릭의 로마 신조가 그 기원으로, 이후 여러 회의를 거쳐 현재의 모양을 갖추게 되었다. 즉 사도들이 아닌, 그 당시 사람들이 이단성 규명이라는 목적을 가지고 회의를 거듭해 만든 것이다.[7]

사도 신조는 사도들이 직접 작성한 신앙고백이 아니라는 점은 사실이지만, 성경에 맞지 않는 사람들의 가르침이라는 점은 사실이 아

---

6 Kevin DeYoung, *The Good News We Almost Forgot*, 신지철 역, 『왜 우리는 하이델베르크 교리문답을 사랑하는가』(서울: 부흥과개혁사, 2012), 82.

7 백영찬, "성경 안맞는 사도신경으로 고백하면 안된다," http://www.kmcdaily.com/news/articleView.html?idxno=3557, 『웨슬리안 타임즈』[게시 2018. 04. 20.].

닙니다. 사도 신조는 2세기경 로마교회에서 비롯되었지만, 로마 가톨릭의 로마 신조가 그 기원이라고 할 수는 없습니다. '여러 회의를 거쳐 현재의 모습을 갖추게 되었다'는 사실이지만, '그 당시 사람들이 이단성 규명이라는 목적을 가지고 회의를 거듭해 만든 것이다'라는 주장은 사실과 거리가 있습니다.

　　사도 신조는 사도들이 작성한 신앙고백은 아니지만, 사도들의 가르침 곧 사도적 신앙과 복음의 내용을 잘 표현하고 있습니다. 사도들이 작성했는가 그렇지 않은가의 문제가 아니라, 사도들이 예수 그리스도께로부터 전해 받은 복음의 내용을 잘 표현하고 있는가 그렇지 않은가의 문제로 접근해야 합니다. 사도들이 작성했기 때문에 권위가 있는 것이 아니라, 사도적 신앙을 잘 표현했기 때문에 권위를 가지게 되었고, 권위를 인정받다보니 후대에 '12명의 사도들이 작성한 것을 베드로가 가지고 로마에 갔다'는 전설이 생겨난 것으로 이해할 수 있습니다.

　　사도 신조는 2세기 경 사도 바울이 마지막으로 사역하였고, 로마서의 수신자들이 있었던 바로 그 교회에서 비롯되었습니다. 그 로마교회가 오늘날의 로마 가톨릭 교회와 연속성이 있기는 하지만, '로마 가톨릭 교회'로서의 정체성을 가지고서 로마 가톨릭 교회의 교리에 반대하는 사람들의 이단성 규명을 목적으로 사도 신조를 만든 것은 아닙니다. 오히려 그리스도교 신앙을 받아들이고 세례를 받는 사람들의 신앙을 확인하기 위한 목적의 문답형식에서 시작되었습니다. 처음의 세례문답 형식에서 시작된 것이 이단들의 도전에 응전하는 과정에서 교회 회의를 통해서 단어와 문구가 추가되면서 발전하였습니다.

　　사도 신조를 문제삼는 것은 사도 신조와 마찬가지로 삼위일체 교리도 교회회의를 통해서 로마 가톨릭 교회의 교리에 반대하는 사람들의 이단성 규명을 목적으로 만든 것이라는 주장을 하기 위한 것으로 보입니다. 그러나 마태복음 마지막 구절, "그러므로 너희는 가서 모든 민족을 제자로 삼아 아버지와 아들과 성령의 이름으로 세례를 베풀고"[8] 에서 볼 수 있는 것처럼 처음부터 교회는 세례를 베풀기 위한 조건으로 삼위일체 신앙을 확인하였던 것을 알 수 있습니다. 삼위일체 신앙은 그리스도교를 그리스도교되게 하는 가장 핵심적인 교리입니다. "예수는 하나님"이라는 신앙고백이 삼위일체 신앙의 핵심이기 때문입니다. 예수 그리스도의 제자 곧 사도들이 한결 같이 예수님을 "그리스도와 하나님의 아들"[9]로, "하나님"[10]으로 고백했을 뿐만 아니라, 심지어 귀신들린 사람들 또는 귀신들도 예수님을 "하나님의 아들"[11]로 고백했다는 사실은 결코 간과되어서는 안 됩니다.

4. 니케아-콘스탄티노플 신조

니케아-콘스탄티노플 신조는 325년에 열린 니케아 공의회에서 작성된 니케아 신조를 기초로 하여 381년 콘스탄티노플 회의에서 작성된 신조입니다. 엄밀하게 말하면 325년에 작성된 신조를 니케아 신조, 381년에 작성된 신조를 콘스탄티노플 신조라고 하는 것이 타당하겠지만, 325년의 신조와 381년의 신조가 연속성을 가지고 있기 때문에 최종적으로 작성된 381년의 신조를 니케아 신조 또는 니케아-콘스탄티

---

8 마태복음 28:19 (개역개정).
9 마태복음 16:16, 베드로의 고백.
10 요한복음 20:28, 도마의 고백.
11 누가복음 4:41, 귀신들린 사람의 고백.

노플 신조라고 합니다. 325년의 니케아 신조와 비교할 때, 381년의 니케아-콘스탄티노플 신조는 성령에 관한 신앙고백이 추가되었고, 이단적 가르침을 전하는 이들을 향한 저주문이 삭제되었습니다. 니케아 신조 또는 니케아-콘스탄티노플 신조는 동방교회에서 가장 널리 사용되는 신조일 뿐만 아니라, 동방교회와 서방교회 그리고 개신교회를 포함한 모든 전통에서 공통적으로 사용하는 중요한 신조입니다.

니케아-콘스탄티노플 신조가 모든 교회들에게서 전통성과 정통성을 인정받는 이유는 동방과 서방 그리고 개신교회 모두가 인정하는 고대교회의 에큐메니칼 공의회를 통해서 작성된 신조이기 때문입니다. 그래서, 오늘날 동방교회와 서방교회가 함께 모여서 예배를 하게 되면 니케아-콘스탄티노플 신조를 사용하여 신앙고백을 합니다. 구체적인 예로, 세계교회협의회에서 주관하는 에큐메니칼 총회 기간에 진행되는 경건회에서는 "니케아-콘스탄티노플" 신조를 사용하여 신앙고백을 합니다. 로마 교회에서 사용한 사도 신조가 세례문답 형식에서 비롯된 실용적이고 구체적인 신앙고백을 담고 있다면, 니케아-콘스탄티노플 신조는 신학논쟁에서 비롯된 이론적이고 형이상학적인 신앙고백을 담고 있습니다. 신앙고백이 형이상학적이라고 표현하는 이유는 성부, 성자, 성령 세 위격간의 관계와 예수 그리스도의 신성과 인성에 관한 논쟁을 해결하기 위한 목적으로 작성되었기 때문입니다. 예를 들어, 니케아-콘스탄티노플 신조에는 '동일본질'이라는 표현이 등장합니다. 이 동일본질이라는 표현은 일상적인 용어라기보다는 고대 철학자들의 세계관이 반영된 철학적인 용어, 곧 신플라톤주의자들의 용어입니다. 성부와 성자와의 관계를 표현하기 위해서 사용된 '동일본질'이라는 용어는 성부 하나님과 성자 하나님이 동일한 신성을 가지신 하나님이라는 신앙고백을 표현하기 위해서 사용되었습니다.

교회는 처음부터 "예수는 하나님"이라는 신앙을 고백해 왔습니다. 하지만, 시간이 지나면서 유대인들 가운데 그리스도교로 개종한 사람들이 늘어났고, 개종한 유대인들은 유대교의 전통과 신앙이라는 틀 안에서 성부와 성자와의 관계를 이해하려 했습니다. 그러다보니 성부와 성자는 동일한 하나님이 아니라고 주장하는 사람들의 목소리가 커지기 시작했습니다. 이 사람들 가운데 가장 대표적인 사람이 알렉산드리아의 장로였던 아리우스^{Arius}였습니다. 아리우스는 알렉산드리아 출신이었으나, 유대적 성향이 강했던 안디옥에서 공부하면서 예수 그리스도의 신성에 관해 정통교회들이 고백하는 믿음의 내용과는 다른 주장을 펼쳐나갔습니다. 성자가 아니계셨던 때가 있었다는 주장이나, 성부와 성자는 동일본질이 아니라 유사본질이라는 주장을 하면서 영향력을 확대해 나갔습니다. 아리우스에 대항하여 정통교리를 지키기 위해 수고를 아끼지 않은 사람은 알렉산드리아의 주교 아타나시우스^{Athanasius}였습니다. 아리우스로 인해서 로마 제국은 예수 그리스도의 신성과 인성에 관한 문제를 두고 이단적 가르침을 주장하는 아리우스파와 정통신앙을 고수하는 아타나시우스파로 갈라졌습니다.

이 문제를 해결하기 위해서 콘스탄티누스^{Constantinus} 황제는 325년에 당시 로마 제국의 수도 콘스탄티노플 가까운 도시 니케아를 회의 장소로 정하고 동방과 서방의 모든 주교들을 소집했습니다. 동로마 제국과 서로마 제국 모두를 통치하는 유일한 황제가 되는 과정에서 그리스도교를 공인했던 황제가 바로 콘스탄티누스입니다. 황제는 313년 밀라노 칙령을 통해서 그리스도교를 공인한 이후에, 일요일을 공휴일로 정하고, 교회에 면세특권을 허락하고, 교회를 지어주고, 바실리카^{오늘날의}

행정복지타운 건물, 옛 동사무소 건물과 같은 공공기관의 다목적 건물를 예배당으로 사용하도록 내어주는 등 교회의 후원자로서 역할을 해왔습니다. 비록 로마 제국이 정치적으로는 하나가 되었지만, 종교적으로는 둘로 나누어졌기에 황제는 이 문제를 해결할 필요를 느꼈을 뿐만 아니라, 적극적으로 문제를 해결하기 위해서 '동일본질'이라는 용어를 제안했다고 알려져 있습니다.

니케아 회의의 중요한 사안은 예수 그리스도의 인성을 강조하는 아리우스의 신학 노선에 반대하여 성자 하나님의 온전한 신성을 변호하는 것이었습니다. 한편 아리우스는 자신의 입장을 변호하기 위해서 전략적으로 오리게네스^{Origenes}를 끌어들였습니다. 200-300년 사이에 동방교회에서 가장 영향력이 있었던 교부가 오리게네스였기 때문인데, 아리우스는 자신의 주장이 오리게네스의 종속론과 다르지 않다고 주장했습니다. 그러나, 이는 사실과 같지 않습니다. 비록 오리게네스가 성부와 성자의 관계를 종속론적으로 설명하였지만, 동일본질을 주장했기 때문입니다. 오리게네스가 말한 삼위일체의 핵심은 성부는 성자가 아니며, 성자는 성령이 아니고, 성령은 성부가 아니지만, 신성에서는 동일본질을 가지신 하나님이라는 데 있습니다. 오리게네스와 아리우스의 가장 큰 차이점은 동일본질이냐 유사본질이냐를 통해서 확인되었습니다. 니케아 공의회의 목적이 예수 그리스도의 신성에 대한 변호이다 보니, 성자의 신성은 성부와 동일본질이라는 표현을 통해서 선언되었으나, 성령의 신성에 대해서는 언급이 없습니다.

니케아 회의를 통해서 이단으로 정죄된 이후에도 아리우스파의 영향력은 계속되었고, 오히려 정통파 보다 우위에 있었습니다. 오늘날에도 교단의 헌법을 통해서 불법으로 규정된 이들이 여전히 영향력을 발휘하고 있는 상황을 보면 공의회에서 정죄된 아리우스파의 꺾이지 않는 영향력이 낯선 일은 아닙니다. 니케아 회의 이후에 등장한 더 큰 교리적 문제는 예수 그리스도의 신성을 강조하면서도 삼위일체 신앙에 반대되는 주장들이었습니다. 대표적인 이단적 가르침의 예를 들면, 마케도니우스파는 성부와 성자의 본질이 같다는 것은 인정하였으나 성령의 신성은 부인하였습니다. 한편, 아폴리나리스파는 예수 그리스도의 신성을 인정하였으나 인성을 부인하면서, 로고스가 그리스도의 영혼을 대치했다고 주장했습니다. 니케아 신조를 통해서 예수 그리스도의 하나님 되심을 분명하게 표현했음에도 불구하고, 성령에 대해서는 언급이 없었을 뿐만 아니라 예수 그리스도의 신성과 인성의 관계에 대해서는 명확하게 정리가 되지 않았기 때문에 이러한 문제들이 발생했던 것입니다. 이러한 이단들의 가르침 때문에 성령의 신성뿐만 아니라 성자의 신성과 인성과의 관계를 정리할 필요성이 제기되었습니다. 따라서 381년에 테오도시우스Theodosius I 황제는 콘스탄티노플에서 공의회를 개최하였습니다. 이 때 작성된 콘스탄티노플 신조는 325년 니케아 신조와 연속성이 있기 때문에 381년에 작성된 신조를 니케아-콘스탄티노플 신조라고 합니다.

테오도시우스 황제는 니케아파를 후원하였을 뿐만 아니라, 자신이 세례를 받은 이후에 니케아파 그리스도교를 로마 제국 내에서 유일한 합법적 종교로 정하고 모든 시민이 니케아파 신앙을 받아들이도록 하였습니다. 이에 따라 그리스도교가 로마제국의 국교가 되었으며 이때부터 로마의 시민들은 태어나면서 명목상의 그리스도인이 되었고, 유아세례증명서가 출생증명서를 대신하게 되었습니다.

5. 결론적 진술

고대교회의 신조들 가운데 서방교회를 대표하는 신조는 사도 신조이고, 동방교회를 대표하는 신조는 니케아 신조 또는 니케아-콘스탄티노플 신조입니다. 사도 신조와 니케아-콘스탄티노플 신조는 각각 세례문답 형식과 교리적 논쟁에서 비롯되었습니다. 비록 작성된 시기와 동기는 다르다 할지라도 두 신조는 공동적으로 삼위일체 신앙과 복음의 핵심 내용을 잘 표현하고 있습니다. 서방교회 전통과 연속성이 있는 장로교에서는 예배시간에 공적인 신앙고백을 위해서 사도 신조를 사용하고 있고, 전 세계에 흩어져 있는 모든 전통의 교회들이 함께 모여서 예배드릴 때는 니케아-콘스탄티노플 신조를 사용하여 신앙을 고백합니다.

우리가 믿고 고백하는 신앙의 핵심 내용은 예수 그리스도의 생애와 가르침 곧 복음에 기초하고 있습니다. 성자 하나님 예수 그리스도께서 세례받으실 때, 성부 하나님께서 "이는 내 사랑하는 아들이요 내 기뻐하는 자라"[12]고 말씀하셨고, 성령 하나님께서는 비둘기 같이 하늘로부터 성자 예수 그리스도의 머리 위에 임하셨습니다. 또한 예수 그리스도께서는 승천하시기 전 제자들에게 "아버지와 아들과 성령의 이름으로 세례를 베풀고 내가 너희에게 분부한 모든 것을 가르쳐 지키게 하라"[13]고 명령하셨습니다. 예수 그리스도의 생애와 가르침을 통해서 분명히 알 수 있는 것은 그리스도교 신앙의 핵심은 삼위일체 신앙고백 위에 있다는 것입니다. 사도 신조와 니케아-콘스탄티노플 신조는 이 삼위일체 신앙에 대한 분명한 고백입니다.

---

12   마태복음 3:17 (개역개정).
13   마태복음 28:19-20 (개역개정).

제 4 장

고대교회의 신조들 (2):
칼케돈 신조, 아타나시우스 신조

1. 서론적 질문
— 정통이 먼저일까, 이단이 먼저일까?

정통이 먼저일까요, 아니면 이단이 먼저일까요? 이는 마치 닭이 먼저일까요, 아니면 달걀이 먼저 일까요? 하는 질문으로 들릴 수도 있습니다. 정통이 먼저인지 이단이 먼저인지는 고민해 본 적은 없어도, 닭이 먼저인지 달걀이 먼저인지의 문제는 생각해 본 적이 있을 것입니다. 하나님께서 창조세계 안에 있는 생명체들을 창조하실 때 그 피조물들을 장성한 모습으로 창조하셨습니다. 예를 들어, 하나님께서 아담과 하와를 창조하실 때 갓난아기의 모습이 아니라 성숙한 남성과 여성의 모습으로 창조하셨습니다. 이렇듯 닭이 먼저냐 달걀이 먼저냐의 문제는 창조냐 진화냐의 문제로 놓고 보면 답이 명확해집니다. 정통이 먼저냐 이단이 먼저냐의 문제도 진짜와 가짜, 진리와 비진리, 명품과 모조품의 문제로 놓고 보면 답이 명확해집니다. 그런데, 어떤 신학자들은 이단이 먼저일까 정통이 먼저일까를 고민하면서 이단이 정통보다 시간적으로 앞선다고 주장하기도 했습니다.

이러한 주장은 헤겔의 변증법을 교리사에 적용한 결과라는 것을 먼저 이야기해야 할 것 같습니다. 이단의 활동에 대한 반작용으로 생겨난 것이 정통이라는 주장인데, 이러한 이론은 독일의 신학자 발터 바우어Walter Bauer: 1877-1960에 의해 제기되었습니다. 그는 『초기 그리스도교의 정통과 이단』[1]이라는 저서에서 이단이 시간적으로 정통보다 앞선다고 주장하면서 헤겔의 변증법을 그 방법론으로 사용하였습니다. 이단의 도전이 먼저이고 그에 대한 응전이 나중이며 그 결과로 생겨난 것이 정통이라는 주장은 그 당시에는 엄청난 파장을 일으켰으나, 오늘날 그의 주장은 구시대적이고 잘못된 것으로 판명되었습니다. 이단과 정통의 문제는 초대교회부터 지금까지 계속되는 문제이기에 이단으로부터 정통교회를 지키기 위해서 작성된 아타나시우스 신조와 칼케돈 신조를 설명하기 앞서서 정통과 이단의 문제를 언급하려고 합니다.

2. 정통과 이단

정통과 이단의 문제는 어제 오늘의 일이 아닙니다. 신약성경에도 이단들을 경계하라는 가르침을 찾아볼 수 있습니다. '이단'이라는 단어가 갈라디아서 5장 20절, 디도서 3장 10절, 베드로후서 2장 1절에 나오는 것으로 보아, 사도 바울 당시에도 이단들 때문에 교회가 혼란을 겪었음을 짐작해 볼 수 있습니다.

> 우상 숭배와 주술과 원수 맺는 것과 분쟁과 시기와 분냄과 당 짓는
> 것과 분열함과 이단과 갈 5:20
> 이단에 속한 사람을 한두 번 훈계한 후에 멀리하라 딛 3:10
> 그러나 백성 가운데 또한 거짓 선지자들이 일어났었나니 이와 같이

---

[1] Walter Bauer, *Orthodoxy and Heresy in Earliest Christianity* (Philadelphia: Fortress, 1971); Walter Bauer, *Rechtgläubigkeit und Ketzerei im ältesten Christentum* (Tübingen: J. C. B. Mohr, 1964).

> 너희 중에도 거짓 선생들이 있으리라 그들은 멸망하게 할 이단을 가
> 만히 끌어들여 자기들을 사신 주를 부인하고 임박한 멸망을 스스로
> 취하는 자들이라 ^{벧후 2:1}

그런데, '이단' 이라는 단어에만 집중할 것이 아니라 '적그리스
도' 및 '거짓 교사' 등의 표현들도 함께 주목할 필요가 있습니다. 이단,
적그리스도, 거짓 교사 모두 정통 신앙에 벗어난 거짓된 가르침 곧 이
단적인 가르침을 전했던 사람들을 지칭하는 용어들이기 때문입니다.

초대교회의 역사를 살펴보면 기독론과 관련된 이단적인 가르침
을 크게 2가지로 나누어 볼 수 있습니다. 하나는 극단적 유대주의에서
비롯된 이단으로, 복음을 받아들인 사람도 율법을 철저하게 따라야 한
다고 주장하는 동시에 예수 그리스도의 신성을 부인하였던 이른바 에
비온주의자들입니다. 요한일서 2장에 제시된 이단에 대한 분명한 기준
이 무엇인지 확인해 보겠습니다.

> 아이들아 지금은 마지막 때라 적그리스도가 오리라는 말을 너희가
> 들은 것과 같이 많은 적그리스도가 일어났으니 그러므로 우리가 마
> 지막 때인 줄 아노라 …. 거짓말하는 자가 누구냐 예수께서 그리스도
> 이심을 부인하는 자가 아니냐 아버지와 아들을 부인하는 그가 적그
> 리스도니 …²

요한일서 2장은 예수께서 그리스도이심을 부인하는 사람들 뿐

---

2 요한일서 2:18, 22 (개역개정).

만 아니라, 예수가 아닌 다른 특정 인물이 그리스도라고 주장하는 자들이 있다면, 그들이 이단이고 적그리스도이다라는 분명한 기준을 제시합니다.

또 다른 하나는 극단적 헬라주의에서 비롯된 이단으로 예수께서 육체로 오신 것을 부인하는 이른바 영지주의자들입니다. 요한일서 4장에는 영지주의 이단에 대한 분명한 기준이 제시되어 있습니다.

> 사랑하는 자들아 영을 다 믿지 말고 오직 영들이 하나님께 속하였나
> 분별하라 많은 거짓 선지자가 세상에 나왔음이라. 이로써 너희가 하
> 나님의 영을 알지니 곧 예수 그리스도께서 육체로 오신 것을 시인하
> 는 영마다 하나님께 속한 것이요, 예수를 시인하지 아니하는 영마다
> 하나님께 속한 것이 아니니 이것이 곧 적그리스도의 영이니라 …[3]

예수 그리스도의 인성을 부인하는 이들은 사도 요한이 활동하던 시대뿐만 아니라 451년 칼케돈 공의회에서 이단으로 정죄될 때까지 계속해서 나타나서 복음의 진리를 훼손하였습니다.

발터 바우어의 주장과는 달리, 극단적 유대주의와 극단적 헬라주의에서 비롯된 이단들의 도전에 응전한 주체가 정통교회입니다. 이단의 도전에 응전하는 과정에서 생겨난 것은 정통이 아니라 이단과 정통을 구별하기 위한 기준으로 사용했던 '정경 canon, 신조 creed, 사도적 승계 apostolic succession'라는 '신앙의 척도' regular fidei 및 정통이라는 개념입니다. 마치 진품의 가치를 훼손하는 모조품들이 판을 치자 명품을 제작하는

---

3   요한일서 4:1-3 (개역개정).

기업들이 상표 및 지적 재산권을 등록하고 특허를 신청하는 등의 조치를 취하는 것과 같습니다. 정통교회를 위협하는 이단들의 거짓 가르침에 대응하기 위해서 작성된 신조들 가운데 대표적인 신조들이 바로 니케아-콘스탄티노플 신조 외에도 칼케돈 신조와 아타나시우스 신조입니다.

3. 칼케돈 신조

칼케돈 신조는 451년에 열린 칼케돈 공의회에서 작성된 신조입니다. 제4차 에큐메니칼 공의회인 칼케돈 공의회는 서방교회와 동방교회 그리고 개신교회 모두가 인정하는 고대교회의 에큐메니칼 공의회이기도 합니다. 기독론 그리고 삼위일체론과 관련된 대부분의 문제들이 451년 칼케돈 공의회를 통해서 해결됨으로써 325년과 451년까지 약 125년간의 긴 논쟁이 일단락되었습니다. 그런데, 과연 무엇이 문제였기에 기독론을 둘러싼 논쟁이 125년간 지속되었던 것일까요? 처음 두 번의 공의회, 곧 325년 니케아 공의회와 381년 콘스탄티노플 공의회를 통해서 작성된 니케아-콘스탄티노플 신조가 다루었던 문제는 주로 예수 그리스도의 하나님 되심과 성령의 인격성에 대한 문제였습니다. 이전의 두 공의회에서, 예수 그리스도의 신성을 분명히 하였지만 그럼에도 여전히 문제가 완전히 해결되지 않은 이유는 이 신조들이 그리스도의 신성과 인성의 관계에 대해서는 명시하지 않았기 때문입니다.

칼케돈 공의회를 소집하여 신성과 인성에 관한 문제를 다루게 된 것은 콘스탄티노플 수도원의 수도원장이었던 유티케스 Eutyches 의 주장 때문이었습니다. 유티케스는 431년 에베소 공의회를 통해서 정죄되었던 네스토리우스Nestorius의 주장에 반대하면서 그리스도의 두 본성은 성육신을 통해 연합된 후에는 오직 한 본성만 존재한다고 주장했습니다. 네스토리우스는 예수 그리스도의 신성을 부인했던 아리우스와 인성을 부인했던 마니교 모두를 반대하면서, 예수 그리스도는 온전한 하나님이신 동시에 온전한 사람이시며 신성과 인성이 나누어져 있다고 주장했습니다. 그러면서도 네스토리우스는 인간의 구원을 위해서는 예수 그리스도가 온전한 사람이어야 한다는 점을 강조했습니다. 네스토리우스와 논쟁을 벌였던 인물은 키릴Cyril로, 그는 알렉산드리아의 주교였습니다. 알렉산드리아의 전통을 따라서 신성을 강조했던 키릴은 네스토리우스와의 논쟁에서 네스토리우스를 정죄하는데, 키릴과 네스토리우스의 논쟁은 제3차 에큐메니칼 공의회로 알려진 431년 에베소 공의회에서 다루었던 내용입니다.

네스토리우스의 주장을 반대했던 유티케스는 그리스도의 '두 본성의 연합'을 강조하였습니다. 유티케스의 주장을 '단성론'이라고 하는데, 그 이유는 연합하기 이전에는 두 본성이 존재하지만 성육신 후에는 오직 한 본성만 존재한다고 주장했기 때문입니다. '연합 후의 한 본성'을 강조한 유티케스의 주장을 따르는 사람들은 단성론파라고 불리웠는데, 그들에 따르면 '연합후의 한 본성'은 신성도 아니고 인성도 아닌 새로운 '제3의 본성'입니다. 예수 그리스도의 신성과 인성이 연합 한 후에 한 본성이 되었다는 유티케스의 주장은, 연합 후에도 여전히 한 인격 안에 신성과 인성이 두 본성으로 함께 존재한다는 키릴의 주장과는 거리가 있었습니다.

결국, 예수 그리스도의 신성과 인성과의 '관계'라는 문제 또는 신성과 인성이 '연합하는 방식'에 관한 문제를 깔끔하게 정리할 필요가 생겼습니다. 제4차 에큐메니칼 공의회인 칼케돈 공의회에서는 두 본성에 관한 문제를 자세하게 다루었습니다. 칼케돈 공의회에서 표현된 예수 그리스도의 신성과 인성에 관한 중요한 용어는 "참 하나님이시면 참 인간이신 분"입니다. 또한 신성과 인성의 관계와 연합하는 방식에 관하여 네스토리우스의 주장 곧 그리스도 안에 두 인격이 있다는 주장과, 유티케스의 주장 곧 그리스도 안에 하나의 본성만 있다고 하는 주장 모두를 배격하면서 '한 인격 안에 두 본성'을 분명하게 표현하였습니다. 예수 그리스도라는 한 인격 안에 두 본성 ─ 신성과 인성 ─ 이 구분된 상태로 남아 있다는 사실을 제대로 담아내기 위해서 로마의 교황 레오 Pope Leo I 는 공의회에 파견한 특사를 통해 "두 본성이 그리스도 안에서 변하지 않고, 분할되지 않고, 혼합되지 않은 채 연합해 있다"라는 표현을 추가하도록 요구하였습니다. 공의회가 진행되는 중에 교황 레오가 콘스탄티노플 총대주교 플라비안에게 449년 6월 13일에 보낸 편지[4]가 낭독되었고 이 편지의 내용이 키릴의 주장과 다르지 않다는 것을 공의회 참석자들이 확인하였습니다. 이 편지는 공의회의 결정사항에 중요한 영향을 끼쳤기에 후일 "교황 레오 Ⅰ의 교서" Tome of Pople Leo I 로도 알려지게 됩니다. 동방과 서방교회 모두를 연합시키면서도, 네스토리우스와 유티케스의 주장을 반대하였고, 동시에 일관성 있는 기독론을 제시한 신조가 칼케돈 신조입니다.

---

4   Pope Leo I, "The letter of Pope Leo I to Flavian of Constantinople, about Eutyches," in *Nicene and Post-Nicene Fathers Series II, Volume 12*, 100-110.

4. 아타나시우스 신조

아타나시우스 신조를 작성한 사람이 아타나시우스 자신인지 아 닌지, 그 기원에 관해서는 분명히 알려진 것이 없습니다. 하지만, 마치 사도 신조가 사도들의 가르침과 신앙고백의 내용을 담고 있는 것과 마 찬가지로 아타나시우스 신조는 아리우스를 반대했던 아타나시우스의 가르침과 신앙고백의 내용을 담고 있는 것은 분명합니다. 아타나시우 스 신조라는 명칭이 보여주는 것처럼, 아리우스파의 주장에 반대하여 니케아파의 신앙고백을 담고 있는 이 신조의 내용은 그 작성자가 삼위 일체 교리와 그리스도의 신성이라는 정통 교리를 지켜낸 아타나시우스 가 작성한 것으로 생각하게 하였습니다.

알렉산드리아의 주교로서 그리스도의 신성과 삼위일체 교리를 수호하는데 가장 큰 공헌을 하였던 아타나시우스가 9세기 이후로 아타 나시우스 신조의 저자인 것으로 알려져 있었습니다. 그러나, 17세기 중 엽 이후로는 저자를 아타나시우스로 보는 견해가 프로테스탄트 학자들 뿐만 아니라 가톨릭 학자들에게서도 인정받지 못하게 되었습니다. 그 이유는 아타나시우스가 살던 시대의 인물들과 작가들의 기록 어느 곳 에서도 아타나시우스 신조가 발견되지 않았다는 점, 특히 아타나시우 스 자신이 그의 저서 어디에서도 이 신조를 언급한 적이 없기 때문입니 다. 381년, 431년, 451년의 에큐메니칼 공의회에서 이 신조에 대해 아 무런 단서를 찾아볼 수 없다는 점도 아타나시우스가 직접 작성한 것으 로 볼 수 없는 근거로 지적됩니다. 어떤 학자들은 프랑스나 북부 아프리 카 라틴교회에 속한 아우구스티누스 학파가 아타나시우스 신조를 작성 했을 것이라는 주장을 제기하였습니다.

신앙, 무엇을 믿는가?
교리와 논쟁, 신조의 역사 (고대와 중세편)

그럼에도 불구하고 교회사에서 특히 서방교회는 아타나시우스 신조를 중요하게 여기고 사용해왔습니다. 서방 라틴 교회에서 큰 권위를 인정받았기에 중세시대에는 아침 예배 시간에 사용되었다고 알려져 있습니다. 아타나시우스 신조가 널리 사용된 이유는 아타나시우스의 신조에 나타나는 가르침의 내용들이 아타나시우스의 이름이 아니라 정확하게 진술된 성경의 진리로부터 나온 것이기 때문입니다. 또한, 제1차 에큐메니칼 공의회 때부터 제4차 에큐메니칼 공의회 때까지의 교리적 결정들과 삼위일체 신학 그리고 성육신에 대한 아우구스티누스의 사상을 잘 표현하고 있기 때문이기도 합니다. 아리우스와 아타나시우스 모두 신적 존재는 불변하고 영원하다는 사실에는 동의합니다. 하지만 불변하시고 영원하신 하나님이 어떻게 가변적이고 역사적인 사람과 결합할 수 있는가 하는 문제에서는 첨예하게 대립하였습니다.

아타나시우스 신조를 처음 언급한 사람은 502년 아를의 대주교 카이사리우스Caesarius 입니다. 그는 설교집 서문에 아타나시우스 신조 전체를 적어놓았습니다. 그 이후에 중세의 위대한 신학자인 캔터베리의 대주교 안셀무스Anselmus 는 아타나시우스 신조를 사도 신조와 니케아-콘스탄티노플 신조와 함께 그리스도교 3대 신조 가운데 하나로 인정하였습니다. 종교개혁기에도 계속 영향력을 잃지 않고서 루터파에 의해서 그리스도교 3대 신조 가운데 하나로 인정받았습니다. 종교개혁자 마틴 루터Martin Luther 는 아타나시우스 신조를 "사도 시대 이후로 가장 중요하도록 영광스러운 작품"이라고 언급할 정도였습니다. 쟝 칼뱅Jean Calvin 도 이 신조를 "하나님의 말씀과 영원히 일치하는 세 개의 신조들 가운데 하나"라고 했습니다. 종교개혁자들은 이 신조에 대한 존경심을 가지고 있어서, 루터파의 아우구스부르크 신앙고백과 일치신조, 영국 성공회의 39개 신조 등은 아타나시우스 신조의 중요성을 언급하고 있습니다. 이 가운데 영국성공회 39개 신조 제8조는 다음과 같습니다.

> 제8조. 세 가지 신경에 관하여
>
> 니케아 신경과 아타나시우스 신경, 그리고 이른바 사도신경, 이 세 가지 신경은 철저하게 인정하고 믿어야 한다. 이 세 가지 신경은 성서의 가장 확실한 보증으로 증명되어 있기 때문이다.[5]

위대한 교회 역사가 필립 샤프 Philip Schaff 는 "이 신조는 논리적 명료성, 엄밀성, 정확성으로 작성된 걸작으로 타의 추종을 불허한다"[6]고 하였습니다. 그럼에도 불구하고 이 신조가 모든 교회로 부터 인정받은 것은 아니라는 점을 주목할 필요가 있습니다. 동방교회는 아타나시우스 신조가 선언한 성령에 대한 진술 곧 성령의 출처가 아버지와 아들로 부터라는 이중 발출에 관한 진술을 거부하였습니다. 동방교회와 서방교회가 1054년 서로를 파문하면서 공식적으로 갈라설 때에 명분을 제공했던 신학논쟁은 성령의 출처에 관한 문제로, 동방교회는 성령이 성부로부터 나왔다고 했던 니케아-콘스탄티노플 신조의 원문 그대로를 사용하였던 반면에 서방교회는 성령이 성부로부터 "그리고 성자로부터 filioque" 나왔다는 문구를 추가하여 사용하였습니다. 이 논쟁은 성령의 출처에 관한 문제로 '필리오케 논쟁'이라고 알려져 있습니다. 이러한 사실은 이 신조가 아타나시우스가 활동했던 동방교회 지역에서 작성된

---

5 대한성공회 분당교회, "성공회 39개 신앙신조." https://www.skhbundang.or.kr/557, [2024. 04. 05. 접속].

6 Philip Schaff, *The Creeds of Christendom, with a history and critical notes, Vol. 1: The History of the Creeds* (Grand Rapid: Baker Books, 1984), 57.

것이 아니라 아나타시우스의 이름을 빌려 서방교회에서 작성한 것임을 짐작하게 합니다.

5. 결론적 진술
— 고대교회를 대표하는 4개의 신조들

고대교회의 신조들 가운데 가장 중요하고 대표적인 4개의 신조를 꼽으라면 사도 신조, 니케아-콘스탄티노플 신조, 칼케돈 신조, 그리고 아타나시우스 신조를 꼽을 수 있습니다. 사도 신조는 세례문답 형식에서, 니케아-콘스탄티노플 신조와 칼케돈 신조는 교리 논쟁을 해결하기 위해서 모인 에큐메니칼 공의회에서 작성되었습니다. 그리고 아타나시우스 신조는 그 작성시기가 명확하지는 않지만 509년 이전에 서방교회에서 익명의 개인에 의해서 작성된 것으로 보입니다. 비록 4개의 신조들이 작성된 시기와 동기는 다르다 할지라도 삼위일체 신앙과 기독론에 관한 정통신앙, 그리고 복음의 핵심 내용을 잘 표현하고 있습니다. 중세의 위대한 신학자 캔터베리의 안셀무스부터 종교개혁자 마틴 루터와 칼뱅이 증언하고 있는 것처럼 이 신조들은 중요한 신앙의 내용을 담고 있습니다.

이들 고대교회의 신조들을 통해서 정통교회는 이단의 도전에 응전하였습니다. 응전하는 과정에서 그리스도교의 기본진리를 충실하게 표현해 내고 신앙의 정통성을 수호하였고, 이 일에는 엄청난 수고와 노력이 요구되었습니다. 믿음의 선배들이 지키고 물려준 복음의 내용이 변질되지 않고 이단의 공격으로 인해 그리스도교의 본질이 훼손되지 않도록 우리는 그리스도께로부터 시작되어 우리에게까지 전해내려 온 복음의 내용과 정통 신앙을 굳게 지켜야 하겠습니다. 예수 그리스도께서 하나님이심을 믿고 고백하는 신앙의 표현이 잘 정리되어 있는 사도신조, 니케아-콘스탄티노플 신조, 칼케돈 신조, 그리고 아타나시우스 신조의 구체적인 내용에 대해서는 이제부터 하나 하나 살펴보겠습니다.

제 5 장

사도 신조

1.   서론적 질문
— "우리는 하나다"라는 메시지를 강조하고 증거하는 책은 무엇일까요?

"우리는 하나다"라는 강력한 메시지를 전하는 책이나 문서가 있다면 무엇일까요? 그리고 '우리는 하나'임을 강조해야 할 필요가 있을 때는 언제일까요? '우리'의 범위를 어떻게 규정하느냐에 따라 다르겠지만, 씨족으로 범위를 한정하였을 때 동일한 조상에게서 갈라져 나온 성씨이면서 하나의 친족임을 알려주는 '족보'를 떠올려 볼 수 있습니다. 족보의 역할 가운데 하나는 우리가 남이 아니라는 것을 알려주는데 있습니다. '우리는 하나'임을 강조할 필요를 느껴본 적이 없을 수도 있지만, 일반적으로 사람들이 이름을 물어보고 고향을 물어보고, 출신학교를 물어보고, 누구를 아는지 물어보는 것은 상대방과의 동질성을 찾기위해서 입니다. 동질성을 찾는 일 역시 "너와 나는 남이 아니다"라는 것을 확인하는 과정입니다.

그리스도교 신앙에도 이렇게 너와 나는 남이 아니고, 하나의 거룩하고 보편적이고 사도적인 교회, 곧 그리스도의 몸된 교회의 일부로서 서로 연결되어 있음을 확인하는 것이 필요할 때가 있습니다. 거짓 교사, 적그리스도, 이단들의 공격으로부터 정통 신앙을 지켜내기 위해서 우리는 같은 복음 안에서 정통신앙을 믿고 고백하는 하나의 공동체임을 확인하는 과정이 필요합니다. 이러한 과정에서 생겨난 것이 신조들이고, 서방교회에서 가장 널리 사용되는 대표적인 신조가 사도 신조입니다. 우리들 대부분은 예배 때마다 사도 신조를 사용하여 신앙을 고백함으로써 우리가 믿고 고백하는 복음의 내용이 예수 그리스도부터 시작되어 고대교회와 중세교회를 거쳐 오늘날에 이르게 되었다는 사실을 확인하게 됩니다. 그리고 우리의 신앙이 사도들과 예수 그리스도에게까지 연결되어 있음을 확인하게 됩니다. 그렇다면 구체적으로 어떠한 내용들을 함께 고백함으로써 예수 그리스도로부터 시작된 복음을 공유하고 있다는 사실을 확인할 수 있으며, 그 복음에 충실한 정통 신앙을 다음 세대에 전해줄 수 있는지 확인해 보겠습니다.

2. 사도 신조 전문[1]

나는 전능하신 아버지 하나님, 천지의 창조주를 믿습니다.
나는 그의 유일하신 아들, 우리 주 예수 그리스도를 믿습니다.
그는 성령으로 잉태되어 동정녀 마리아에게서 나시고,
본디오 빌라도에게 고난을 받아 십자가에 못 박혀 죽으시고,
장사된 지 사흘 만에 죽은 자 가운데서 다시 살아나셨으며,
하늘에 오르시어 전능하신 아버지 하나님 우편에 앉아 계시다가,
거기로부터 살아있는 자와 죽은 자를 심판하러 오십니다.
나는 성령을 믿으며,

---

1   대한예수교장로회 총회, 『헌법』(서울: 한국장로교출판사, 2007), 31.

거룩한 공교회와 성도의 교제와

죄를 용서 받는 것과

몸의 부활과

영생을 믿습니다. 아멘.

3. 주요내용 설명

고대교회의 신조들 가운데 현재까지도 가장 널리 사용되고 있는 것은 사도 신조입니다. 사도 신조의 중요성에 대하여 천주교 전례 지침서 『로마 미사 경본』의 "제3표준판 (2008)"은 "제2표준판 (1975)"과 차이점을 비교하면서 다음과 같이 설명합니다.

니케아-콘스탄티노폴리스 신경 대신에, 특히 사순 시기와 부활 시기에는, 이른바 사도 신경 곧 로마 교회의 세례 신경을 바칠 수 있다고 명시하여 사도 신경의 위상을 복원하였다. 사도 신경은 초세기 교회로부터 물려받은 본연의 신경으로서 니케아-콘스탄티노폴리스 신경보다 더 오래된 것이며, 동서방 교회가 공유했던 전통에서 유래하는 것이다. 이 신경은 주로 파스카 성야의 세례식에서 사용되었기에 "세례 신경"으로도 불리며, 주님의 강생과 파스카 사건이 단순한 표현으로 뚜렷하게 부각되어 있는 탁월한 교회의 유산이다.[2]

---

2 한국천주교중앙협의회, "라틴어판 로마 미사 경본 제2표준판과 제3표준판의 변경사항," https://missale.cbck.or.kr/Info, [2023. 11. 07. 접속].

사도 신조는 로마교회의 세례문답 형식에서 발전된 것이기에 가장 기본적인 믿음의 내용들, 곧 삼위일체 하나님에 대한 신앙고백과 교회와 성도에 대한 신앙고백의 내용을 포함하는 5개의 중요한 주제로 구성되어 있습니다. 그 가운데 예수 그리스도에 대한 신앙고백의 내용을 복음의 핵심내용이라고 할 수 있는데, 복음이란 예수 그리스도의 생애와 가르침으로 요약될 수 있습니다. 사도 신조 전문을 내용에 따라 12개 항목으로 나누면 다음과 같습니다: 창조주 성부 하나님, 성자 하나님, 성육신, 고난과 죽음, 부활, 승천과 좌정, 재림과 심판, 성령, 교회와 성도의 교제, 죄 용서, 몸의 부활, 영생. 순서에 따라 내용을 살펴보겠습니다.

1) 전능하신 아버지 하나님, 천지의 창조주

창세기 1장 1절의 말씀, "태초에 하나님이 천지를 창조하시니라"는 선언은 66권 성경전서를 하나님의 말씀으로 믿고 신앙의 세계로 들어가는 입구와 같습니다. 하나님을 창조주로 믿지 않고서 성경을 하나님의 말씀으로 믿을 수는 없기 때문입니다. 하나님을 창조주로 고백하는 사람은 자신이 피조물임을 인정하지 않을 수 없습니다. 사도 신조는 성부 하나님에 대한 고백을 하면서 하나님의 창조 '사역'을 하나님의 전능하신 '능력'과 연결시킵니다. 하나님의 전능성은 천지를 창조하셨다는 사실과 밀접하게 연결되어 있다는 것을 강조할 필요가 있는데, 하나님의 전능하심에 대한 고백은 하나님이 못하시는 일이 없다는 의미라기보다는 천지를 창조하셨기에 전능하신 분으로 고백하는 것으로 보아야 합니다. 왜냐하면 하나님께서는 질서있고 조화롭게 만드신 온

천지만물을 엉망으로 만들지 않으시려고 자신의 능력을 제한하시기 때문입니다.[3]

2) 성자 하나님 예수 그리스도

우리 주 예수 그리스도를 성부 하나님의 외아들이라고 고백하는 것이 중요한 이유는 예수 그리스도의 유일성에 대한 강조 때문입니다. 고대교회의 교부들이 활동하던 1-5세기 사이에 사상계를 지배하던 창조에 관한 이론은 이른바 신플라톤주의의 '유출설'입니다. 유출설이란 최고의 존재이며 완전한 존재로 설정된 '일자' monad 로부터 만물이 나오는 것을 샘에서 물이 흘러나오는 것에 비유한 고대 그리스 철학의 이론입니다.

그런데 이러한 논리와 설명을 따라 가다보면 모든 존재가 신적인 존재라는 범신론으로 흐를 수 있기에 그러나 우리 주 예수 그리스도를 "유일하신 아들"이라고 표현함으로써 신적 본질이 달라지지 않은 유일한 아들임을 강조합니다. 서방 교회의 신학자들은 플라톤주의자들의 개념인 '유출설'을 그리스도교 안으로 가지고 와서 그리스도교 신학을 위한 도구로 사용할 때 물 대신 빛으로 설명하면서 빛의 근원에서 멀어지면 밝기가 감소되듯이 일자에게서 멀어질수록 불완전해진다고 설명하였습니다.

---

3 하나님께서 스스로의 능력을 제한하신다는 개념이 익숙지 않을 수도 있는데, 다음의 영화가 이러한 개념을 이해하는데 도움이 됩니다. Tom Shadyac (director), *Bruce Almighty*, 영화 「브루스 올마이티」 (2003).

3) 동정녀 탄생

예수 그리스도의 신성과 인성에 관한 논쟁적인 내용들은 사도 신조에 포함되어 있지 않습니다. 다만 복음서를 따라 예수 그리스도의 동정녀 탄생만을 언급하고 있습니다.[4] 기독론 논쟁과 관련된 가장 중요한 공식 가운데 하나는 "하나님에게서 나오셨지만 피조되지는 않으셨다begotten not made"라는 니케아-콘스탄티노플 신조에 언급된 성육신에 대한 설명인데, 성경은 예수 그리스도께서 성령으로 잉태되어 동정녀에게서 탄생한 사건, 곧 성육신 사건으로 복음의 시작을 설명합니다. 동정녀 탄생이 교리적으로 중요한 이유는 예수 그리스도께서 완전한 하나님이시면서 완전한 사람이시기에 하나님과 사람 사이의 유일한 중보자가 되신다는 것과, 육체로 그것도 갓난아기의 모습으로 오심을 강조하는 본문이기 때문입니다. 이는 물질적이고 육체적인 것을 열등한 것으로 여기면서 예수 그리스도께서 육체로 오신 것을 부인하는 영지주의자들의 주장과 정면으로 대치되는 내용입니다.

영지주의를 배격하기 위한 목적으로, 그리고 모든 예수 그리스도의 사건을 복음으로 설명하려는 목적으로 초대교회 교부들은 성육신을 구원사건으로 파악하였습니다. 성육신을 질문으로 표현하면 "왜 하나님이 인간이 되셨는가?"입니다. 이 질문에 대해, 인간을 구원하시려고, 하나님과 인간 사이의 중보자가 되시려고 등으로 답할 수 있습니다. 성육신의 구원론적인 측면이 동정녀 탄생의 중요한 의미입니다.

---

4 마태복음 1:18-23.

4) 고난과 죽음

예수 그리스도의 고난과 죽음에 대해서는 고대에서 뿐만 아니라
현대에도 많은 논쟁들이 있었습니다. '고난'을 악한 것으로 생각하는 사
람들과, '고난'을 가치중립적으로 생각하는 사람들 간의 논쟁이기도 하
고, 삼위일체론자들과 반삼위일체론자들과의 논쟁일 뿐만 아니라, 고난
에 대한 이해를 달리하는 여성신학자들 간의 논쟁이기도 합니다. 대표
적인 여성신학자들 가운데 한 사람인 로즈메리 류터는 그리스도의 고
난과 죽음이 우리를 구원한 것이 아니라, 그리스도의 부활이 우리를 구
원한 것이라는 주장을 펼치는데, 그 이유는 악인들의 악행으로 인하여
선인들이 받는 고통이 정당화될 수 있다는 우려 때문입니다.[5] 그러나,
'대속적 고난과 죽음'은 악인들의 악행을 정당화하는 것도 고난을 미화
하는 것도 아닙니다. 이에 대해서 예수님께서는 "친구를 위하여 목숨을
버리는 것보다 더 큰 사랑이 없다"[6]고 말씀하셨습니다.

예수 그리스도께서 육체로 오신 것이 아니기 때문에 고통을 경
험하지 않았다는 영지주의자들의 주장이나, 하나님께서 인류의 구원과
관련하여 성부, 성자, 성령이라는 세 가지 주요한 방식으로 자신을 나타
내셨다고 주장하는 양태론적 단일신론을 주장한 사벨리우스주의자들
의 주장, 곧 창조의 역할을 받은 하나님이 구원의 역할에는 아들로 나
타나셨다는 주장은 이른바 성부수난설로 삼위일체 교리에 반대되는 주
장입니다.

---

5   Rosemary R. Ruether, *Introducing Redemption in Christian Feminism* (Cleveland, OH: Pilgrim Press, 2000).

6   요한복음 15:13.

5) 부활

예수 그리스도의 부활은 초대교회의 중요한 신앙고백인 동시에, 제자들에게는 실존적으로 경험된 중요한 사건이었습니다. 예수 그리스도의 직접적인 가르침을 받은 제자, 곧 사도의 기준들 가운데 하나는 예수 그리스도의 부활을 목격한 부활의 증인이었습니다. 사도바울이 비록 예수님의 생애 기간에 함께 하지는 못했어도 부활하신 주님을 만난 이후에 다른 사도들과 함께 복음을 증거하며 사도라고 주장할 수 있었던 것은 이러한 이유입니다.

이성적으로는 부활이 있을 수 없다고 생각하기에, 부활을 믿지 못하는 사람들이 있습니다. 신학자들 가운데서도 특별히 과학적인 사고를 중요시하는 학자들은 부활을 믿지 않는 경향을 보이기도 합니다. 부활이 이성적으로 받아들일 수 없는 일이라면, 바로 그 이유 때문에 증인이 필요했습니다. 예수 그리스도의 제자들, 사도들은 바로 부활의 증인들입니다. 부활하신 예수님을 만난 이후에 삶이 변화되었던 사도바울과 마찬가지로, 부활하신 예수 그리스도를 '인격적'으로 만나서 변화된 삶을 살게 되는 사람들은 부활의 증인입니다. 그 변화된 사람의 변화를 통해서, 예수 그리스도께서 살아계심이 증거되기 때문입니다. 그리스도인들은 자신에게 '예수 그리스도의 제자'라는 정체성을 부여하곤 합니다. 하지만, 여기서 한 걸음 더 나아가서 '부활의 증인'이 되어야 합니다. 예수 그리스도의 제자와 사도 사이에는 분명한 질적 차이가 존재하는데, 그 차이는 부활의 주님을 만났는가?에 대한 대답을 통해서 구분할 수 있습니다. 주님의 부활을 생각하면서 다음의 질문에 대답을 해 보는 것도 신앙을 점검하는데 도움이 될 수 있을 것입니다: 예수 그리스도를 인격적으로 만났습니까? 부활의 주님을 만났습니까? 제자입니까, 사도입니까?

6) 승천과 좌정

예수 그리스도께서 하늘로 올라가셔서 하나님 우편에 앉으셨다는 고백은 이 땅에서의 사명을 다 끝내시고 다시 본래의 자리인 성부 하나님의 옆 자리로 되돌아가셔서 하나님과 함께 통치하시며 창조와 구원 사역을 계속 해 나가심을 믿는다는 고백입니다. 동시에 승천하시면서 제자들에게 마지막으로 당부하신 "너희는 가서 모든 민족을 제자로 삼으라"[7]는 선교명령과 "내가 너희에게 분부한 모든 것을 가르쳐 지키게 하라"[8]는 교육명령을 잊지 않고 기억하고 있다는 고백도 포함이 되어 있습니다. 승천과 좌정의 사건은 교회가 주님의 명령을 잘 수행할 수 있도록 세상 끝날 까지 함께 하시겠다는 약속의 사건입니다. 이 약속을 위해서 성령 하나님을 보내주셨고[9], 교회를 위해서 계속 기도하십니다[10].

7) 재림과 심판

승천하셔서 성부 하나님 옆에 계셨던 성자 하나님이 장차 그 곳

---

7   마태복음 28:19 (개역개정).
8   마태복음 28:20 (개역개정).
9   요한복음 16:7.
10   로마서 8:34.

으로부터 이 땅으로 다시 오실 것이라는 믿음은 '예수님 자신의 약속'[11]과 '천사들의 약속'[12]에 근거하고 있습니다. 주목할 것은 다시 오시는 이유가 '심판'이라는 점인데, 심판에는 두 종류가 있습니다. 선한 사람들의 억울함이 풀어지고 '무죄'가 선언되는 심판과, 악한 사람들의 악행이 낱낱이 드러나고 '유죄'가 선언되는 심판입니다. 예수님께서 이 땅에 다시 오실 때 살아있는 자와 죽은 자를 심판하시겠다는 말씀은 그리스도를 믿는 살아있는 사람들에게는 무죄가, 그리스도를 믿지 않는 죽은 사람들에게는 유죄가 선언되는 것을 말합니다. 재림과 심판과 관련하여 성도들이 기억해야 할 것은 주님이 언제 오실지 그 때와 시간은 알 수 없기 때문에 항상 준비하고 영적으로 깨어 있어야 한다는 점입니다.

8) 성령

성령을 믿는다는 고백은 삼위로 일체되신 하나님에 대한 신앙고백입니다. 초대교회부터 현재까지 그리스도교를 특징짓는 가장 중요한 교리는 삼위일체론입니다. 달리 표현하면, 성부 성자 성령 하나님이 동일한 신성을 가지신 인격적인 하나님이시라는 믿음입니다. 사도 신조의 성령에 대한 고백에는 성부 하나님이나 성자 하나님에 대한 고백과는 달리 성령 하나님의 사역과 성품에 대한 설명이 없습니다. 그럼에도 불구하고 성령 하나님에 대한 신앙고백이 중요한 것은 성령이 능력이나 힘 또는 은사가 아니라 성부와 성자와 같은 인격이신 하나님이라는 고백 때문입니다. 성령에 대한 믿음은 그리스도의 약속과 "성령으로 아

---

[11] 마태복음 24:30; 25:31.
[12] 사도행전 1:9-11.

니하고는 누구든지 예수를 주시라 할 수 없다"[13]는 사도 바울의 설명에 근거합니다.

9) 교회

그리스도인이 교회를 믿는다는 것은 교회의 거룩성과 보편성을 믿는다는 고백과 함께 모든 그리스도인들이 그리스도 안에서 서로 연결되어 있다는 고백을 포함합니다. 교회는 죄인인 동시에 의인들 곧 의롭다고 인정받은 사람들이 모인 동시에 죄인들 그리고 의인들이 함께 모인 곳이기에 겉으로 보이는 교회의 거룩성에 대해서 의문이 제기될 수도 있습니다. 그러나 교회의 거룩성은 그 안에 모인 사람들 자신의 거룩함 때문이 아니라 하나님께서 택하신 자들을 의롭다고 여기셨기 때문에 유지됩니다. 교회의 보편성은 그리스도 안에서 모든 그리스도인들이 연합되어 있다는 것을 전제로 하여, 인종이나 성별이나 나이 그리고 학력 경제력 직업의 차이를 넘어서서 서로가 서로의 영적 성장을 격려하고 돕는 것으로 나타납니다.

10) 죄사함

죄를 용서해 주실 수 있는 분은 오직 삼위일체 하나님이라는 고백입니다. 모든 사람은 하나님께 죄를 지어 죽을 수 밖에 없는 존재가 되었습니다. 그래서 그 죄는 하나님께만 용서를 받을 수 있습니다. 그

---

13 고린도전서 12:3 (개역개정).

죄 용서를 통해서 사망에서 생명으로 옮겨 영원한 생명을 누릴 수 있기에, 하나님께서 베풀어 주신 가장 큰 은혜는 죄 사함의 은혜입니다. 죄 사함의 근거는 예수 그리스도의 십자가입니다. 하나님께서 죄를 용서하심을 경험한 사람은 은혜를 경험한 사람입니다. 그 은혜를 경험한 사람은 감사의 마음을 가지고 은혜에 응답하며 살아가야 합니다.

11) 몸의 부활

오늘을 살아가는 그리스도인들 가운데는 매주 사도 신조를 통해서 입으로는 "몸의 부활"을 고백하면서도, 마음으로는 죽은 자들이 몸으로 부활할 것에 대해서 믿을 수 없다고 말하는 사람들이 있습니다. 몸의 부활을 믿기보다는 영혼불멸을 믿기 때문입니다. 영혼불멸과 몸의 부활의 상관관계를 이해하기 위해서는 히브리인들의 일원론적 사고와 헬라인들의 이원론적 사고를 이해할 필요가 있습니다. 육체는 악하고, 영혼은 선하다고 믿는 헬라적 이단인 영지주의자들은 죽은 자들의 몸의 부활을 믿지 않았습니다. 뿐만 아니라 거짓 교사들의 가르침에 물든 고린도교회의 일부 신자들도 죽은 자들의 부활은 없다고 하였습니다. 그래서 사도 바울은 예수 그리스도께서 부활의 첫 열매가 되셨음을 강조하면서 몸이 다시 사는 것을 믿는다고 하였습니다.[14] 우리가 가지고 있는 부활신앙은 영혼불멸이 아니라 몸의 부활입니다. 단순히 죽은 사람이 다시 살아난다는 의미가 아니라 본질이 변화된 완전히 새로운 몸으로 살아나는 것을 의미합니다.

---

14 고린도전서 15:12-58.

12) 영생

영생을 믿는다는 고백은 이 땅에서의 삶이 전부가 아님을 믿고 고백하는 것으로 부활신앙과 연결되어 있습니다. 바울은 몸의 부활에 대해 설명하면서 "그리스도 안에서 우리의 바라는 것이 다만 이생 뿐이면 모든 사람 가운데 우리가 더욱 불쌍한 자"[15]라고 말하면서 이 세상 삶 이후의 영원한 삶에 대해서도 강조합니다. 그러나, 우리가 영생에 대해서 종종 갖는 오해는 단순히 이 세상에서의 삶을 영원히 지속한다거나, 또는 저 세상에서의 삶을 영원히 지속한다는 생각입니다. 이 세상에서 육체적으로 또는 경제적으로 받았던 고통이 영원히 지속된다거나, 지옥에서의 형벌이 영원히 계속된다는 것은 성경이 말하는 영생이 아닙니다. 그래서 우리 주 예수 그리스도께서는 "영생은 곧 유일하신 하나님과 그의 보내신 자 예수 그리스도를 아는 것이라고 말씀하셨습니다."[16] 영원한 삶이란 영원하신 하나님을 앎이라고 성경은 우리에게 가르쳐 줍니다.

---

15 고린도전서 15:19 (개역개정).
16 요한복음 17:3 (개역개정).

4. 논쟁적인 내용들

1) 사도 신조는 사도들의 신앙고백도 성경적인 신앙고백도 아니다?

이러한 주장의 배경은 사도 신조의 유래가 로마 교회의 세례문답형식 또는 이 세례문답형식에서 발전된 로마 신조라는 점입니다. "로마교회가 이 신조를 만들었고, 가톨릭은 이 사도 신경을 반복함으로써 창녀교회가 되었다."[17]는 말씀보존학회 피터 럭크만Peter S. Ruckman의 주장입니다. 이는 역사의 연속성과 불연속성을 이해하지 못한 데서 오는 주장입니다. 로마서의 수신자였으며, 베드로가 목회하였다고 전해지고, 사도 바울이 마지막으로 "거침없이 담대하게" 복음을 전했던 지역의 교회가 로마 교회입니다. 이 로마 교회가 오늘날의 로마 가톨릭 교회와 시간적 연속성과 공간적 공통분모는 있다고 하더라도 본질적으로 같은 교회는 아닙니다. 왜냐하면 로마의 주교가 스스로를 하나님의 대리인이자 모든 그리스도인들 위에 베드로의 대리자로서 역할을 하는 교황이라고 주장한 것은 후대의 일입니다. 로마 가톨릭 교회가 사도 신경을 반복했기 때문에 창녀교회가 된 것이 아니라, 교황이 사도적 신앙과 청지기적 사명을 버리고 세속 군주로서 권한을 누리고 실제로 창녀같은 여인들과 놀아나면서 생긴 자신의 사생아들에게 추기경과 같은 교회의 중요한 직책을 세습시켰기 때문에 창녀교회가 된 것입니다. 로마 교회가 이 신조를 만들었다는 사실과, 로마 교회가 창녀교회가 되었다는 사

---

17   피터 럭크만, "로마카톨릭의 신조, 사도신경," 『월간 성경대로 믿는 사람들』(2002. 5.), 7.

실 사이에 끼어들어간 사도 신조의 역할은 아무런 인과관계가 없습니다. 사실과 사실 사이에 사실이 아닌 내용을 슬쩍 넣음으로써 진리를 왜곡하는 방법은 이단들의 주요한 전략입니다.

2) "지옥에 내려가셨다가 장사한지 사흘 만에 죽은 자 가운데서 다시 살아나셨으며"

영어 번역에는 "descended into hell"^{지옥에 내려가셨다가}라는 표현이 있으나 한글 번역에는 이 문구가 빠져있습니다. 이 표현은 "그가 또한 영으로 가서 옥에 있는 영들에게 선포하시니라"[18]는 말씀과 연결되어 있습니다. 초대교회의 그리스도인들은 예수 그리스도께서 죽으시고 부활하실 때까지 어디서 무엇을 하셨는지에 대해 궁금해했던 것 같습니다. 비록 육체는 죽임을 당하셨으나, 영은 죽지 않으셨을 것이기에 영혼은 어디서 무엇을 하다 오셨을지 생각하면서 영으로 가서 옥에 있는 영들에게 복음을 선포하셨다고 생각하였고, 베드로전서에는 이러한 생각이 반영되어 있습니다. 그러나 영어 번역을 한글로 다시 번역하는 과정에서 초창기 내한 선교사들 사이에서 큰 논쟁이 있었음을 알 수 있습니다. 왜냐하면 1894년에 발행된 찬송가에는 이 내용이 실려 있는데, 1897년에는 보이지 않고, 1905년에는 다시 포함되었다가 1908년에는 다시 빠져 있기 때문입니다. 그리고 이후 오늘날까지 지옥강하 내용이 빠진 사도 신조가 사용되고 있습니다. 성경해석과 교리적인 논쟁과 관련이 있기에 이렇게 여러 차례에 걸쳐 논쟁적인 부분이 나타났다가

---

18   베드로전서 3:19

사라지는 것이 반복된 것으로 보입니다.

　　실제로 이 지옥강하와 관련된 교리는 "지옥정벌"harrowing of hell 19로서 그리스도께서 죽으신 후에 부활하시기 전까지 지옥에 내려가셔서 지옥의 권세를 물리치시고 아담과 하와 이후 예수 그리스도의 때까지 지옥에 있는 간힌 영들을 빼내어 오셨다는 교리입니다. 이 교리는 만인 구원론과 밀접하게 연결되어 있는 교리이기에 잘 언급하지 않습니다. 예수님께서 친히 지옥에 내려가셔서 고통받는 영혼들에게 복음을 전하셨다면 믿지 않을 영혼들이 없을 것이고, 또다시 재림 이후에 지옥에 있는 영혼들에게 복음을 전하신다면 그 영혼들도 복음을 받아들이고 구원받을 것이기 때문에, 지옥정벌 교리는 만인구원 교리와 느슨하게 연결되어 있습니다. 이러한 배경 때문에 사도 신조를 한글로 번역하는 과정에서 지옥강하 부분을 삭제한 것으로 설명할 수 있습니다.

5. 결론적 진술
— 사도 신조로 신앙을 고백하는 이유

　　사도 신조는 사도들이 작성한 신앙고백문이라기 보다는 사도적인 신앙을 기술한 신앙 고백문입니다. 사도적 신앙이란 하나의one 거룩

19　이것은 그리스도께서 십자가에 못박힌 후 운명하신 시점부터 부활하신 시점 사이에 지옥(또는 하데스)으로 내려가서, 죽음의 권세를 이기시고 천지 창조 이래로 그곳에 간혀있는 영혼들에게 구원을 가져간 것을 나타내는 그리스도인 믿음과 관련된 고대 영어와 중세 영어 용어입니다. "New English Dictionary"에 따르면, Harrowing이라는 단어는 A.D. 1000경에 알프릭의 설교에서 처음 등장했지만, 그보다 훨씬 이전에 카드몬과 신우프와 연관된 고대 영어 시에서 지옥으로의 내려감이 언급되었습니다. 옛 영어의 산문 설교 작가들과 성인들의 생애에 관한 글쓰기 작가들은 계속해서 이 주제를 다루었지만, 중세 영어 문학에서 이 주제를 가장 상세하게 다루었습니다. "Harrowing the Hell," *Catholic Encyclopedia*, https://www.newadvent.org/cathen/07143d.htm [2023. 11. 05. 접속].

한holy 보편적이고catholic 또는 universal 사도적인apostolic 교회를 유지하도록 하는 신앙으로, 예수 그리스도의 제자들이 예수님으로부터 보고 듣고 배우고 삶으로부터 경험한 '사도들의 가르침'에 기초합니다. 사도 신조의 가르침 12개 항목은 주요한 5개의 가르침 곧 성부(1개 항목), 성자(6개 항목), 성령(1개 항목), 교회(1개 항목), 성도(3개 항목) 등으로 요약할 수 있습니다. 12개의 항목 가운데 성자에 관한 항목이 절반을 차지하는 6개 항목이라는 점은 그리스도교 신앙에서 가장 중요한 고백이 성자 하나님에 대한 고백이라는 것을 알려주고, 역사적으로 기독론과 관련된 내용이 치열한 논쟁을 겪었음을 기억하게 해줍니다.

사도 신조가 서방교회에서 오랫동안 공적인 신앙고백으로 자리를 잡을 수 있었던 것은 짧고 간결하면서도 가장 기초적인 중요한 내용들을 12개 항목에 걸쳐서 잘 정리하고 있기 때문입니다. 사도 신조를 고백함으로써 로마 가톨릭 교회가 창녀교회가 되었다고 주장하면서 사도 신조 조문을 하나하나 따지며 성경적이지 않다고 주장하는 것은, 마치 성경을 사용함으로써 교회에 이단들이 나오게 되었다고 주장하면서 성경의 본문을 하나하나 따지며 번역이 잘못되었다고 주장하는 것과 같은 맥락으로 보입니다. 성경이 역사와 과학의 모든 내용을 포함하고 있지 않았으나 구원받기에 충분한 하나님의 약속의 말씀과 그 말씀이 성취된 내용을 포함하고 있는 것과 마찬가지로, 사도 신조가 모든 교리적 내용과 성경의 내용을 포함하고 있지는 않으나 세례 예비자들이나 신자들이 복음의 내용을 믿고 고백하기에는 충분한 내용을 포함하고 있습니다. 사도 신조로 신앙을 고백함으로써 누릴 수 있는 유익은 복음의 핵심적인 내용을 늘 기억할 수 있다는 점입니다.

제 6 장

니케아-콘스탄티노플 신조

1. 서론적 질문
— 서로 싸우고 헤어진 경험이 있습니까?

서로 싸우고 헤어진 경험이 있다면 그 이유는 무엇이었습니까? 누군가와 싸우고 나서 사이가 멀어진 경험이 없다면 이 질문에 대한 대답이 어려울 수도 있습니다. 하지만, 드라마나 영화에는 이러한 상황이 너무나 많이 등장합니다. 친구 사이나 연인 사이가 멀어지거나 관계가 깨어질 때는 이른바 '시그널'이 있기 마련입니다. 그러한 '시그널'을 눈치채지 못했거나, 애써 무시했거나, 인정하고 싶지 않을 뿐이지, 어느 날 갑자기 헤어지자고 말하거나 관계를 깨는 것은 아닙니다. 다만 정당한 명분이 없기 때문에 헤어지자는 말을 못하고 불편한 관계를 어쩔 수 없이 이어가는 것일 수도 있습니다.

서로에 대한 오해 때문에 싸우고 헤어지기도 하고, 서로 잘났다고 우기며 네가 높으냐 내가 높으냐를 따지면서 싸우기도 합니다. 남녀 사이라면 다른 사람이 생겨서 헤어지기도 합니다. 반드시 싸워야만 헤어지는 계기가 만들어 지는 것도 아닙니다. 시야에서 멀어지면 마음에서 멀어지기도 합니다. 서로의 활동 영역이 바뀌게 되면, 관계를 애써 유지하지 않으면 자연스럽게 멀어지기도 합니다. 그러나, 주님의 몸된 교회 공동체 구성원들이 서로 싸우고 헤어지고 갈라지는 것은 조금 다른 문제입니다. 왜냐하면 주께서는 사도 바울을 통해서 교회에게 다음과 같이 명령하셨기 때문입니다. "그러므로 주 안에서 갇힌 내가 너희를 권하노니 너희가 부르심을 받은 일에 합당하게 행하여 모든 겸손과 온유로 하고 오래 참음으로 사랑 가운데서 서로 용납하고 평안의 매는 줄로 성령이 하나 되게 하신 것을 힘써 지키라. 몸이 하나요, 성령도 한 분이시니 이와 같이 너희가 부르심의 한 소망 안에서 부르심을 받았느니라"[1]

　　사도 바울은 에베소 교회의 그리스도인들에게 보낸 편지에서 "성령께서 하나되게 하신 것을 애써지키라"고 권면하였으나 주님의 몸 된 교회는 초대교회 때부터 지금까지 서로 싸우고, 하나됨을 유지하지 못하고, 계속해서 갈라져 왔습니다. 마치 동방교회와 서방교회가 교리 문제를 명분으로 서로 싸우고 갈라졌던 것처럼 말입니다. 동방교회와 서방교회가 서로를 향해 이단이라고 정죄하고 갈라졌던 그 배경에는 신학논쟁이 있습니다. 이른바 필리오케 Filioque, and the Son 논쟁이라고 부르는 신학논쟁으로, 성령의 출처가 '성부로부터'인지, '성부 그리고 성자로부터'인지를 놓고 동방교회와 서방교회 사이에 있었던 논쟁을 말합니다. 이 논쟁의 결과 성방교회와 서방교회가 서로를 이단으로 규정하면서 교회의 분열로 이어지게 되었습니다. 이 신학논쟁은 니케아-콘스탄티노플 신조가 본래 작성된 381년의 문구를 그대로 사용하지 않고 성령의 출처에 관한 부분에서 '그리고 아들로부터'를 추가하여 사용하는 것이 신학적으로 옳은가?의 문제가 핵심입니다. 말하자면, 니케아-콘스탄티노플 신조는 동방교회와 서방교회의 공동의 유산일 뿐만 아니라, 다툼의 이유이기도 합니다.

1　　에베소서 4:1-3 (개역개정).

2. 니케아-콘스탄티노플 신조 전문[2]

우리는 한 분 하나님을 믿습니다.

그분은 전능하사 천지를 창조하시고,

보이는 것과 보이지 않는 모든 것을 지으신 아버지이십니다.

우리는 한 분 예수 그리스도를 믿습니다.

그분은 영원히 아버지로부터 나신 하나님의 독생자로서 빛으로부터 오신 빛이시요, 참하나님으로부터 오신 참하나님이십니다.

그분은 피조된 것이 아니라 나셨기 때문에 아버지와 본질이 동일하십니다.

만물은 그로 말미암아 지은 바 되었습니다.

그분은 우리 인류와 우리의 구원을 위해서 하늘로부터 내려오사,

성령과 동정녀 마리아를 통하여 성육신하셔서 인간이 되셨습니다.

그분은 우리를 위하여 본디오 빌라도에 의하여 십자가에 못 박히시사,

고난을 받으시며 장사지낸 바 되셨습니다.

그리고 그분은 성경대로 사흘 만에 죽은 자 가운데서 부활하사

하늘에 오르시고, 하나님 우편에 앉으셨습니다.

그분은 살아 있는 자와 죽은 자를 심판하기 위하여 영광 가운데 재림하시고

그의 나라는 영원무궁할 것입니다.

우리는 주님이시고, 생명의 부여자이신 성령님을 믿습니다.

---

2 총회헌법 제1편 교리. "21세기 대한 예수교장로회신앙고백서" 3장에 수록된 본문을 인용. 대한예수교장로회 총회, 「헌법」 166-67.

그분은 아버지로부터 나오시고, 아버지와 아들과 더불어 동일한 예배와 영광을 받으십니다.

이 성령님은 예언자들을 통하여 말씀하셨습니다.

우리는 또한 하나의 거룩하고 보편적이며 사도적인 교회를 믿습니다.

우리는 죄 사함을 위한 하나의 세례만을 인정합니다.

우리는 죽은 자들의 부활과 장차 임할 세상에서의 영생을 바라봅니다.

사도 신조와 더불어 현재까지도 가장 널리 사용되고 있는 고대 교회의 신조는 니케아-콘스탄티노플 신조입니다. 로마 가톨릭 교회에서도 니케아-콘스탄티노플 신조의 중요성을 다음과 같이 언급하고 있습니다: "니케아-콘스탄티노플 신경이 길다는 이유만으로 그 대신에 '사도 신경'을 외우는 것은 좋지 않다. 신경은 회중이 교대로 또는 함께 노래하거나 낭송한다."[3] 모든 가톨릭 교회가 매주 주일 미사 때마다 사도 신조로 신앙을 고백한다고 생각할 수도 있지만 실제로는 그렇지 않습니다. 대한예수교장로회 『표준예식서』에 해당되는 『로마 미사 경본』의 "제3표준판"의 미사통상문을 보면, 신앙고백 순서에 니케아-콘스탄티노플 신조가 표준으로 제시되어 있는 것을 확인할 수 있습니다. 『로마 미사 경본』에 표준으로 제시된 니케아-콘스탄티노플 신조의 문구는 다음과 같습니다.

3 한국 천주교 주교회의 전례 위원회, 『새 미사전례서 총지침에 따른 간추린 미사 전례 지침』, 22.

한 분이신 하느님을 저는 믿나이다.

전능하신 아버지, 하늘과 땅과 유형무형한 만물의 창조주를 믿나
이다.

또한 한 분이신 주 예수 그리스도, 하느님의 외아들

영원으로부터 성부에게서 나신 분을 믿나이다.

하느님에게서 나신 하느님, 빛에서 나신 빛 참 하느님에게서 나신
참 하느님으로서,

창조되지 않고 나시어 성부와 한 본체로서 만물을 창조하셨음을
믿나이다.

성자께서는 저희 인간을 위하여, 저희 구원을 위하여 하늘에서 내
려오셨음을 믿나이다.

또한 성령으로 인하여 동정 마리아에게서 육신을 취하시어 사람이
되셨음을 믿나이다.

본시오⁴ 빌라도 통치 아래서 저희를 위하여 십자가에 못 박혀 수난
하고 묻히셨으며

성서 말씀대로 사흗날에 부활하시어

하늘에 올라 성부 오른편에 앉아 계심을 믿나이다.

그분께서는 산 이와 죽은 이를 심판하러 영광 속에 다시 오시리니
그분의 나라는 끝이 없으리이다.

또한 주님이시며 생명을 주시는 성령을 믿나이다.

성령께서는 성부와 성자에게서 발하시고

성부와 성자와 더불어 영광과 흠숭을 받으시며

---

4   로마 가톨릭 교회에서 사용하는 사도 신조 및 니케아-콘스탄티노플 신조에는 본디오 대신 '본시오'로
    음역되어 있습니다.

예언자들을 통하여 말씀하셨나이다.

하나이고 거룩하고 보편되며 사도로부터 이어 오는 교회를 믿나이
다.

죄를 씻는 유일한 세례를 믿으며 죽은 이들의 부활과 내세의 삶을
기다리나이다.

아멘.[5]

가톨릭 교회의 예배는 크게 말씀전례와 성찬전례 두 부분으로
되어 있습니다. 이 가운데 말씀전례는 침묵 - 성경독서 - 화답송 - 복음
환호송 - 강론 - 신앙고백 - 보편지향기도 순으로 진행됩니다.[6] 그리고
이 신앙고백 순서에 니케아-콘스탄티노플 신경으로 신앙고백을 합니
다. "미사 통상문"에 "니케아-콘스탄티노플 신경"이 실려있고 본문주에
다음과 같은 설명이 추가되어 있습니다. "니케아-콘스탄티노폴리스 신
경 대신에, 특히 사순 시기와 부활 시기에는, 이른바 사도 신경 곧 로마
교회의 세례 신경을 바칠 수 있다."[7]

추가 설명하면, 니케아-콘스탄티노플 신조가 표준이며, 특별한
절기인 사순절과 부활절에는 사도 신조로 신앙고백을 할 수 있도록 허
용한다는 말입니다. 오히려 개신교회가 사도 신조를 표준으로 사용하
는데, 그 이유는 내용이 간단하기 때문입니다. 그러나 간단하다고, 널리
사용된다고, 서방교회에서 기원했다고 중요한 것은 아닙니다. 가톨릭
전통이나 종교개혁 전통 모두 사용하고 있는 사도 신조가 서방교회에

5　한국천주교중앙협의회, 『로마 미사 경본』 제3판, 한국어판 (서울: 한국천주교중앙협의회, 2017), 549-
　　50.
6　위의 책, 34-38.
7　위의 책, 550.

서 기원을 하고 있기 때문에, 동방교회에서 발전한 니케아-콘스탄티노플 신경은 중요하지 않은 것처럼 생각할 수 있으나 그렇지 않습니다. 오히려 로마 가톨릭 교회에서 표준으로 사용하고 있는 신조가 니케아-콘스탄티노플 신조라는 것을 알아둘 필요가 있습니다.

3. 주요내용 설명

종교개혁 전통에 있는 그리스도인 가운데 "니케아-콘스탄티노플 신조"라는 신앙고백문이 있는지조차 모르는 사람들이 있습니다. 그러나 가톨릭 교회는 니케아-콘스탄티노플 신조의 중요성을 알고 있고 또 사용하도록 권장하고 있으며, 대부분의 미사곡으로 니케아-콘스탄티노플 신조를 노래합니다. 니케아-콘스탄티노플 신조의 구조는 사도 신조의 구조와 비교해 볼 때 12개의 항목과 순서라는 점에서는 차이가 없습니다. 내용상 눈에 두드러지게 나타나는 차이는 2번째 항목인 성자에 대한 내용과 8번째 항목인 성령에 대한 내용이 길게 표현되어 있다는 점입니다. 세부적인 내용은 사도 신조와 비교했을 때 나타나는 차이를 중심으로 설명해보겠습니다.

1) 성부 하나님

사도 신조와 마찬가지로 성부 하나님의 천지창조를 전능하심과 연결시켜 고백하고 있습니다. 사도 신조와 비교되는 부분은 "보이는 것과 보이지 않는 모든 것을 지으신 아버지"이심을 고백함으로써 모든 존재의 근원이 성부 하나님이심을 분명히 드러내고 있습니다.

2) 성자 하나님 예수 그리스도

사도 신조와 비교할 때 성자 예수 그리스도에 대한 고백은 많은 내용을 담고 있습니다. 그 이유는 기독론과 관련된 325년 니케아 공회의의 결정내용과 381년 콘스탄티노플 공의회의 결정내용 모두를 포함하고 있기 때문입니다. 니케아 회의에서는 예수 그리스도가 아니계셨던 때가 있었다고 주장한 아리우스를 정죄하면서 성자 하나님의 영원성을 강조하였습니다. "나오셨지만 피조되지는 않으셨다begotton not made"는 고백은 앞 장에서 언급했던 유출설을 떠올리면 됩니다. 또한 만물은 그로 말미암아 지은 바 되었다고 고백함으로써 성자가 성부 하나님과 동일본질의 신성을 가지신 하나님이실 뿐만 아니라 창조사역을 함께 하신 성삼위 하나님의 한 위격임을 강조하였습니다. 동일본질이라는 개념은 유사본질과 상대적인 개념으로서, 동일본질이라는 용어를 오늘날의 표현으로 바꾸면 성부와 성자가 신성이라는 DNA가 같다고 설명할 수 있습니다.

사도 신조와 비교할 때 예수 그리스도의 성육신 사건을 구원과 밀접하게 연결시키고 있음을 눈여겨볼 필요가 있습니다. 서방의 구원론은 십자가에서의 대속을 강조한다면, 동방의 구원론은 성육신을 강조하는 경향이 있습니다. 예수 그리스도의 구원 사역을 설명할 때 종교개혁 전통은 지나치게 '십자가'를 강조하는 경향이 있습니다. 예수 그리스도의 대속적 죽음이 우리 죄를 구원했다는 것을 강조하는 것이 예수 그리스도의 모든 사건이 구원의 사건이라고 할 때 성육신부터 재림까지의 모든 생애가 복음의 사건이라는 것을 이해할 필요가 있습니다.

3) 동정녀 탄생

니케아 콘스탄티노플 신조에서는 성육신이라는 용어를 명확하게 사용하고 있습니다. 성육신 교리는 동방교회에서 중요한 교리인데, 하나님이 사람이 되셨으므로, 사람이 하나님의 영광에 참여하여 신적인 존재가 될 수 있다는 신화교리 divinization: becoming divine being 의 근거로 사용하고 있습니다.

4) 고난과 죽음

사도 신저와는 달리 그분의 고난 받으심과 죽으심이 "우리를 위하여"라는 것을 분명하게 표현하고 있습니다. 그러나, 본디오 빌라도에 의하여 십자가에 못 박혀 죽으셨다는 것은 공통된 내용입니다. 왜 본디오 빌라도의 이름을 언급하여서 예수 그리스도의 죽음과 빌라도를 연결시키는 것일까요? 의도를 가지고 예수 그리스도를 죽인 것처럼 표현하였을까요? 그것은 본디오 빌라도라는 역사적 인물을 언급함으로써 고난과 죽음 뿐만 아니라 부활이 역사상 실제로 일어난 사건임을 강조한 것입니다.

5) 부활

부활에 관한 내용은 사도 신조와 크게 차이가 없는 듯 보이지만,

"성경대로"라고 하는 표현에 주목할 필요가 있습니다. 부활 사건은 이성적으로 합리적으로 믿지 못하겠다는 사람들에게 그 사건은 이미 예수 그리스도께서 예고하신 사건임을 강조함으로써 부활은 약속의 성취라는 점에서 설명합니다.

6) 승천과 좌정

이 내용은 사도 신조의 표현과 차이가 없습니다.

7) 재림과 심판

이 부분에서 사도 신조와 비교되는 차이는 영광 가운데 재림하신다고 표현한 점과, 그의 나라는 영원무궁할 것이라고 고백한 내용입니다. 영광과 영원이라는 표현은 동방정교회의 신학과 관련하여 중요한 의미를 지니는데, 그것은 바로 우주적 그리스도 Cosmic Christ 와 연결되기 때문입니다. 예수 그리스도께서 영광 가운데 오신다고 할 때 그 오심은 이 땅의 사람들에게는 '도적 같이' 임하는 사건이지만, 온 우주 가운데에는 '영광 가운데' 임하시는 사건입니다. 또한 그의 나라는 지구 뿐만 아니라 온 우주 전체를 포함합니다.

8) 성령

사도 신조와는 달리 성령에 관한 부분이 길게 이어집니다. 성령이 어떤 분이신지를 설명하는데 긴 부분을 할애하는 이유는 성령의 인격성을 부인하는 반삼위일체론자를 정죄하면서 확인한 내용을 일일이 나열하기 때문입니다. 삼위일체론에 관한 논쟁은 성령론으로 마무리되는데, 그 핵심 내용은 성령이 아버지와 아들과 더불어 동일한 예배와 영광을 받으시는 하나님이라는 가르침입니다. 성령의 사역과 관련해서는 생명의 영이시고, 예언자들을 통하여 말씀하시는 영이라는 점을 강조하고 있습니다.

9) 교회

교회에 관한 믿음의 고백과 관련하여 주목할 것은 사도 신조가 교회의 특징을 거룩함으로 한정시키고 있는 것과는 달리, 니케아-콘스탄티노플 신조는 고대교회의 그리스도인들이 교회의 특징이라고 생각하였던 내용 모두를 명시하고 있다는 점입니다. 교회는 하나^{one}이고, 거룩하며^{holy}, 보편적이고$^{catholic/universal}$, 사도적^{apostolic}이라는 4가지 특징을 가지고 있습니다. 이러한 4가지 특징은 오늘날의 교회론에서도 중요한 내용입니다. 주께서 하나되게 하시고 거룩하게 하신 교회, 믿음의 선배들이 이단의 공격으로부터 지켜낸 복음의 보편성과 사도들의 가르침을 힘써 지켜야 합니다.

10) 죄사함

사도 신조는 단순히 '죄를 용서받는 것'을 믿음으로 고백하는데 비하여 니케아-콘스탄티노플 신조는 '죄 사함을 위한 하나의 세례만을 인정한다'고 고백합니다. 서방교회와 동방교회 모두 세례를 통해서 죄 사함을 받는다고 가르쳤기에 죄 사함의 조건으로 세례를 언급하는 것은 당연한 것으로 보입니다. 그런데, 여기서 주목할 것은 '하나의' 세례입니다. "주도 한분이시요 믿음도 하나요 세례도 하나요 하나님도 한분이시니"엡 4:5-6a라는 말씀에서 확인할 수 있는 것처럼 초대교회는 교회의 하나됨을 강조하면서 성삼위 하나님에 대한 믿음 뿐만 아니라, 믿음과 세례가 하나라는 것을 강조했습니다. 죄 사함을 위한 하나의 세례만을 인정하는 근거는 삼위로 일체되신 하나님의 이름으로 세례를 받기 때문입니다. 그러하기에 다른 교단에서 세례를 받았거나 천주교에서 영세를 받은 사람들에게 다시 세례를 베푸는 것은 성경의 가르침에 맞지 않습니다. 그러나 일부 침례교회에서 그리고 가톨릭 교회에서는 성삼위 하나님의 이름으로 받은 세례라 할지라도, 그 세례를 인정하지 않고 다시 침례를 받거나 영세를 받으라고 합니다. 그래서 필자가 속한 교단에서도 이 문제를 논의한 적이 있습니다. 가톨릭에서 영세를 받은 사람들에게 다시 세례를 베푸는 문제에 대하여 신학적 논의를 거친 결과 비록 가톨릭 교회가 장로교의 세례를 인정하지 않는다고 하여 장로교에서도 가톨릭의 영세를 인정하지 않는 방향으로 할 것이 아니라, 성경의 가르침에 근거하여 다시 세례를 베풀 필요가 없다는 내용을 확인함과 동시에 영세를 받은 사람들에게는 유아세례를 받은 사람들과 마찬가지로 입교예식을 통과하도록 하였습니다.

　　니케아-콘스탄티노플 신조에서 '죄 사함을 위한' 하나의 세례를 강조하는데, 세례와 죄 사함을 직접 연결하는 것은 논리적인 비약과도 같습니다. 말하자면, 중간에 믿음이라고 하는 일종의 연결고리가 빠져 있습니다. 세례가 아니라, 세례를 받기 전에 확인하는 믿음의 고백과 믿음의 내용인 복음이 죄 사함을 얻게 합니다. 마틴 루터는 종교개혁을 시작하면서 세례가 죄 사함의 조건이 아니라 믿음이 죄 사함의 조건임을 강조하였고, 종교개혁 전통이 확립되어가는 과정에서는 오직 은혜로 죄 사함을 받는다는 것을 강조하였습니다. 세례를 통하여 죄가 사해지는 것이라고 주장하기 시작하면, 세례와 성만찬과 같은 성례를 통해서 죄 사함과 구원의 은혜가 주입된다고 주장하게 되고, 성사를 집례하는 성직자의 권위를 강조하게 됩니다. 이러한 논리가 가톨릭에서 강조하는 성사신학입니다. 세례와 성만찬을 집례하는 성직자에 의해서 효력이 발생하는 것이 아니라 삼위일체 하나님의 이름으로 베풀어지는 성례 자체에 효력이 있다는 '사효론'을 정통교리로 인정하면서도, 다시 한 번 강조해야 하는 것은 성례 자체를 효력있게 만드는 전제는 믿음이라는 점입니다. 복음이신 예수 그리스도의 구원 사역을 믿는 믿음으로 주어지는 하나님의 은혜로 우리는 죄 사함을 얻게 됩니다.

11) 몸의 부활

사도 신조가 몸의 부활을 강조하는데 반하여 니케아-콘스탄티노플 신조는 '죽은 자들의 부활'을 말합니다. 동방교회는 죽은 자들의 부활과 관련하여 부활 이전의 상태에 대해 성경의 표현대로 '잔다'고 고백합니다. 일반적으로 죽었다는 사실을 완곡하게 표현하여 잠들었다고 하는데, 동방교회 그리스도인들은 단순한 표현이 아니라 실제로 잔다고 믿습니다. 이러한 믿음의 고백에는 몸의 부활이 전제되어 있습니다.

12) 영생

사도 신조에서는 단순히 '영생'으로 표현된 믿음의 고백이 니케아-콘스탄티노플 신조에서는 '장차 임할 세상에서의 영생'으로 표현되어 있습니다. 장차 임할 세상에서의 영생이라는 표현이 중요한 이유는 죽어서 가는 하늘 나라에서 영혼이 영원한 복락을 누리며 살 것이라는 개념과는 대조를 이루기 때문입니다. '영혼불멸'이 아니라 몸의 부활을 강조하는 중요한 표현입니다. 영혼불멸과 몸의 부활이 상반된 개념은 아니나 영혼불멸만을 강조하다 보면 몸의 부활이 무시될 수 있기에 '장차 임할 세상에서의 영생'은 중요하게 인식되어야 합니다.

4. 논쟁적인 내용들

동방교회에서 사용하는 니케아-콘스탄티노플 신조와 서방교회에서 사용하는 니케아-콘스탄티노플 신조 사이에는 중요한 차이가 있습니다. 이 차이가 생겨난 배경은 성령의 출처에 관한 서로 다른 이해 때문입니다. 니케아-콘스탄티노플 신조는 동방지역에서 작성되었는데, 특별히 381년 콘스탄티노플 공의회가 진행되고 신조가 결정되는 과정에서 지금의 소아시아 터키의 한 지역인 카파도키아의 3명의 교부들이 중요한 역할을 감당하였습니다. 이들의 역할로 인해서 삼위일체론이 확립될 때, 성령의 인격성을 확인했을 뿐만 아니라 성부와 성자와 동일한 신성을 가지셨기에 함께 예배받으시고 영광받으신다는 표현을 추가했습니다.

그러나, 성령의 출처에 관해서는 동방과 서방의 입장이 달랐는데, 동방교회는 성령이 성부에게서 나오셨다고 고백한 반면에 서방교회는 성령이 성부와 성자로부터 나왔다고 고백했습니다. 따라서 서방교회는 동방교회가 사용하고 있는 기존의 니케아-콘스탄티니플 신조 본래의 문구에 성령에 관한 고백부분에서 "그리고 성자로부터"라는 문구를 추가하였습니다. "그리고 성자로부터"라는 라틴어 표현이 '필리오케' filioque: and the Son 이기에, 동방교회와 서방교회의 성령의 출처에 관한 논쟁을 필리오케 논쟁이라고 합니다. 위에서 제시한 두 개의 니케아-콘스탄티노플 신조를 비교해 보면 성령의 출처에 관한 부분에서 차이가 있음을 알 수 있습니다. 장로교 『헌법』에 수록된 니케아-콘스탄티노플 신조는 동방교회의 전통을 따라 "그분은 아버지로부터 나오시고"라고 표현하고 있는 것과는 대조적으로, 『로마 미사 경본』에 있는 신조는 "성령께서는 성부와 성자에게서 발하시고"로 표현합니다.

이 문제의 본질이 번역의 문제로 인식되었기에 동방교회가 처음에는 중요한 문제로 여기지 않았습니다. 헬라어를 라틴어로 번역하는 과정에서 성자의 신성을 부인하는 아리우스주의자를 견제하기 위한 의도로 해당 문구를 추가하였기 때문입니다. 이 문구는 589년 제3차 톨레도 회의에서 아직 스페인 내에 존재하고 있던 아리우스주의를 경계할 의도로 서방교회가 라틴어로 번역한 니케아-콘스탄티노플 신조에 처음으로 추가되었습니다. 초기에는 주로 스페인 내에서만 사용되다가 800년경에는 프랑크 왕국 전체에서 필리오케가 추가된 신조가 사용되기 시작하면서 널리 퍼지게 되었습니다. 847년에 프랑크 왕국의 수도자들이 필리오케가 삽입된 신조를 예루살렘에 소개하면서 동방교회 수도자들이 강하게 반발하였습니다.

800년 이후에 이 문제가 번역의 문제가 아니라 신학의 문제로 등장한 것은 서방교회와 동방교회 사이의 교황 수위권 논쟁으로 인한 갈등과 연결되어 있습니다. 수위권 논쟁이란 로마의 주교로서 서방교회를 대표하는 교황이 다른 모든 주교들 위에 있으며 전체 교회를 대표하고 그리스도의 대리자라는 주장으로부터 비롯된 논쟁을 말합니다. 한편 동방교회와 서방교회의 관계라는 관점에서 보면 800년은 교회사에서 중요한 의미를 지니는 해 입니다. 800년 12월 25일은 샤를마뉴 Charlemagne 의 대관식이 있었던 날로, 교황 레오 3세 Pope Leo III 는 샤를마뉴에게 왕관을 씌움으로써 서방지역의 황제로 선포했습니다. 800년 이전에는 동방의 황제가 전체 교회의 수호자 역할을 자처해 왔는데, 이제는 샤를마뉴가 서방교회의 수호자 역할을 하게 된 것입니다. 서방교회의 입장에서 보면 옛 서로마 제국에 해당되는 영토를 확보한 프랑크 제국의 샤를마뉴라는 든든한 새로운 후원자가 생긴 것입니다. 이에 따라 서방교회는 동방 황제와 콘스탄티노플 총대주교의 눈치를 살피지 않게 되었고 독자적인 노선을 걷다가 1054년에 필리오케 논쟁을 명분으로 동방 교회를 파문하면서 완전히 분리되었습니다.

5. 결론적 진술

니케아-콘스탄티노플 신조는 고대교회의 에큐메니칼 공의회를 통해서 작성된 신앙고백문으로서 현재 사용되고 있는 신앙고백문 가운데 사도 신조와 함께 가장 오래된 역사를 가지고 있습니다. 이 신조는 이단들, 거짓 교사들, 적그리스도의 가르침들을 정죄하고 사도들의 가르침을 지키기 위한 목적으로 325년 니케아와 381년 콘스탄티노플에서 열린 2차례에 걸친 고대교회 에큐메니칼 공의회의 결정사항을 신앙고백문 형태로 작성한 것입니다. 이 신조는 앞에서 언급했던 사도적 신앙의 네 가지 특징 곧 하나의 거룩하고 보편적이고 사도적 신앙을 본문에서 분명하게 밝히고 있습니다. 사도 신조와 니케아-콘스탄티노플 신조를 비교해 보면 그 내용에 있어서 성부, 성자, 성령, 교회, 성도 등 5영역의 가르침이 12개 항목에 걸쳐서 진술되고 있다는 공통점을 발견할 수 있습니다. 기본 구조와 골격에 있어서는 차이가 없으나 내용에 있어서는 니케아-콘스탄티노플 신조가 사도 신조에 비해서 훨씬 길고 자세하게 진술되어 있음을 확인할 수 있습니다. 그러나, 이 신조에서 고백하고 있는 성령의 출처에 관한 문제는 서로 다르게 사용하면서 교리적 싸움의 원인을 제공하였습니다. 비록 동방교회와 서방교회의 분열이라는 문제의 직접적인 원인은 로마 주교의 수위권 주장에 있었으나, 내세운 명분은 니케아-콘스탄티노플 신조에 "필리오케"를 추가한 것과 관련된 교리적 논쟁이었습니다.

사도 신조와 비교할 때 나타나는 특징들 가운데 하나는 예수 그리스도의 신성과 인성에 관한 논쟁에서 예수 그리스도의 완전한 신성을 부인하였던 아리우스주의자들의 이단적인 가르침을 배격하려는 의도가 분명하게 드러납니다. 아리우스주의자들의 도전에 대하여 그리스도의 신성을 강조하고, 반삼위일체론자들의 도전에 대하여 삼위일체 신앙을 강조하며 정통 교회의 가르침을 수호하고자 작성한 신조이기에 동방교회와 서방교회는 공동의 유산으로 여기며 지금도 사용하고 있습니다.

제 7 장

칼케돈 신조

1. 서론적 질문
— 양쪽 의견이 팽팽하게 맞서는 이유는 무엇일까요?

　　양쪽의 의견이 팽팽하게 맞설 때는 어떻게 해야 문제가 해결될까요? 그리고 양쪽의 의견이 팽팽하게 맞서는 이유는 무엇일까요? 사람마다 경험이 다르고 문제해결의 방식이 다르고, 느끼고 생각하는 방식이 다르기 때문일 것입니다. MBTI나 에니어그램과 같은 성격 검사나 기질 검사를 해 본적이 있다면 나와 다른 사람의 성격이 가지고 있는 특징들을 또는 다른 사람의 성격과는 다른 나의 성격이 가지고 있는 특징들을 살펴본 적이 있었을 것입니다. 검사의 정확도나 지표의 과학적 검증성은 접어두고라도 이 검사들이 의미가 있는 것은 "나와 다른 유형의 사람들이 이렇게나 많구나!"하는 것을 알게 해주는 데서도 찾을 수 있습니다. 사물과 사건을 인식하고 내면화하는 과정에서 서로 다른 방향으로 나아간다면 서로 다른 결론에 도달할 수도 있습니다. 만약 자신이 느끼고 생각하고 내면화하는 방식이 절대적이지는 않다는 것을 인정하게 되면 그것을 보완하기 위해서 상대방의 의견에 귀를 기울일 수 있게 됩니다. "저 사람이 왜 저러나?"하던 생각이 바뀌어 바로 그 사람을 이해하려고 노력하게 될 수도 있습니다.

　　그런데 문제는 다름과 틀림, 틀림과 다름이 서로 혼동될 수도 있다는 것입니다. 분명히 틀린 것을 다르다고 하거나, 반대로 다른 것에 불과한데도 틀렸다고 하는 상황을 일상의 삶에서 종종 마주하게 됩니다. 물론 영적인 삶에서도 마주하게 됩니다. 자신의 신념을 신앙으로 여기고 자신의 신념과 다른 내용에 대해서는 성경 본문을 제시하면서 이야기하더라도 받아들이지 않는 사람들의 모습을 여러 번 마주한 경험이 있습니다. 신앙의 문제에 있어서도 다른 것과 틀린 것이 혼동될 때가 있습니다. 틀린 것과 다른 것이 혼동되는 이유는 '이단'異端이 의미하는 것처럼 다른 것은 다 같은데 끝만 다르기 때문입니다. 신앙의 문제에 있어서 다름과 틀림의 차이를 구별하는 것은 중요한 문제입니다. 다름과 틀림의 차이를 구별해 내고, 틀린 교리 또는 이단적인 교리로부터 정통 교리를 지켜내기 위해서 고대교회는 여러 차례의 에큐메니칼 공의회를 개최하여 신조를 작성하였습니다. 그 가운데 칼케돈 신조는 다른 신조들과는 달리 예수 그리스도의 신성과 인성과의 관계라는 기독론에 초점에 맞추어져 있습니다. 그러면, 그 내용이 무엇인지 살펴보겠습니다.

2. 칼케돈 신조 전문[1]

그러므로 거룩한 교부들을 따라 우리는 한마음으로 한 분이며 동일하신 성자 우리 주 예수 그리스도가 동시에 신성에서도 온전하시고 인성에서도 온전하신, 참 하나님이며 이성적 영혼과 몸으로 구성된 참 사람임을 가르친다.

그는 신성에 관하여 성부와 동일본질 이시고, 동시에 인성에 관하

---

1 Justin S. Holcomb, *Know the Creeds and Councils*, 이심주 역, 『신조를 알면 교회사가 보인다』(서울: 부흥과 개혁사, 2015), 73-74.

여 우리와 하나의 본질이시다. 그는 모든 면에서 우리와 똑같으시지만 죄는 없으시다.

신성에 관하여 성자는 모든 세대 이전에 성부에게서 나셨으나, 인성에 관하여 인간적인 우리와 우리 구원을 위해 하나님의 어머니 Theotokos인 동정녀 마리아에게서 나셨다.

한 분이며 동일하신 그리스도요, 성자, 주, 독생자는, 두 본성 가운데 인식되지만, 두 본성은 혼합되지 않고, 변화되지 않고, 분할되지 않고, 분리되지 않는다.

두 본성의 구분은 연합에 의해 취소되지 않으며, 오히려 각 본성의 특성들은 보존되고 함께 한 인격과 위격을 형성하며, 두 인격으로 나뉘거나 분리되지 않고 오직 한 분이며 동일하신 성자, 말씀이신 독생자 하나님, 주 예수 그리스도를 이룬다.

이는 옛적부터 선지자들이 그에 대해 전한 바이며, 우리 주 예수 그리스도 자신이 가르치신 것이고, 교부들의 신조가 우리에게 전해 준 내용이다.

3. 주요내용 설명

니케아-콘스탄티노플 신조와 더불어 고대교회의 에큐메니칼 공의회를 통해서 결정된 가장 중요한 신조는 칼케돈 신조입니다. 칼케돈 신조는 동방교회와 서방교회 그리고 종교개혁 이후의 장로교회에 이르기까지 많은 교회들이 그 중요성을 인정하고 있습니다. 이른바 고대교회의 에큐메니칼 공의회는 제1차부터 제7차까지로 알려져 있는데, 동방교회는 7개의 공의회 모두를 인정하는 반면에, 서방교회와 개신교회는 제4차 에큐메니칼 공의회인 451년 칼케돈 공의회까지만 인정합니다. 그 이유는 5차부터 7차까지는 주요하게 다룬 문제들이 양의지론이나 성상숭배와 같은 주제들로 동방교회 내의 논쟁으로 여겨지기 때문입니다. 개신교회에서도 이 칼케돈 신조를 중요하게 여기는 이유는 그 이전의 기독론과 관련된 모든 논쟁적인 내용들을 하나 하나 정리하면서 기독론 논쟁을 일단락시킨 신조이기 때문입니다.

칼케돈 신조는 사도 신조나 니케아-콘스탄티노플 신조와는 달리 모든 내용이 기독론에 초점이 맞추어져 있습니다. 특별히 성부와 성자와의 관계에 대해서 그리고 성자의 신성과 인성과의 관계에 대해서 진술하고 있습니다. 칼케돈 신조를 잘 살펴보면 기독론과 관련된 문제들이 무엇이었는지, 또 그 해결책은 어떻게 제시되었는지를 확인할 수 있습니다. 따라서 칼케돈 신조의 내용을 정확하게 이해하기 위해서는 451년 칼케돈 공의회 이전의 기독론 논쟁에 대해서 살펴볼 필요가 있습니다. 여기서는 모든 기독론 논쟁을 살펴보는 대신 칼케돈 신조에 진술된 성자 하나님에 대한 설명이 어떤 의미인지를 하나 하나 설명해보겠습니다.

1) 성자 예수 그리스도

451년 칼케돈 공의회에 참석한 이들은 자신들의 신앙이 예수 그리스도께서 사도들에게 가르쳐주신 것이며, 또 그 사도들이 그들의 제자들 곧 사도적 교부들이라고 알려진 이들에게 가르쳐 준 것이며, 또 그들의 신앙을 이어받은 교회의 지도자인 동시에 저술가인 교부들에게 전해진 신앙의 내용과 동일한 것임을 선언합니다. 칼케돈 신조는 그리스도와 관련된 이단적 가르침으로부터 정통 신앙을 지키는 것이 목적이므로 이 신조의 근거가 교부들의 가르침임을 처음에 명시하고 있습니다.

2) 참 하나님이시며 참 인간이신 분

칼케돈 신조의 가장 중요한 공식은 '참 하나님이시며, 참 사람'이라는 고백입니다. 이 고백은 신성과 인성과의 관계에 관하여 더 이상의 논쟁거리가 없이 정리한 내용입니다. 이전까지 기독론 논쟁은 신성만을 강조하거나 인성만을 강조하면서 생겨나는 오류들이 대부분이었습니다. 신성을 강조하면 인성이 무시되거나 약화되고, 인성을 강조하면 신성이 무시되거나 약화되는 이러한 문제를 해결하기 위해서 신성과 인성을 동일하게 강조하면서 참 하나님이시며 참 사람이시라고 진술합니다. 인성이 약화되어온 문제를 해결하기 위해서 이성적인 영혼과 육체를 가지신 분임을 명시합니다.

3) 성부와 동일본질이시며 우리와 동일본질이신 분

완전한 하나님이시면서 완전한 사람이라는 진술에 추가적인 설명을 더하면서 동일본질이라는 용어를 사용합니다. 신성을 강조하기 위해서 사용하였던 동일본질을 인성을 강조하기 위해서 한번 더 사용합니다. 니케아-콘스탄티노플 신조와 비교할 때 우리와도 동일본질이라는 내용이 추가되었습니다. 다만 인성을 설명하면서 우리와 유일한 차이점이 죄는 없으시다는 점을 강조합니다. 이 차이를 명시하는 것은 중요한 의미가 있는데, 죄는 인간을 죽을 수 밖에 없는 존재로 만들어 버리고 하나님과 단절을 가져온 원인이기 때문입니다.

4) 성부로부터 나오시고, 동정녀 마리아에게서 나오심

성육신이라는 용어가 사용되고 있지는 않으나, 예수 그리스도의 신성은 모든 세대 전에 성부로부터 나셨다는 표현을 통해서 성자 예수께서 아니 계셨던 때가 있었다는 아리우스의 주장을 배격합니다. 다른 신조에는 '동정녀 마리아'라고 되어 있는 부분이 여기서는 '하나님의 어머니인 동정녀 마리아'라고 표현되었습니다. '하나님의 어머니'라는 표현은 431년 에베소 공의회 때의 결정사항을 되풀이한 것입니다. 이 당시 네스토리우스와 키릴이 예수 그리스도의 신성과 인성에 관한 논쟁을 할 때, 키릴은 예수 그리스도의 신성을 확인하기 위해서 성모를 끌어들여서는 성모가 하나님의 어머니냐 그리스도의 어머니냐는 질문으로 네스토리우스를 당황하게 만들었던 적이 있습니다. 이 이후로 예수 그리스도의 신성을 확인하기 위하여 마리아를 하나님의 어머니, 테오토코스Theotokos, God-bearer로 표현했습니다.

5) 신성과 인성과의 관계

하나님의 아들이시고 하나님과 동일본질을 가지신 참 하나님이신 분이 성육신 하셔서 인간이 되시되 우리와 동일본질을 가지신 참 인간이 되셨다면, 신성과 인성의 관계를 어떻게 설명할 것인가의 문제가 생깁니다. 신성과 인성과의 관계를 설명하는 과정에서 많은 이단들이 나왔던 것을 생각하면 칼케돈의 신조의 핵심적인 내용은 바로 신성과 인성과의 관계를 설명한 부분이라고 하겠습니다. 신성과 인성이 하나의 위격에 동시에 존재한다고 진술했던 그 이전의 신조들은 많은 사람들로 하여금 혼란을 겪게 만들었습니다. 신성이 인성을 흡수한다거나, 인성이 다른 것으로 대치된다거나, 또는 신성과 인성이 섞여서 제 3의 본성이 나타난다고 하는 설명들이 등장하여 혼란을 가져왔습니다. 이러한 문제들을 해결하기 위해서 양성 곧 신성과 인성이 혼합되지 않고, 변화되지 않고, 분할되지 않고, 분리되지 않는다고 설명합니다. 신성과 인성이 연합한 이후에도 각 성품의 특성이 보존된다고 진술한 것은 연합의 과정에서 신성이 인성을 흡수하여 신성만 남게 된다는 주장을 배격하기 위해서입니다.

6) 두 인격으로 갈라지거나 나누어지지 않음

신성과 인성이 연합한 이후에도 여전히 두 본성으로 남아있지만 두 인격으로 갈라지거나 나누어지지 않는다고 진술한 것은 연합한 이후에도 여전히 하나의 위격에 두 개의 본성이 존재하고 있음을 강조하는 내용입니다. 신성과 인성이 결합하였다고 해서, 두 개의 인격과 두 개의 실재로 작용하는 것은 아니라는 점을 강조한 데에는 다음과 같은 이유 때문일 것입니다. 만약 신성과 인성이 연합한 이후에 두 인격과 두 개의 실재로 작용한다면 이는 마치 지킬 박사와 하이드의 이야기나 헐크의 이야기처럼 두 개의 서로 다른 인격체가 서로 다른 몸에 있는 것으로, 오늘날의 용어로 표현해 본다면 해리성 정체감 장애[2]를 겪는 모습이라 할 수 있습니다.

7) 이러한 진술의 근거

예수 그리스도의 신성과 인성의 관계에 관한 칼케돈 신조의 진술들은 구약의 선지자들을 통해서 선포된 말씀과 예수 그리스도께서 가르치신 말씀과 교부들이 전해준 말씀에 근거하고 있음을 말합니다. 모든 신학적 진술에는 근거가 있어야 하는데, 주로 다음과 같은 4가지를 말합니다. 하나님의 말씀인 성경, 그리스도교 역사를 통해서 전해 내려오는 전통, 인간의 사유의 주체인 이성, 그리고 신앙의 체험 곧 경험입니다.[3] 이 4가지 가운데 가장 중요한 것이 성경말씀이고, 그 성경은 선지자들을 통해서 예수 그리스도를 통해서, 예수 그리스도의 제자들을 통해서 우리에게 전해진 내용들입니다.

---

2   해리성 정체감 장애(dissociative identity disorder)는 해리성 정체성 장애, 해리 정체 장애, 다발성 인격 장애 등으로 표현하기도 하는데, 정체성 결여 문제로 자신이 누구인가에 대해 혼돈스러워하고 때로는 자신을 다수의 인격으로 경험하는 장애를 말하며 과거에는 다중 인격 장애라고 하였다. 서울대학교병원 홈페이지 N의학정보, "해리성 정체감 장애." http://www.snuh.org/health/nMedInfo/nView.do?category=DIS&medid=AA000362, [2024. 04. 17. 접속].

3   성경, 전통, 이성, 경험 이 네가지 신학적 진술의 근거는 '웨슬리의 4가지 신학적 기준'이라고 알려져 있습니다. 웨슬리 자신이 몸담고 있었던 성공회의 3가지 표준에 경험을 추가하면서 모든 교리적 진술의 판단 기준으로 삼았습니다. '웨슬리의 4가지 신학적 기준,' '웨슬리의 4가지 표준,' 또는 '웨슬리의 4가지 지침' 등으로 알려져 있으나 정작 웨슬리 자신은 '4중적'이라는 표현은 사용하지 않았고 알버트 아우틀러가 만들어낸 용어입니다. 그러나 이 4가지 신학적 기준이 웨슬리의 신학방법을 가장 잘 말해주는 표현들임에는 분명해 보입니다. 이에 대해서는 다음의 글을 참조하세요. Albert Outler, *The Wesleyan Theological Heritage: Essays of Albert Outler*, ed., by Thomas C. Oden & Leicester R. Longden (Grand Rapids, MI: Zondervan Publishing House, 1991); 알버트 아우틀러, "웨슬리의 4가지 신학적 기준," 김기철 역, 「세계의 신학」 31 (1996.6), 211-30.

4. 논쟁적인 내용들

칼케돈 신조를 통해서 예수 그리스도의 신성과 인성과의 관계를 명확하게 진술하는 것이 필요했던 이유는 니케아 공의회, 콘스탄티노플 공의회, 에베소 공의회를 통해서 진술된 예수 그리스도의 신성과 인성과의 관계에 대한 설명이 여전히 분명하지 않아보였기 때문입니다. 신성과 인성과의 관계를 분명하게 정리했음에도 불구하고, 몇몇 사람들이 보기에는 이 문제가 완전히 끝난 것은 아니었습니다. 왜냐하면 신성과 인성이 연합한 이후에는 한 본성만 남는다고 주장하는 이들, 곧 단성론자들은 자신들의 주장은 옳다고 여기며 교회 공동체에서 이탈해 나갔기 때문입니다.

연합한 이후의 한 본성이라고 주장하는 사람들이 교회에서 이탈해 나가자 이 문제를 해결할 필요가 생겼고, 한 본성이냐 두 본성이냐의 문제를 확인하기 위해서 본성의 문제를 의지의 문제로 환원하여 하나의 의지냐 두개의 의지냐의 문제를 논하게 됩니다. 단일의지론과 양의지론 사이의 논쟁은 후일에 제6차 고대교회의 에큐메니칼 공의회로 알려진 680년의 콘스탄티노플 공의회에서 다시 다루게 됩니다. 이 공의회에서는 451년 칼케돈 공의회의 결정사항을 충실히 따르면서 예수 그리스도가 두 개의 본성을 가진것과 같이 두 개의 의지를 가졌다고 결정합니다. 이 결정으로 고대교회의 기독론 논쟁은 완전히 정리가 됩니다.

칼케돈 신조의 표현과 관련하여 문제가 되는 표현은 마리아를 향해 하나님의 어머니라고 한 부분입니다. 오늘날 개신교회에서 로마 가톨릭을 문제 삼는 부분 가운데 하나가 마리아 숭배에 관한 것이고,

이 마리아 숭배를 기원으로 따지면 하나님의 어머니라고 표현한 것과 어느 정도 연관되어 있습니다. 가톨릭 교회는 마리아와 관련하여 무흠 잉태 교리와, 몽소승천 교리[4]를 가지고 있습니다. 무흠잉태 교리란 예수 그리스도의 인성과 관련된 부분으로 우리와 동일본질이시나 죄는 없으시다는 진술을 위한 부연설명으로서, 예수 그리스도께서 마리아로부터 육신을 입으셨는데도 죄가 없으신 이유는 마리아가 죄가 없는 가운데 예수님을 잉태하였다고 설명하는 교리입니다. 한편 몽소승천 교리는 마리아가 죄가 없었기 때문에 죽음을 보지 아니하고 에녹이나 엘리야처럼 승천했다는 교리입니다. 이러한 교리들은 논리적으로는 그럴듯해 보이지만 성경이 말하는 진리와는 거리가 있습니다. 왜냐하면 로마 가톨릭 교회는 마리아를 죄가 없는 영원한 동정녀로 설명하기 위해서 예수 그리스도의 형제들을 친형제가 아니라 사촌형제였다고 주장하고 있기 때문입니다. 예수 그리스도가 인간이지만 죄는 없으시다는 교리에서 출발하여 마리아 몽소승천 교리까지 이르게 되는 과정이 논리적으로 일리는 있지만 성경적으로 진리는 아닙니다.

5. 결론적 진술
— 칼케돈 신조의 중요성

칼케돈 신조는 325년부터 431년까지 계속 되어온 기독론 논쟁을 일단락시킨 신조로서, 니케아-콘스탄티노플 신조와 비교할 때 칼케

---

4   박도식. "상식교리 101, 성모 승천." 『가톨릭 신문』(1982. 8. 15), 4면. https://m.catholictimes.org/mobile/article_view.php?aid=217527 [2023. 11. 10. 접속].

돈 신조는 그 내용이 기독론에 집중되어 있습니다. "참 하나님이시면서, 참 사람이시다"는 고백은 그 이전까지 진행된 그리스도의 신성과 인성의 관계에 관한 모든 기독론 논쟁을 정리하는 중요한 공식입니다. 신성과 인성이라는 두 본성이 하나의 육체 안에서 연합하는 방식에 관하여 혼합되지 않고, 변화되지 않고, 분할되지 않고, 분리되지 않는다고 설명합니다.

이러한 고백적 진술들을 통하여 예수 그리스도의 신성과 인성의 연합 이후에 두 본성이 한 인격 안에서 어떻게 존재하는지를 설명합니다. 그 이전과 이후의 모든 기독론 논쟁에서 표준으로 사용할 수 있는 공식 곧 참 하나님이시면서 참 사람이신 분이라는 고백이 칼케돈 신조의 가장 중요한 내용입니다. 그래서 오늘날 개신교회도 칼케돈 신조의 중요성을 인정하며 기독론 논쟁과 관련된 문제들이 생길 때 표준으로 사용하고 있습니다.

제 8 장

아타나시우스 신조

1. 서론적 질문
— 권위는 어디에서 올까요?

어떤 주장을 할 때 권위 있게 말하기 위해서 사용하는 일반적인 방법은 무엇일까요? 일반적으로 자신의 주장을 설득력 있게 전달하기 위해서 논리적으로 말하는 것도 필요하지만, 감동을 주기 위해서 좋은 예화나 경험담을 들려주는 것이 필요할 때도 있습니다. 학위논문의 경우에는 자신의 주장을 뒷받침하기 위해서 유명한 학자들의 책이나 논문을 인용하기도 합니다. 이렇게 권위 있는 사람의 이름을 빌리거나 저술을 인용하는 것은 어떤 주장을 권위 있게 말하기 위해서 사용하는 일반적인 방법입니다. 처음 책을 저술한 이른바 무명의 작가가 자신의 책에 무게를 싣기 위해서 취하는 방법들 가운데 하나는 유명한 분들의 추천사를 받는 것입니다.

아타나시우스 신조의 경우 아타나시우스 자신이 작성한 신조라기보다는 아타나시우스가 아닌 다른 누군가가 아타나시우스의 이름을 빌어서 신조를 작성한 것으로 보입니다. 어떤 주장의 권위는 그 내용에서 나오기도 하지만, 때로는 그 주장을 한 사람의 명성에서도 나오기 때문입니다. 어떤 노래를 예로 들었을 때 잘 알려지지 않은 노래를 어느 유명한 가수가 리메이크해서 부르게 되면 노래 자체가 가진 매력에다가 가수의 유명세가 더해져서 그 노래가 대중들에게 널리 알려지는 것과 비슷한 상황으로 설명할 수 있습니다.

아타나시우스 신조는 내용적으로는 서방교회의 특징을 가지고 있으면서도 그 제목에 있어서는 동방교회의 대표적인 교부인 아타나시우스의 이름을 빌어 권위를 드러내고 있습니다. 서방교회와 동방교회가 갈라지게 된 문제들 가운데 하나인 필리오케 논쟁의 핵심이라고 할 수 있는 성령의 발출에 관한 문제에 대하여 "필리오케"가 아타나시우스 신조에 언급되어 있다는 사실은 서방교회의 특징을 보여주고 있습니다. 그 외에도 다른 신조들에서 찾아볼 수 없는 독특한 특징이 나타나기도 합니다. 그 특징을 알아보기 전에, 먼저 아타나시우스 신조의 내용이 무엇인지 살펴보겠습니다.

2. 아타나시우스 신조 전문[1]

구원받기를 바라는 자는 무엇보다 보편적 신앙을 가져야 한다.

이 신앙을 완전무결하게 지키지 않는 사람은 반드시 멸망하리라.

보편적 신앙은 이것이니, 곧 우리가 삼위 가운데 계신 한 하나님,

일치 가운데 계신 삼위 하나님을 예배한다는 사실이다.

세 인격은 혼동되지 않으며, 본질이 나뉘지도 않는다.

성부가 한 인격으로 계시고, 성자와 성령도 각각 한 인격으로 존재하신다.

그럼에도 성부, 성자, 성령의 신성은 모두 하나다.

---

1   Justin S. Holcomb, 「신조를 알면 교회사가 보인다」, 87-89.

영광이 같고 위엄도 영원히 함께 가지신다.

성부가 그러하시듯 성자도 그러하시고, 성령도 그러하시다.

성부, 성자, 성령은 창조되지 않으셨다.

성부가 무한하시듯 성자도 무한하시고, 성령도 무한하시다.

성부가 영원하시듯 성자도 영원하시고, 성령도 영원하시다.

그럼에도 세 분이 영원한 것이 아니라 오직 영원한 한 하나님이 계시는 것이다.

마찬가지로, 창조되지 않은 세 분이 존재하는 것이 아니다.

즉, 무한한 세 분의 신들이 존재하는 것이 아니라, 한 하나님이 창조되지 않은 것이며 한 하나님이 무한하신 것이다.

같은 방식으로, 성부가 전능하듯 성자와 성령도 전능하시되, 세분의 전능자가 있는 것이 아니라 한 전능하신 분이 계시는 것이다.

다시 성부가 하나님이시듯 성자도 하나님이시고 성령도 하나님이시나, 세 하나님이 존재하는 것이 아니라 오직 한 하나님이 존재하신다.

그와 같이 성부도 주님이시요 성자도 주님이시며 성령도 주님이시다.

그럼에도 세 분의 주가 아니라 오직 한 주님이시다.

우리가 그리스도교 진리로 말미암아 각 인격을 하나님과 주님으로 고백하듯이, 우리는 보편적 신앙으로 말미암아 세 분의 신이나 세 분의 주가 있다고 말하는 것을 금한다.

성부는 어떤 것으로부터 만들어지지도 창조되지도 나지도 않으셨다.

성자는 오직 성부에게서 나오셨으나, 만들어지지도 창조되지도 않으셨고 오직 나셨다.

성령은 성부와 성자에게서 나오셨으나, 만들어지지도 창조되지도 나지도 않으시되 오직 발출하신 분이다.

따라서 세 성부가 아니라 한 성부가 계시며, 세 성자가 아니라 한 성자가 계시고, 세 성령이 아니라 한 성령이 계시다.

이 삼위일체 가운데 누구도 먼저 계시거나 나중에 존재하신 게 아니다.

누가 더 우월하시고 누가 더 열등하시지도 않다.

세 인격 전체가 함께 영원하시고 동일하시다.

앞서 진술했듯이 삼위 가운데 계신 일체, 그리고 일체 가운데 계신 삼위는 예배를 받으실 분이다.

따라서 구원받고자 하는 자는 삼위일체를 이렇게 고백해야 한다.

더 나아가, 우리 주 예수 그리스도께서 성육신하신 사실을 신실하게 믿는 것 역시 영원한 구원을 위해 필수적인 사항이다.

이는 바른 신앙이 우리 주 예수 그리스도 하나님의 아들이 하나님이며 사람이라는 사실을 믿고 고백하는 것이기 때문이다.

예수 그리스도는 하나님으로서 성부와 동일본질이자 세상이 있기 전에 나셨으며, 또한 사람으로서 어머니 마리아와 동일본질이자 세상에 태어나셨다.

온전한 하나님이시며, 또한 온전한 사람으로서 이성적 영혼과 인간 몸을 가지셨다.

신성에 관하여 성부와 동등하시나, 인성에 관하여는 성부 아래 계신다.

하나님이며 사람이시지만, 두 인격이 아니라 오직 한 분 그리스도이시다.

신성이 육신으로 변한 것이 아니라, 하나님이 인성을 취하여 한 분이시다.

그리스도는 본질의 혼합이 아니라 인격의 통일로 한 분이시다.

이성적 영혼과 몸이 한 사람이듯, 하나님이며 사람으로서 한 분 그리스도이시다.

예수 그리스도는 우리 구원을 위하여 고난을 받으셨고, 지옥으로 내려가셨고, 사흘 만에 죽은 자 가운데서 다시 부활하셨다.

하늘에 오르셨고, 전능하신 하나님 아버지 우편에 앉으셨으며, 그곳에서 다시 오사 산 자와 죽은 자를 심판하실 것이다.

그리스도께서 다시 오실 때 모든 사람이 육신과 함께 부활하여 각자 자신의 행위를 설명해야 할 것이다.

그리고 선을 행한 자는 영생으로 들어가며, 악을 행한 자는 꺼지지 않는 불에 던져질 것이다.

이것이 보편적 신앙이니, 이것을 진실과 확고함으로 믿지 않는 자는 구원을 받지 못할 것이다.

∃. 주요내용 설명

아타나시우스 신조의 정확한 기원에 대해서는 알려진 바가 없으나, 500년 이후 아를의 주교 카이사리우스의 설교집 서문에 처음 등장합니다[502년]. 사람들은 이 신조를 "니케아 정통 신앙의 수호자"였던 아타나시우스의 이름으로 권위를 부여했습니다. 이 신조가 권위를 갖게 된 것은 아타나시우스라는 이름 때문이기도 하겠지만, 오히려 그 보다는 내용이 아타나시우스가 수호하고자 했던 정통 신앙 곧 삼위일체 신앙을 요약한 것이기 때문이라고 할 수 있습니다. 이미 언급했던 것처럼, 아타나시우스 신조는 지금까지 살펴본 사도 신조, 니케아-콘스탄티노플 신조, 칼케돈 신조와 더불어 역사적으로 가장 널리 사용되고 또 중요성을 인정받은 신조입니다.

아타나시우스 신조는 칼케돈 신조와 비교할 때, 그 내용이 삼위일체론에 초점이 맞추어져 있습니다. 특히 삼위일체 하나님 상호간의 신적 본질의 일치에 대해서 강조합니다. 다만 동방과 서방의 모든 교회가 이 신조를 받아들인 것은 아니라는 점을 짚고 넘어갈 필요가 있습니다. 동방교회의 경우 성령에 관한 진술에서 성부로부터 나오셨다는 입장을 유지하고 필리오케를 거부했다는 점을 강조할 필요가 있습니다. 왜냐하면 아타나시우스 신조에 고백된 성령에 관한 고백이 동방교회와 다르다는 점에서 이 신조가 동방교회에서 유래한 것이 아니라 서방교회에서 유래한 것임을 짐작할 수 있기 때문입니다.

아타나시우스 신조는 42개 항목으로 구성되어 있는데, 이 항목들은 크게 세 부분으로 나눌 수 있습니다. 첫 번째 부분은 삼위일체 교리를 다루고, 두 번째 부분은 기독론 가운데 신성과 인성의 관계에 대해서 정리하고 있고, 세 번째 부분은 구원받고자 하는 사람은 이 신조의 가르침을 따라야 한다고 선언하면서 일련의 저주문을 기록하고 있습니다. 맨 앞부분과 뒷부분 모두 저주문이 있습니다. 니케아 신조가 마지막 부분에 저주문을 기록하고 있는 것과 유사한 구조를 가지고 있습니다. 내용 하나하나를 살펴보면서 아타나시우스 신조가 역사적으로 중요성을 인정받았던 이유를 확인해 보겠습니다.

1) 저주문

보편적 신앙을 완전무결하게 지키지 않는 사람은 반드시 멸망하리라는 저주문은 니케아 신조와 비슷한 형식을 가지고 있습니다. 니케아 신조나 아타나시우스 신조와 같은 초기 그리스도교 신조들은 각각의 내용에서 밝힌 진리에 근거해서 그리스도교 신앙으로 받아들일 수 없는 자들에 대해서는 저주문을 담고 있다는 것도 기억할 필요가 있습니다.

2) 보편적 신앙의 내용

삼위 가운데 계신 한 하나님, 즉 삼위일체 신앙이 보편적 신앙임을 명시하고 있습니다. 성부 하나님만이 예배의 대상이 아니고, 성부와 성자와 성령 모두가 예배의 대상임을 강조하면서 "세 인격은 혼동되지 않으며 본질이 나뉘지도 않는다"는 표현으로 세 인격이 동일한 본질이심을 설명합니다.

3) 삼위일체 하나님의 일치성

성부와 성자와 성령은 각각의 위격입니다. 성부는 성자가 아니고, 성자는 성령이 아니며, 성령은 성부가 아닙니다. 그러나, 성부도 하나님, 성자도 하나님, 성령도 하나님입니다. 세 위격은 신성에 있어서 동일한 본질이시기에, 영광과 존귀와 위엄과 능력을 함께 가지십니다. 세 신이 계신 것이 아니라 삼위로 일체 되신 한분 하나님이 계십니다.

이러한 공식은 이른바 삼위일체 방패로 설명되어 왔습니다.

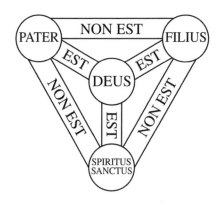

[그림1] 삼위일체 방패

4) 세 분 하나님이 아니다

보편적 신앙은 삼위일체 신앙입니다. 삼위일체 신앙은 세 분 하나님이 아니라, 한 분 하나님을 믿는 신앙입니다. 삼위일체는 '세 분 하나님들' three Gods 곧 삼신이 있는 것이 아니라는 것을 강조함으로써만 설명할 수 있습니다. 삼위일체 신학에 기초를 놓은 3명의 카파도키아의 교부들 가운데 한 사람인 니사의 그레고리는 삼신론 논의에 대해서 반박하는 작품 "On Not Three Gods"[2]을 남겼는데, 이 작품은 아브라비

---

2 삼신론 논의에 대한 그레고리우스의 반박은 필립 샤프의 *Nicene and Post-Nicene Fathers* (2) 5권에 "On Not Three Gods"라는 제목으로 번역되었습니다. Gregory of Nyssa, "On 'Not Three Gods' to Ablabius," in Phllip Schaff (ed), *Nicene and Post-Nicene Fathers Second Series, Vol. V: Gregory of Nyssa: Dogmatic Treatises; Select Writings and Letters* (Peadoby, MA: Hendrickson Publishers, 1994). https://ccel.org/ccel/schaff/npnf205/npnf205.viii.v.html, [2024. 04. 15. 접속]. (이 자리를 빌어 닛사의 그레고리 작품을 소개해 주신 고신대학교의 이충만 교수님에게 감사의 마음을 전합니다.)

우스에게 보내는 편지입니다. 삼신과 삼위일체의 차이는 동일본질인지, 유사본질인지의 차이에 있습니다. 세 위격이 동일본질이시고, 함께 영원하시고, 동일하시기에 삼위일체 하나님으로 고백합니다.

5) 예수 그리스도의 성육신

예수 그리스도께서 성육신하신 하나님이심을 믿는 것이 구원의 필수조건임을 강조합니다. 구원은 바른 신앙에서 비롯되는데, 바른 신앙은 곧 예수 그리스도께서 완전한 하나님이신 동시에 완전한 사람이심을 믿는 믿음입니다. 하나님이신 동시에 사람이시기에 인성에 관해서는 성부 아래에 계십니다. 따라서 성부와 성자와의 관계를 설명할 때, 인성으로는 성자가 성부보다 못 하다고 설명하기도 하고 신성으로는 성부와 성자가 동등하다고 설명하기도 합니다. 그리스도의 신성과 인성의 관계에 대해서 설명할 때 어느 한 쪽만을 강조하면 문제가 생기듯이, 성부와 성자와의 관계에서도 어느 한 쪽만을 강조하면 문제가 생길 수 있습니다. 예를 들어 성부와의 관계에서 인성만을 강조한 채 성자가 성부보다 못하다고 설명하면 성자가 성부에 종속되어 있는 것으로 결론나게 됩니다. 이러한 결론은 아리우스의 주장과 다르지 않습니다.

6) 하나의 위격에 두개의 본성

신성이 육신으로 변한 것이 아니라, 인성을 취하여 한 분이 되셨음을 강조하는 것은 하나의 위격에 두개의 본성을 가지신 분이심을 고백하는 것입니다. 신성이 육신으로 변했다는 것은 신성이 사라지고 인성만 남았다는 것이지만, 인성을 취하여 한 분이 되셨다는 것은 신성과 인성을 같이 간직하셨다는 의미입니다. 칼케돈 신조의 표현을 빌리면, 연합한 후에도 하나의 위격에 여전히 신성과 인성이 분리됨이나 혼동됨 없이 함께 존재하는 것입니다.

7) 그리스도의 사역

그리스도의 구원 사역은 성육신부터 재림까지입니다. 구원 사역에 관한 신앙고백은 사도 신조와 크게 차이가 없습니다. "우리의 구원을 위하여 고난 받으시고, 지옥으로 내려가시고, 사흘 만에 죽은 자 가운데서 다시 부활하셨습니다. 하늘에 오르셔서 전능하신 하나님 아버지 우편에 앉으시고 그곳에서 다시 오셔서 산자와 죽은 자를 심판하신 것"이라는 고백은 사도 신조와 구조가 같습니다. 예수 그리스도께서 다시 오실 때 모든 사람이 육신과 함께 부활하여 각자 자신의 행위를 설명해야 한다는 믿음은 영혼불멸과는 거리가 있습니다. 영혼불멸에 관한 믿음은, 믿는 사람이 죽으면 육신은 땅에 묻혀 썩어지고 영혼은 천국에 가고, 믿지 않는 사람이 죽으면 육신은 땅에 묻혀 썩어지고 영혼은 지옥에 간다는 믿음입니다. 하지만 아타나시우스 진조는 오히려 마지막 때 육신의 부활 이후에 선을 행한자는 영생에 들어가고, 악을 행한 자는 꺼지지 않는 불에 던져질 것이라고 고백합니다.

8) 저주문

보편적 신앙을 진실과 확고함으로 믿지 않는 자는 구원을 받지 못한 것이라는 저주문을 마지막으로 덧붙이고 있습니다. 이 저주문은 서두에 있는 저주문과 대구를 이루고 있습니다. 이렇게 저주문을 앞과 뒤로 위치시켜 놓음으로써 정통신앙을 지키는 것이 얼마나 중요한 일인지를 강조합니다.

4. 논쟁적인 내용들

니케아-콘스탄티노플 신조, 그리고 칼케돈 신조가 작성되기까지 정통신앙을 수호하기 위해서 애쓴 이들은 알렉산드리아의 주교였던 아타나시우스와 키릴 그리고 카파도키아의 세 교부 니사의 그레고리오스, 나지안주스의 그레고리오스, 카이사리아의 바실레이오스입니다. 이들의 노력으로 삼위일체 신앙이 확립되었고, 예수는 하나님과 동일본질이시며 완전한 하나님이신 동시에 완전한 사람이신 분이라는 신앙이 확립되었습니다. 삼위일체 신앙과 예수는 하나님이라는 신앙의 내용들이 아타나시우스 신조에 모두 포함되어 있습니다. 그런데 아타나시우스 신조에 나와 있는 내용 가운데 다음 몇 개의 문구는 3-4세기에 문제가 된 일이 있었습니다

1) 성자의 종속설

"신성에 관하여 성부와 동등하시나, 인성에 관하여는 성부 아래 계신다." 이 주장을 문자 그대로 받아들이게 되면 성부와 성자와 비교하면서 성자가 성부보다 못하고, 성자가 성부 아래 계신다는 이른바 종

속설로 받아들이게 됩니다. 종속설이란 "성부가 성자보다 뛰어나다" 또는 "성자가 성부보다 못하다"라고 여기는 것으로 삼위일체 하나님 상호간의 관계에서 "위계질서"를 염두에 둔 것입니다. 이러한 주장은 전통적으로 정통교리로부터 벗어난 주장이라고 여겨져 왔습니다. 성부와 성자가 동일본질이면서 동시에 성자가 성부께 종속되었다는 주장은 모순이라고 여겼습니다. 이러한 종속론적인 주장을 처음 제기한 사람은 알렉산드리아의 오리게네스입니다. 분명 오리게네스는 성부와 성자가 동일본질이면서 성부가 성자보다 뛰어나다고 주장하였습니다. 이러한 그의 주장은 아타나시우스 신조에 있는 주장과 크게 다르지 않아 보입니다.

그러나 문제는 아리우스가 종속론을 주장했다는데 있습니다. 아리우스는 성부와 성자는 유사본질이고 동일본질이 아니기에 성부와 성자와의 관계에 있어서 당연히 성부가 성자보다 뛰어나다는 주장을 펼칩니다. 오리게네스 및 아타나시우스의 종속설과 아리우스의 종속설의 차이는 동일본질이냐 아니면 유사본질이냐에 초점이 있습니다. 성경이 우리에게 가르쳐 주는 진리는 성부 하나님과 성자 하나님이 동일한 분이시지만, 예수 그리스도께서 자기를 낮추셨다는데 있습니다. 빌립보서 2장의 말씀입니다. "너희 안에 이 마음을 품으라. 곧 그리스도 예수의 마음이니 그는 근본 하나님의 본체시나 하나님과 동등됨을 취할 것으로 여기지 아니하시고 오히려 자기를 비워 종의 형체를 가지사 사람들과 같이 되셨고 사람의 모양으로 나타나사 자기를 낮추시고 죽기까지 복종하셨으니 곧 십자가에 죽으심이라."[3] 성경 본문이 우리에게 알려주

---

3   빌립보서 2:5-8 (개역개정).

는 진리는 예수 그리스도께서 스스로 하나님과 동등됨을 취할 것으로 여기지 않으셨다는 내용입니다. 물론 이 내용을 문자적으로는 종속설로 이해할 수도 있고, 오리게네스도 같은 이유로 종속설을 주장했습니다. 그러나, 전통적으로 종속설을 이단적인 가르침으로 여겼기에 아타나시우스 신조에서는 신성에 관하여 성부와 동등하시나, 인성에 관하여는 성부 아래 계신다고 정리하였습니다.

2) 성령의 이중발출의 문제

성령의 출처 혹은 발출에 관한 문제는 니케아-콘스탄티노플 신조에서 이미 살펴보았습니다. 성령의 이중발출과 관련하여 동방과 서방의 입장이 다르다고 하는 것을 다시 한번 강조하면서 아타나시우스 신조에서는 이 문제를 어떻게 표현했는지 살펴보겠습니다. "성자는 오직 성부에게서 나오셨으나 만들어지지도 창조되지도 않으셨고 오직 나셨다. 성령은 성부와 성자에게서 나오셨으나, 만들어지지도 창조되지도 나지도 않으시되 오직 발출하신 분이다." 성자는 성부에게서, 성령은 성부와 성자에게서 나오셨다는 주장은 서방교회의 주장입니다. 이 문제로 동방과 서방이 상호 파문하면서 나뉘어지게 되었는데, 동방교부를 대표하는 알렉산드리아의 아타나시우스라는 이름으로 작성된 신조가 성령의 발출 문제에 있어서 성부와 성자로부터 나왔다고 고백하는 것을 어떻게 이해해야 할까요?

비록 이 신조가 아타나시우스의 이름으로 작성되었기는 하지만, 동방교회가 아니라 서방교회에서 작성된 신조라고 여겨지는 이유가 바로 여기에 있습니다. 서방교회에서 정통신앙의 수호자였던 아타나시우스의 이름을 빌려서 예수 그리스도의 하나님 되심과 삼위일체 신앙에 대해서 진술하면서 필리오케 문제에서는 서방교회의 입장을 대변하고 있다는 것은 이 신조가 가지고 있는 논쟁적인 내용입니다. 성령의 출처에 대해 진술하면서 성부와 성자로부터 나왔다고 고백하는 것은 삼위일체 하나님 상호간의 관계에 있어서 성부는 성자보다 뛰어나시고, 성자는 성령보다 뛰어나시다는 위계질서 또는 계층질서적인 관점을 반영하는 것이라 이해할 수 있습니다. 그래서 서방교회는 동방교회와는 달리 교황이 모든 그리스도인들 위에 뛰어난 하나님의 대리인이고 예수 그리스도의 수제자였던 베드로의 후계자라는 주장을 펼쳐나갔던 것입니다.

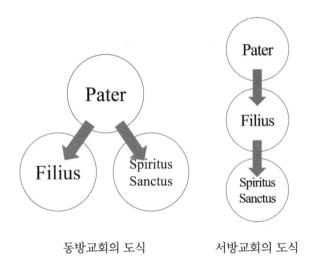

동방교회의 도식   서방교회의 도식

[그림 2] 성령의 출처에 관한 동방교회와 서방교회의 도식

5. 결론적 진술
― 아타나시우스 신조에 나타나는 서방교회의 특징

아타나시우스 신조를 언제 그리고 누가 작성했는지는 알려져 있지 않습니다. 고대교회의 정통신앙을 수호한 교부 아타나시우스의 이름을 권위로 내세운 신조입니다. 500년 이후에 처음 등장하는 것으로 보아서 500년 이전에 작성된 것으로 짐작할 뿐입니다. 내용에 있어서는 삼위일체와 예수 그리스도의 신성과 인성을 강조한 니케아 정통신앙을 담고 있으나, 성령의 발출에 관한 문제에 있어서는 서방의 입장을 따르고 있습니다. 따라서 아타나시우스 신조는 동방교회에서 작성된 신조가 아니라 서방교회에서 작성된 신조라고 여겨집니다. 아타나시우스 신조가 처음 나타난 것이 500년 이후라고 했을 때 아마도 서방교회를 대표하는 아우구스티누스의 삼위일체론을 따르고 있는 것으로 보기도 합니다.

다른 신조들과 비교할 때 나타나는 특징은 예수 그리스도의 신성과 인성의 관계를 종속론적인 입장으로 설명한다는 점입니다. 한편, 성령의 발출 문제에 있어서도 성부와 성자로부터 나오셨다고 하여 성령이 성자에게 종속된 것으로 설명한다는 점입니다. 동일본질을 강조하면서도 인성에 있어서는 성부보다 아래에 계신다고 설명합니다. 이러한 종속적인 입장은 그리스도교 전통에서는 정통신앙과는 거리가 있는 것으로 여겨지기도 했습니다. 그러나, 교황을 정점으로 하는 서방교회의 직제 상의 특징을 고려한다면, 이러한 이해는 삼위일체 하나님의 관계성을 '계층질서'적으로 설명하는 것과 연결되어 있음을 짐작해 볼 수 있습니다.

СУ́МВОЛЪ,

ре́кше и҆сповѣ́данїе, и҆́же во ст҃ы́хъ ѻ҆ц҃а̀ на́шегѡ а҆ѳана́сїа, патрїа́рха а҆леѯандрі́йскагѡ.

И҆́же хо́щетъ спасти́сѧ, пре́жде всѣ́хъ подоба́етъ є҆мꙋ̀ держа́ти каѳолі́ческꙋю вѣ́рꙋ, є҆́же а҆́ще кто̀ цѣ́лы и҆ непоро́чны не соблюде́тъ, кромѣ̀ всѧ́кагѡ недо-Ꙋмѣ́нїѧ, во вѣ́ки поги́бнетъ. Вѣ́ра же каѳолі́ческаѧ сїѧ̀ є҆́сть: да є҆ди́нагѡ бг҃а въ трц҃ѣ, и҆ трц҃ꙋ во є҆ди́ницѣ почита́емъ, ниже́ слива́юще ѵ҆поста́си, ниже́ сꙋщество̀ раздѣ-лѧ́юще. И҆на̀ бо є҆́сть ѵ҆поста́сь ѻ҆ч҃а, и҆на̀ сн҃овнѧ, и҆на̀ ст҃а́гѡ дх҃а: но ѻ҆ч҃и, и҆ сн҃овнѣ, и҆ ст҃а́гѡ дх҃а, є҆ди́но є҆́сть бж҃тво̀, ра́вна сла́ва, соприсносꙋ́щно вели́чество. Ꙗ҆ко́въ ѻ҆ц҃ъ, тако́въ сн҃ъ, тако́въ и҆ ст҃ы́й дх҃ъ. Несозда́нъ ѻ҆ц҃ъ, несозда́нъ сн҃ъ, несозда́нъ и҆ ст҃ы́й дх҃ъ. Непостижи́мь ѻ҆ц҃ъ, непостижи́мь сн҃ъ, непостижи́мь и҆ дх҃ъ ст҃ы́й. Вѣ́чнъ ѻ҆ц҃ъ, вѣ́чнъ сн҃ъ, вѣ́чнъ и҆ ст҃ы́й дх҃ъ: ѻ҆ба́че не трѝ вѣ́чни, но є҆ди́нъ вѣ́чный: та́коже нижѐ трѝ несозда́ннїи, нижѐ трѝ непо-стижи́мїи, но є҆ди́нъ несозда́нный, и҆ є҆ди́нъ непостижи́-мый. Подо́бнѣ: вседержи́тель ѻ҆ц҃ъ, вседержи́тель сн҃ъ, все-держи́тель и҆ дх҃ъ ст҃ы́й: ѻ҆ба́че не трѝ вседержи́тели, но є҆ди́нъ вседержи́тель. Та́кѡ: бг҃ъ ѻ҆ц҃ъ, бг҃ъ сн҃ъ, бг҃ъ и҆ дх҃ъ ст҃ы́й: ѻ҆ба́че не трѝ бз҃и, но є҆ди́нъ бг҃ъ. Та́кѡ: гд҃ь ѻ҆ц҃ъ,

2부

*

삼위일체 논쟁과
고대교회의 에큐메니칼 공의회

제1장

삼위일체 신학

1. 서론적 질문

— 이단과 정통의 개념, 정통과 이단의 기준은 시대에 따라 달라진다고 할 수 있을까요?

이단과 정통의 개념, 정통과 이단의 기준은 시대에 따라 달라진다고 할 수 있을까요? 정답부터 솔직하게 말하면, "그럴 수 있다"입니다. 사실, 이러한 질문과 대답이 불편하게 느껴질 수 있습니다. 왜냐하면 이단과 정통의 문제는 진리에 관한 문제이고, 진리란 시대에 따라 변하는 것은 아니라는 것이 일반적인 생각이기 때문입니다. 더구나 이단과 정통의 문제는 과거의 문제일 뿐만 아니라, 오늘의 문제이기도 하고 또 답이 명확하게 보이지 않을 때도 있습니다. 또한, 과거의 문제라면 이해하고 외우면 그만인데, 오늘날 여전히 진행되고 있는 실제적인 문제라면 단순 암기와 이해만으로는 문제를 해결하기가 쉽지 않습니다. 유대교의 입장에서 보면, 그리스도교 역시도 처음에는 유대교의 한 분파로 여겨지다가, 중간에는 이단으로도 여겨졌으며, 나중에는 타종교로 분리되기도 했습니다. 같은 종교의 다른 분파인지, 아니면 이단인지, 이단의 탈을 쓴 사이비인지, 아니면 타종교인지… 과연 이 네 가지 영역 가운데 하나를 규정하는 기준은 무엇인지, 그 방법은 무엇인지 설명하는 것도 쉽지 않아 보입니다.

또한 시간과 장소에 따라 그리고 관찰하고 바라보는 관점에 따라 달라질 수도 있습니다. 예를 들어, 어떤 이들은 가톨릭을 이단이라고 하고 어떤 이들은 아니라고 합니다. 입장을 바꾸어서 말해보면, 과거에 가톨릭은 루터를 이단이라고 했습니다만, 그러나 지금은 그렇지 않습니다. 2000년도에 가톨릭 교회는 대희년을 선포하면서 루터교를 갈라져나간 형제들이라고 표현했습니다. 물론 개신교인들에게 영성체를 제공하지 않고, 개신교의 세례를 인정하지 않는 것을 보면 배다른 형제 취급한다는 생각을 지울 수 없습니다.

한편, 이단과 사이비를 구분하는 것은 정통과 이단을 구분하는 것 만큼이나 명확하지 않아 보입니다. 과거에 통일교를 이단이라고 했다가 지금은 타종교로 취급하기도 합니다. 현재진행형인 신천지를 어떤 사람은 이단이라고 하기도 하고 또 다른 이들은 신흥종교로 구분하기도 합니다. 그러나 분명한 기준을 제시한다면 그 종교집단이 어떤 경전을 사용하느냐를 통해서 이단인지, 타종교인지를 구분할 수 있습니다. 삼위일체이신 하나님을 예배의 대상으로 여기지 않고 다른 하나님을 예배하거나, 우리가 사용하고 있는 66권 하나님의 말씀을 하나님의 말씀이라고 인정하지 않으면서 자신들의 경전으로 사용한다면 이는 분명한 이단입니다. 과연 정통과 이단의 기준이 되는 가장 중요한 교리가 무엇인지는 지금까지 살펴본 4개의 신조를 통해서 확인해 보았습니다. 이번 장에서는 정통신앙과 이단적인 가르침의 차이를 하나하나 확인해 보겠습니다.

2. 삼위일체 논쟁과 관련된 두 개의 쟁점

삼위일체 논쟁은 앞서 살펴본 것처럼 325년 니케아 공의회와 381년 콘스탄티노플 공의회를 거치면서 발전되고 확립되었습니다. 325년 니케아 공의회의 쟁점은 '그리스도의 두 본성'에 관한 문제로 요약할 수 있고, 381년 콘스탄티노플 공의회의 쟁점은 '성령의 인격성' 문제로 요약할 수 있습니다. "그리스도는 누구신가?" 이 질문은 시대를 초월하여 그리스도인들에게 가장 중요한 질문입니다. 왜냐하면, 이 질문에 대한 대답에 구원이 달려있기 때문입니다. 이에 대하여 요한복음 17장은 우리들에게 다음과 같은 예수 그리스도의 목소리를 전해주고 있습니다. "예수께서 이 말씀을 하시고 눈을 들어 하늘을 우러러 이르시되 아버지여 때가 이르렀사오니 아들을 영화롭게 하사 아들로 아버지를 영화롭게 하게 하옵소서. 아버지께서 아들에게 주신 모든 사람에게 영생을 주게 하시려고 만민을 다스리는 권세를 아들에게 주셨음이로소이다. 영생은 곧 유일하신 참 하나님과 그가 보내신 자 예수 그리스도를 아는 것이니이다"[1] "그리스도는 누구신가?"라는 질문은 예수 그리스도께서 제자들에게 하신 질문인 동시에 여전히 복음서와 서신서를 통해서 우리에게 하시는 질문입니다. 이는 곧, 그리스도인으로서 정체성을 확인하는 질문이기도 합니다.

구원을 개인의 영혼 구원에 관한 문제라고 생각하면, 그 질문 역시 지극히 개인적인 질문이라고 생각할 수 있습니다. 신앙은 개인적인 차원의 믿음의 고백이라고 생각하고, 구원 역시 개인적인 차원의 신앙

---

1 요한복음 17:1-3 (개역개정).

고백을 통해서 이루어진다고 생각하기 때문입니다. 그러나 이 질문은 어느 특정 한 제자를 지목하여 물으신 개인적인 질문이 아니라, 예수께서 자신이 그리스도이심을 공개적으로 드러내시기 위해서 제자들에게 하셨던 질문입니다: "예수께서 그들에게 물으셨다. '그러면 너희는 나를 누구라고 하느냐?'"[2]예수께서 이 질문을 제자 공동체에게 하셨다는 사실을 강조하는 것은 신앙이 개인적인 차원이 아니라 공동체적 차원이라는 것을 강조하기 위해서도 필요하고, 이 질문에 대한 대답 역시 공동체가 함께 해야 한다는 것을 강조하기 위해서도 필요합니다. 따라서 이 질문을 좀 더 정확하게 표현하면 다음과 같이 표현할 수 있습니다: "그러면, 오늘날 우리에게 그리스도는 누구신가?" 신앙은 혼자 믿는 것도, 제멋대로 믿는 것도 아닙니다. 보편적 신앙의 의미는 바로 교회 공동체가 예수 그리스도께서 사도들에게 가르쳐 주신 복음과, 사도들로부터 복음을 받아들인 교부들의 전통에 근거한 정통 신앙이라는 의미입니다. 요약하면, 복음과 전통에 근거한 보편적 신앙이 바로 정통 신앙입니다.

성령의 인격성 문제는 다음과 같은 질문으로 바꾸어볼 수 있습니다. "세 위격을 말하면서 삼신이 아니라 삼위일체라고 말하는 것은 무엇 때문일까요?" 앞에서 살펴본 대로 성부는 성자가 아니고, 성자는 성령이 아니며, 성령은 성부가 아닙니다. 이렇게 개별적이고 독립적인 세 신이 있는 것 같은데, 세 분 하나님이 계신다고 복수로 말하면 안된다고 말하는 것은 어떤 이유일까요? 성부 성자 성령이 각각의 위격으로 존재하시지만, 본질이 같은 하나님이시기 때문입니다. '동일본질'은 삼

---

2   마태복음 16:15 (새번역).

위일체를 이해하는 가장 핵심적인 용어입니다. 성부와 성자와 동일한 본질을 가지신 성령 하나님의 인격성 문제를 명확하게 하지 않으면, 역사적으로 이단들이 보여 온 행태대로 성령의 능력이 자신 안에 있다며, 예수 그리스도처럼 성령이 자신에게 임했다고 주장하면서 자신들이 하나님의 자리를 차지하기도 합니다. 이러한 문제들을 생각한다면 성령 하나님의 인격성을 분명히 하는 것이 중요한 문제임을 알 수 있습니다.

∃. 교부들의 삼위일체론

교부들의 삼위일체론을 다루기 전에 교부에 대한 설명이 필요해 보입니다. '교부'의 문자적인 의미는 교회의 아버지로서 이단들의 가르침에 대항하여 정통 신앙을 지켜낸 교회의 지도자들과 저술가들을 집합적으로 부르는 용어입니다. 교부들은 고대교회의 목회자들이며 신학자 및 저술가였던 인물들입니다. 중세교회에도 목회자이면서 신학자였던 인물들이 없지는 않지만, 대체로 교부들은 고대교회로 한정시키는 경향이 있습니다. 교부들의 삼위일체론이 중요한 이유는 현대에 들어와서 계속적으로 삼위일체 신앙이 도전받고 있는 상황에 사도들의 직접적인 가르침을 받았던 초대교회 지도자들과 저술가들이 삼위일체에 대해서 어떤 가르침을 전했는지 확인하는 것이 복음과 전통에 가장 가깝기 때문이라 할 수 있습니다.

교부들 가운데 사도들의 직접적인 가르침을 받은 교회의 지도자들, 곧 사도들의 제자들 그리고 그들과 동시대에 활동했던 '인물들과 그들이 남긴 작품'에 대하여 '사도적 교부들' 또는 사도들의 뒤를 잇는다는 의미로 '속사도 교부들'이라고 표현합니다. 이 속사도 교부들 가운데, 삼위일체에 대해서 언급했던 중요한 두 사람은 『헤르마스의 목자』 Shepherd of Hermas 의 저자와, 안디옥의 이그나티우스 Ignatius of Antioch 입니다. 『헤르마스의 목자』는 사람 이름이 아니고 작품의 이름인데, 누가 기록했는지는 전해지지 않아서 작품 이름으로만 속사도 교부들의 작품이라고 말합니다.

1) 『헤르마스의 목자』[3]

『헤르마스의 목자』는 저자가 알려지지 않아서 작품 이름으로만 전해지고 있는 속사도 교부 문헌입니다. 이 문서는 그리스도교의 정경이 확정될 때 그 목록에 포함되지는 못했으나 2-3세기의 여러 그리스도교 문헌에서 중요한 문서로 다루어져 왔습니다. 예를 들어, 리용의 이레니우스 Irenaeus of Lyon, 알렉산드리아의 클레멘트 Clement of Alexandria, 오리게네스는 『헤르마스의 목자』를 인용할 때 단순히 자신의 주장을 뒷받침하기 위한 참고도서 목록 가운데 하나로 생각한 것이 아니라 영감을 받은 권위 있는 문서로 여겼습니다. 『헤르마스의 목자』는 요한계시록과 비슷하게 천사가 헤르마스에게 보여준 환상들과 그 환상들에 대한 설명을 기록하고 있습니다. 또한 윤리적인 내용을 많이 담고 있어서 3-4세기의 그리스도인들의 신앙의 모습과 삶의 태도에 대해 알 수 있습니다.

『헤르마스의 목자』가 중요한 문서로 여겨져 왔음에도 불구하고,

---

[3]   작자 미상, *The Shepherd of Hermas*, 하성수 역, 『헤르마스 목자』(왜관: 분도출판사, 2002).

142   신앙, 무엇을 믿는가?
       교리와 논쟁, 신조의 역사 (고대와 중세편)   2부 삼위일체 논쟁과 고대교회의 에큐메니칼 공의회 _____

정경목록에서 제외된 것은 아리우스 논쟁이 진행되는 시기와 맞물린 기독론 논쟁의 여파로 추측됩니다. 아타나시우스도 처음에는 『헤르마스의 목자』를 영감을 받은 문서로 인정했으나, 나중에 아리우스와의 논쟁을 겪으면서 태도를 바꾸었습니다. 아마도 기독론과 관련된 부분에서 오해의 여지가 있기 때문인 것으로 추측됩니다. 사도들과 속사도 교부들은 영지주의에 기반을 둔 가현설이나 이원론 모두를 거짓 교사들의 가르침으로 배격하였으나, 삼위일체 하나님의 내적인 상호관계나 예수 그리스도 안에서 신성과 인성의 관계에 대해서는 중요한 문제로 다루지 않았습니다. 박해의 상황에서 교리 논쟁보다 더 중요한 문제들이 산적해 있었기 때문일 수도 있겠으나, 그 때까지는 예수 그리스도가 하나님이라고 믿으면 그만이지, 신성과 인성과의 관계와 같은 신학적 문제가 교회에 별 영향을 주지 않았기 때문이었던 것으로 보입니다. 그러나, 시간이 지나고 아리우스주의자들이 교회를 크게 분열시키면서 문제가 되었습니다. 어떤 문제가 생기면 법을 구체적으로 바꾸는 것과 마찬가지로, 교리적으로 문제가 생기면 이단적인 교리들을 정죄하고 정통 교리를 구체적으로 명시하는 것으로 이해할 수 있습니다.

『헤르마스의 목자』는 로마의 클레멘트 Clement of Rome 와 마찬가지로 예수 그리스도가 모든 피조물 이전에 존재했으며 성부 하나님께서 무로부터 세상을 말씀으로 창조하실 때 그 창조사역에 함께 하신 말씀 곧 로고스가 성자 하나님이라고 설명합니다. 그런데, 『헤르마스의 목자』에 의하면 하나님의 아들은 하나님의 영과 동일시되고, 세 위격의 구분은 성육신 이후부터인 듯 설명을 합니다. 헤르마스는 육신으로 오신 성자 하나님은 성령이 성육신하였다는 관점을 취하고 있습니다. 이러한 관점은 현대 신학자들이 인간 예수에게 성령이 임하여 하나님의 아들로 인정받았다는, 이른바 성령 기독론과는 다른 입장입니다.

2) 안디옥의 이그나티우스

안디옥의 이그나티우스는 2세기 초 안디옥의 주교로 100년 또는 115년쯤 로마로 압송되어 그곳에서 순교한 것으로 알려졌습니다. 그가 로마로 이동하는 도중에 소아시아 다섯 교회에 보내는 일곱 통의 편지를 기록하였습니다 에베소, 마그네시아, 트랄리아, 로마, 서머나, 빌라델비아, 서머나의 주교 폴리캅. 그 편지들은 그리스도교 신학에 관한 많은 내용들을 담고 있습니다. 그 가운데 성만찬과 삼위일체에 관한 내용을 대표적인 예로 들 수 있습니다. 이그나티우스가 성만찬에 대해서 강조하였던 이유는 그리스도의 육체 및 육신으로 사신 삶을 부인하면서 성만찬을 받지 않는 가현설주의자들의 거짓 가르침으로 인한 교회의 분열을 걱정하였기 때문입니다. 이그나티우스에 의하면 주님의 식탁에서 먹고 마시는 떡과 포도주는 구원을 얻게 하는 "불멸의 약"입니다.

한편, 유대주의에 기반을 두고 예수를 그리스도로 인정하지 않고 단순히 랍비로만 인정하는 에비온파에 대항하여 신성과 인성 모두를 각각 강조하였습니다. 그는 초대 교회에서 누구보다도 구원과 선교에 있어서 성육신에 대해 강조한 인물이었습니다. 하나님이 인간이 되신 이유가 우리의 구원을 위해서라며 하나님으로서의 그리스도를 설명하는 동시에 마리아로부터의 출생을 강조하면서 그리스도의 진정한 인성을 확립하였습니다. 하나님과 인간으로서의 그리스도의 단일성을 강조하면서 성육신에 대해 강조하였습니다. 안디옥의 이그나티우스의 성육신에 대한 강조는 우리의 구원이 십자가 사건에 한정된 것이 아님을 알려줍니다.

4. 변증가들의 삼위일체론

변증가들이란 130년에서 311년 사이에 저술활동을 하였거나 순교한 그리스도교 지도자들을 말합니다. 그들은 그리스도교 신앙과 실천에 대한 뜬소문과 오해를 제거하려고 노력하였고 그리스도교 신앙과 교리를 무식한 사람들의 것으로 보는 이교 지성인들의 비판에 대응하였습니다. 초대교회의 그리스도인들은 그들의 삶의 방식과 태도 뿐만 아니라 그리스도교 예식에 대한 오해와 뜬소문들로 인해서 혐오의 대상이 되기도 했습니다. 예를 들어 그리스도의 몸과 피에 참여한다는 표현으로 인해서 식인 풍습이 있다고 오해받았으며, 부부끼리도 형제와 자매로 호칭하는 것 때문에 근친상간으로 오해받기도 했습니다. 이러한 오해과 거짓된 소문들을 걸러내고 그리스도교의 진리를 강력하게 표현했던 사람들을 변증가라고 합니다. 그들이 저술활동을 할 때 사용한 언어에 따라서 그리스어를 사용한 희랍 변증가들과 라틴어를 사용한 라틴 변증가로 구분을 합니다. 대표적인 희랍 변증가는 순교자 유스티누스 Justinus Martyr 와 오리게네스가 있으며, 테르툴리아누스는 대표적인 라틴 변증가 입니다. 변증가들 가운데 희랍 변증가인 오리게네스와 라틴 변증가인 테르툴리아누스의 삼위일체론에 대해서 살펴보겠습니다.

1) 오리게네스의 삼위일체론

오리게네스는 184년경 알렉산드리아의 그리스도교 가정에서 출생하였는데, 아버지 레오니다스는 세베루스 박해 때 순교하였습니다. 감옥에 갇혀 있던 아버지에게 마음이 약해져서 굴복하지 말라는 내용의 편지를 보냈을 뿐만 아니라, 아버지를 따라서 순교할 각오를 보였을 만큼 그의 신앙심은 대단하였습니다. 그는 알렉산드리아의 학문적 분위기 안에서 헬라 철학을 공부하여 스토아주의와 플라톤주의 및 아리스토텔레스주의를 자유자재로 사용하였고, 후에 제자들에게도 철학 연구를 의무화하였습니다. 그는 알렉산드리아에 있었던 세례문답 학교의 교장으로서 역할을 수행하면서 그리스도인 제자들을 길러내었습니다. 그 세례문답 학교의 교육과정은 3년으로 알려져 있습니다.

그는 그리스 철학과 성경의 지혜를 융합하여 하나의 사상체계로 종합하였기에, 최초의 조직신학자이며, 최초의 성서신학자이며, 최초의 영성신학자라는 평가를 받고 있습니다. 실제로 그는 오늘날까지도 아우구스티누스에 필적할 만한 학자로 인정받고 있습니다. 오리게네스의 신학 사상의 중심은 삼위일체 사상이라 할 수 있습니다. 그의 삼위일체론은 양태론, 단일신론 등에 강력하게 반대하며 그리스도는 선재적 로고스이며 중보자이시고, 또 창조된 것이 아니라 나오셨다고 설명했습니다. 어떤 의미에서 성부와 성자는 동일본질이시지만, 성자는 육신을 입으셨기에 성자가 성부에게 종속되었다고 생각했습니다. 이는 아타나시우스 신조에 나타난 내용과 다르지 않아 보입니다.

그에게 있어서 '성령'은 개별적 존재가 없는 하나님의 행위나 능력이 아니고, 인격적으로 존재하는 실체였습니다. 그는 아버지와 아들을 하나로 보는 군주신론과 하나님의 영원한 삼위성을 조금이라도 희석시키려는 모든 이론을 강력히 반대했습니다. 그는 아버지와 아들과 성령이 영원한 세 '본체' 혹은 존재라고 주장했습니다. 이러한 하나님의 삼중성, '삼위일체'는 나중에 추가된 것이 아니라 영원한 하나님의 본성입니다. 한편, 두 번째 위격을 '아들'이라 부르기 때문에 성자 하나님이 특정한 때에 '태어났거나', '산출되었거나', '생성되었다'는 느낌을 주지만, 이와 반대로 아들이 아버지에 의해 '영원히' 생성되거나 태어난다고 오리게네스는 주장했습니다. 그럼에도 불구하고 성자가 성부에게 종속되는 것과 같은 관계로 설명한 것은 아타나시우스 신조와 마찬가지로 신성과 인성을 나누어 설명하는 과정에서 비롯된 것으로 보입니다.

2) 테르툴리아누스의 삼위일체론

테르툴리아누스^{또는 터툴리안}은 카르타고에서 활동했던 인물로, 서방 신학의 창시자로 알려져 있습니다. 그는 "예루살렘과 아테네가 무슨 상관이 있는가?"라는 유명한 말을 통해서 그리스 철학과 그리스도교와의 단절을 주장하였고, 이교 철학이 이단들의 원천이라고 지적하였습니다. 그는 『프락세아스 논박』이라는 저서에서 삼위일체에 대해 설명하였는데, 이는 서방에서 처음으로 삼위일체에 대한 개념을 정립한 것으로 평가받고 있습니다.

삼위일체 교리에 관한 테르툴리아누스의 중요한 공헌은 양태론으로 불리는 주장에 맞서 삼위일체론을 확립한 것입니다. 양태론이란 유대적 유일신 사상에 기반을 둔 것으로 하나님은 한 분이라는 것을 강조하면서 하나님의 역할에 따라서 아버지, 아들, 성령이라는 세 가지 모습으로 자신을 나타내실 수 있다는 주장입니다. 마치 교회에서는 협동목사, 학교에서는 교수, 집에서는 가장과 같이 한 사람이 세 가지 역할을 하는 것으로 설명하는 것이 양태론입니다.

테르툴리아누스에 의하면, 그리스도인들이 믿는 하나님은 '하나의 본질과 세 위격'으로 존재하십니다. 그가 삼위일체를 설명할 때 사용한 위격이라는 용어가 라틴어로 "persona"인데 이 페르소나라는 단어에는 '가면'이라는 뜻도 포함되어 있다는 것에 유의할 필요가 있습니다. 서방에서 양태론이 널리 퍼진 이유가 테르툴리아누스의 삼위일체론을 받아들이는 사람들이 세 위격으로 존재한다는 것을 세 가면을 가지고 있다고 오해한 것이라는 주장도 있기 때문입니다. 그러나 그가 위격이

안드레이 루블로프, 15세기
동방교회

작자미상, 18세기
서방교회

[그림 3] 동방의 삼위일체론과 서방의 삼위일체론을 표현한 그림들

라는 말로 의도하고자 했던 의미는 '행동의 독자성'입니다.

5. 결론적 진술
— 삼위일체 교리의 중요성

삼위일체 교리는 그리스도교 역사에서 가장 중요한 교리로 자리 잡아 왔습니다. 그 이유는 삼위일체론의 핵심인 두 가지 내용, 곧 예수 그리스도의 신성과 인성의 문제 및 성령의 인격성 문제는 그리스도교 역사에서 자주 반복되어온 이단적 가르침과 연결되어 있기 때문입니다. 삼위일체 교리는 어느날 갑자기 교회 회의에서 투표로 결정한 내용이 아닙니다. 삼위일체 교리는 사도들의 제자들로부터 초대 그리스도교 저술가들과 초대 교회 지도자들이 계속해서 강력하게 옹호했던 그리스도교 신앙의 핵심내용입니다.

삼위일체 교리에 이의를 제기하는 주장들은 초대 교회 때부터 지금까지 이 천년 동안 끊임없이 제기되어 왔습니다. 한편으로는 유대주의에 기반을 둔 유일신 사상 때문에 성부 하나님 이외에는 심지어 성자조차도 하나님으로 인정하지 않는 것이고, 다른 한편으로는 영지주의적 이원론에 기반을 두고 그리스도께서 육체로 오신 것을 인정하지 않는 것입니다. 이러한 사상적 이유들 외에도 다른 이유를 찾아볼 수 있습니다. 그것은 바로 예수 그리스도가 하나님과 동일본질이신 분임을 부정하면서 성령의 능력에 의해서 성자로 인정받았다고 주장함으로써 어느 인간이라도 성령의 능력 안에서 그리스도로 인정받았다고 주장할 수 있는 틈을 얻기 위해서 입니다. 그러나 마리아의 아들로 인간이 되신 성자 하나님 예수 그리스도는 신성으로는 하나님과 동일본질이시며, 육신으로는 우리와 동일본질이시나 죄는 없으신 분이십니다. 예수 그리스도께서 완전한 하나님이신 동시에 완전한 분이심을 믿는 것과 성령의 인격성을 믿는 것, 이것이 삼위일체 교리의 핵심내용입니다.

제 2 장

니케아 공의회

1. 서론적 진술
─ 공의회의 배경 및 정치적 상황

초대교회의 배경이 된 로마 제국은 주전 27년 옥타비아누스가 공화정을 폐지하면서 시작되었습니다. 물론, 도시 로마를 중심으로 하는 이탈리아의 역사는 훨씬 더 거슬러 올라갑니다. 이탈리아의 역사를 공부하는 것이 아니기에, 그리스도교의 배경이 된 "로마제국" 역사에 대해서, 니케아 공의회의 배경이 된 정치적 상황을 중심으로 잠시 언급하려고 합니다.

율리우스 카이사르의 유언에 따라 그의 양자가 된 옥타비아누스는 안토니우스와 클레오파트라를 상대로 한 악티움 해전에서 승리하였고, 후에는 이집트의 프톨레마이오스 왕조를 정복하였습니다. 이후 로마의 원로원은 옥타비아누스에게 아우구스투스^{존엄자}와 제1시민이라는 칭호를 수여하였으나 그는 사실상 황제로 즉위하여 원로원 위에 군림하였습니다. 아우구스투스 이후 약 200년 동안 로마 제국은 평화의 시기를 보냈는데, 이 시기를 로마의 평화라는 뜻의 라틴어 팍스 로마나^{Pax Romana}라고 합니다. 이 시기 동안 로마 제국은 오늘날 유럽 전역, 곧 지중해 세계를 정복하면서 하나의 유럽을 만들었습니다. 그러나, 콤모두스 황제 시기부터 제국은 불안정해졌고, 3세기에 들어서면서 유력한 군인들이 스스로 황제라고 칭하였을 뿐만 아니라 속주였던 지역들이 로마에 반기를 들면서 혼란해지기 시작했습니다.

주후 235년부터 284년까지 약 50년 동안 20여 명이 넘는 로마의 장군들이 스스로를 황제라고 자처하였습니다. 뿐만 아니라, 258년부터 260년 동안에는 하나였던 로마 제국이, 로마 제국과 갈리아 제국 그리고 팔미라 제국 등 세 영역으로 나뉘기도 했습니다. 후에 광대한 제국을 효과적으로 통치하기 위해서 디오클레티아누스 황제는 제국을 서부와 동부로 나누어 두 명의 정제^{아우구스투스}가 맡고, 그 밑에 부제^{카이사르}를 두었습니다. 이렇게 네 명이 담당 지역을 나누어 통치하였던 시기를 사두정치라고 표현합니다. 사두정치를 이끌었던 디오클레티아누스 황제는 303년과 304년에 칙령을 발표하여 그리스도인들을 박해하였습니다. 극심한 박해를 겪으면서 교회에는 순교자뿐만 아니라 배교자도 많이 나왔습니다. 이러한 박해는 2차 4두 정치를 이끌었던 서방의 콘스탄티누스 황제와 동방의 리키니우스 황제가 공동명의로 선포한 313년의 밀라노 칙령으로 끝나게 됩니다.

밀라노 칙령은 "이제부터 모든 로마인은 원하는 방식으로 종교 생활을 할 수 있다. 로마인이 믿는 종교는 무엇이든 존중을 받는다"고 하여 그리스도교에 대한 박해를 중단하고 종교의 자유를 인정하였습니다. 이후에 리키니우스를 굴복시키고 제국의 유일한 황제가 되었던 콘스탄티누스 황제는 하나의 제국, 하나의 법, 하나의 시민, 하나의 종교를 통치 이념으로 삼고 그리스도교를 후원하였습니다. 그런데, 정작 교회는 성자 하나님의 본성에 대한 이해라는 신학적인 문제로 인하여 아리우스파와 정통파로 나뉘어 분열된 상태였습니다. 로마 제국의 하나 됨을 위하여 교회의 분열을 해결하는 것이 필요하였기에 콘스탄티누스 황제는 공권력을 사용하여 니케아에서 주교들을 소집하여 교회회의를 진행하였습니다. 이 교회회의가 바로 제1차 에큐메니칼공의회로 알려진 325년의 니케아 공의회 입니다.

2. 아리우스 논쟁의 쟁점

325년 니케아 공의회에서 주요하게 다룬 신학적 내용을 교회사에서는 "아리우스 논쟁"이라고 합니다. 이 논쟁의 핵심적인 쟁점은 성부 하나님과 성자 하나님과의 관계입니다. 여기서 "관계"란, 단순히 관계가 좋으냐 나쁘냐와 같은 소통의 문제가 아니라, 친아들이냐 아니냐와 같은 출생의 문제로 논쟁이 벌어진 것을 말합니다. 예수 그리스도가 하나님의 아들로서 신성을 가지신 성자 하나님이냐, 아니면 단순히 하나님의 특별하신 섭리로 인하여 아들로 인정을 받은 양아들이냐의 문제로 교회가 둘로 갈라졌습니다. 실제적인 비유적으로 설명을 하자면, 아리우스 논쟁은 '친자확인 소송'이 벌어진 것과도 같습니다.

오늘날에는 친자확인 소송이 벌어지면 유전자 검사를 해서 부모의 유전자형과 자녀의 유전자형이 서로 일치하는지 여부를 조사하고 통계학적인 분석을 통해서 친자일 가능성을 판단합니다. 검사결과의 판정은 성별을 결정하는 성염색체를 제외한 상염색체의 일치 정도를 가지고 하는데, 상염색체 15개의 유전자형이 모두 일치하는 경우는 "일치"한다고 판정을 하고, 15개중 1-2개가 불일치하는 경우는 판정불능으로, 3개 이상이 불일치하는 경우에는 불일치로 판정을 합니다. 최근 연구 결과에 의하면, 일란성 쌍둥이도 유전자가 100% 동일하지는 않다고 합니다. 사실, 아버지와 아들도 엄밀히 따지면 유전자가 같지는 않습니다. 어머니에게서 50% 아버지에게서 50%를 받기 때문입니다. 그러나, 친자 확인 소송이라고 하면, 실제 아버지가 누구인가를 따지는 문제이기에 아버지에게서 물려받은 유전자 DNA를 확인하게 됩니다. 아버지와 아들의 '유전자 DNA가 같다'[1]고 하는 것을 신학적인 용어로 표현하면 "본질이 같다", 또는 "동일본질이다"라고 표현합니다. 성자 하나님이 성부 하나님과 동일본질이다 또는 본질이 같다는 설명은 참으로 예수 그리스도가 하나님의 아들로서, 하나님이시라는 믿음을 표현하는 하나의 방법입니다.

유전자 검사 방법 이외에 친자임을 확인할 수 있는 방법은 생모의 증언입니다. 복음서에 기록된 증언은, 예수님의 어머니 마리아가 성령으로 잉태하였다는 내용입니다. 그러나 사람들은 예수님 당시부터 지금까지 계속해서 마리아의 증언에 따라 예수 그리스도의 하나님 되심을 쉽게 받아들이지 않습니다. 성령으로 잉태하여 태어난 갓난아이가 성인이 되어서 인류의 죄를 대속하기 위해 십자가에 달려 죽임을 당하시고 부활하신 성자 하나님이라는 복음의 내용을 믿을 수 없다고 하는 사람들이 많습니다.

아리우스 논쟁을 이해하려고 할 때, 당시 아리우스가 예수 그리스도를 어떤 분으로 믿었는가는 중요한 문제입니다. 예수를 그리스도로 믿지 않고 그리스도인이 될 수는 없기 때문입니다. 그런데, 아리우스는 예수 그리스도를 하나님에게 종속된 하나님의 종으로 보았습니다. 그는 스스로 자신이 오리게네스의 종속설을 충실하게 따른다고 주장했

---

1 DNA가 정확하게 일치하는 유일한 예는 단세포동물의 자기복제, 곧 무성생식입니다. 하나였던 존재가 DNA가 정확하게 일치하는 두 존재가 되는 무성생식은 'begotten not made'로 설명되는 유출설에 기반한 동일본질을 설명하는 모델로 사용될 수 있습니다.

지만, 실제로는 그렇지 않습니다. 오리게네스가 주장한 종속설과 아리우스가 주장한 종속설은 분명한 차이가 있는데, 그것은 바로 동일본질이냐 아니면 유사본질이냐 하는 차이입니다. 오리게네스는 종속설을 주장하면서도 성부와 성자의 동일본질을 강조했습니다. 그러나, 아리우스는 종속설을 주장하면서 성부와 성자가 동일본질이 아닌 유사본질이라고 주장했습니다. 그는 하나님의 유일성과 초월성을 강조하였기에 논리적인 귀결로서 아들의 피조성을 주장하였습니다. 하나님의 유일성을 확립하고자 하면, 아들의 하나님 되심과 논리적으로 충돌하게 됩니다. 그런데, 그가 하나님의 유일성을 강조한 배경에는 유대주의뿐만 아니라 신플라톤주의가 있습니다. 신플라톤주의가 말하는 철학적인 절대자 개념은 신성의 절대적 단일성만이 최고의 완전성을 의미하였기 때문입니다.

성부와 성자와의 관계를 설명하면서, 아리우스는 성자가 성부로부터 창조된 피조물이라고 주장했습니다. 성자는 하나님의 지혜와 말씀으로 만들어진 피조물이기 때문에 하나님의 지혜나 하나님의 말씀과 동일하지 않다고 주장하면서, 그리스도가 아니 계셨던 때가 있다고도 했습니다. 그리스도가 성육신하신 분이심을 믿기는 하였으나, 성육신하시기 전에는 그리스도가 아니 계셨던 때가 있다는 말은 그리스도가 영원한 분이 아니라는 말로서 영원하신 분은 오직 성부 하나님 한 분 뿐이라는 주장과 연결됩니다. 결국 아리우스의 주장은 하나님의 유일성과 초월성을 확립하고자 하는 목적으로 방향이 설정된 결과, 예수 그리스도의 피조성을 강조하게 된 것이라고 요약할 수 있습니다.

3. 논쟁의 진행과정

이러한 논쟁의 시작은 알렉산드리아 교회 내부의 논쟁이었습니다. 318년 성자 예수 그리스도에 대한 이해를 두고 주교인 알렉산더와 장로인 아리우스가 논쟁을 하였는데, 로고스가 아버지와 더불어 영원하다는 알렉산더의 주장을 아리우스가 공개적으로 공격한 것이 싸움의 시작이었습니다. 아리우스는 알렉산드리아에서 태어나고 활동하였지만, 안디옥에서 공부한 안디옥 학파에 속한 사람이었습니다. 아리우스는 예수 그리스도의 인성을 강조하는 안디옥 학파의 입장에서 알렉산더를 공격하면서 그리스도교의 유일신론을 부인한다고 주장하였습니다. 알렉산드리아의 주교 알렉산더와 장로 아리우스 사이의 논쟁과 감정 대립은 319년에 아리우스가 알렉산드리아 교회로부터 출교당한 것으로 일단락되는 듯 하였습니다.

그러나 아리우스는 물러서지 않고 안디옥에서 함께 공부하였던 주교들에게 호소함으로써 이 문제는 알렉산드리아에서 시작되어 이집트의 경계를 넘어 제국 전체로 확대되었습니다. 니코메디아의 유세비우스는 아리우스의 대변인으로 자처하면서 이 문제를 다루었습니다. 그는 후일 콘스탄티누스 황제에게 세례를 베푼 인물로 동로마 제국에서 가장 큰 영향력을 가졌던 주교들 가운데 한 사람입니다. 아리우스와 그의 추종자들은 321년 100여 명의 주교들이 모인 이집트 지역 교회 회의에서 예수 그리스도의 참된 신성을 부인한 죄로 출교를 당하였지만, 여전히 아리우스는 수많은 추종자들을 거느리고 팔레스타인과 니코메디아 지역으로 옮겨가서 자신의 주장을 반복하였습니다. 지금은 전해지지 않지만, 아리우스는 『연회』*Thalia* 라는 책을 저술하여 자신의 주장을 펼친 것으로 알려져 있습니다. 아리우스와 함께 안디옥에서 공부하였던 니코메디아의 유세비우스와 가이사랴의 유세비우스는 아리우스를 변호하면서 알렉산더에게 항의하였고, 결국 아리우스 논쟁은 교회를 분열시켰습니다.

이 논쟁은 제국의 하나됨을 위협하는 사안이었기에 황제가 개입하여 교회회의를 소집하였습니다. 325년 성부와 성자가 동일본질임을 주장하는 알렉산더와 아타나시우스, 성부와 성자가 유사본질임을 주장하는 아리우스주의자들 사이에서 황제는 동일본질을 제안하였고 황제의 눈치를 보면서 문서에 서명한 사람들은 상황이 바뀌면 언제든지 돌아설 준비를 하였을 뿐만 아니라, 황제도 교리 자체의 진리에 관심이 있었던 것이 아니라 그리스도교를 이용하여 제국을 안정화시키는데 관심이 있었으므로 정통파의 주장을 끝까지 지키는 데는 관심이 없었습니다. "호모우시오스", 곧 동일본질이라는 용어를 채택하여 성부와 성자의 관계를 정리하는 것으로 교회의 교리논쟁을 끝내려고 했던 황제의 생각은 잘못된 것이었음이 곧 드러나게 됩니다. 황제의 신임을 얻고 있었던 니코메디아의 유세비우스가 황제에게 아리우스파 주교들의 권리를 회복시켜 줄 것을 요청하였고, 그 요청이 받아들여졌기 때문입니다. 황제가 아리우스파와 정통파 가운데 어느 편으로 기우느냐에 따라 아타나시우스는 니케아 공의회 이후 죽음을 맞이할 때까지 5차례 추방과 복권을 반복해야 했습니다.

4. 주요 신학자들

1) 아리우스

이 "아리우스 논쟁"의 중심이 된 아리우스는 250년에서 336년 사이에 활동했던 이집트 알렉산드리아 출신의 성직자이자 신학자입니다. 그의 부모는 리비아에서 알렉산드리아로 이주해 왔고, 그 자신은 알렉산드리아에서 태어났습니다. 알렉산드리아 태생이었지만, 유대주의적 색채가 강한 안디옥에서 신학공부를 했습니다. 그의 스승은 루키안 또는 루키아노스였는데, 루키아노스Lucianos는 사모사타 출신으로 안디옥에서 학생들을 가르치다가 312년에 순교했습니다. 루키아노스 자신은 모범적인 삶을 살았기에 그를 따르는 사람들이 많았습니다. 그러나, 그는 유대주의와 헬라주의의 유일신관을 강조하면서 "인간에 불과한 예수 속에 신적 능력이 들어가 그를 점점 신화[2]했기 때문에 엄밀한 의미에서 예수는 하나님이 아니다"라고 주장했습니다.

이러한 주장은 성령기독론 또는 양자론을 주장한 사모사타의 바울에게서 볼 수 있는 가르침을 이어받은 것으로, 루키안을 통해 아리우스에게 전달되었습니다. 이러한 주장은 유대주의를 표방한 에비온주의자들처럼 예수를 선지자로 이해한 것과 비슷한 맥락입니다. 정리하자면, 예수 그리스도는 세례를 통해서 하나님의 영을 받은 이후에 성령이 충만한 초자연적 인물이 된 자로서 엄밀히 말하면 하나님이 아니라고

2　그리스어 Theosis 개념이 '신화되다'인데, 영어로는 divinization으로 표현합니다. Divinization을 풀어쓰면 becoming divine being인데, 우리말로는 신화라는 표현했으나 '신적인 존재가 되다'로 풀어쓸 수도 있습니다.

주장하는 "양자론"은 사모사타의 파울로스^{Paulos of Samosata}의 주장으로 그의 제자인 루키아노스과 후에 아리우스에게 연결됩니다. 이러한 학문적 계보를 생각한다면, 아리우스의 주장이 어떤 맥락에 있는지를 이해하게 됩니다.

한편 아리우스나 루키아노스와 같은 신학자들의 주장이 성경의 가르침과는 동떨어져 있는 이단적인 가르침임에도 불구하고 많은 추종자들이 생겨난 이유에 대해서도 살펴볼 필요가 있습니다. 그는 자신의 스승처럼 모범적인 삶을 위해 금욕적인 삶을 살았습니다. 아리우스의 주장을 반대했던 키프로스의 주교 에피파니우스에 의하면 "아리우스는 키가 크고 군살이 없는 몸매에 준수한 용모와 공손한 말투를 썼고, 여자들은 그의 정중한 예의와 금욕적인 외모에 감동했고 남자들은 그의 지적 탁월함에 감명을 받았다"고 합니다. 사람들은 아리우스가 가르친 교훈보다는 그의 됨됨이나 학식에 의해 더 큰 영향을 받았던 것 같습니다. 그의 주장은 폭넓은 지지자들을 얻었지만 325년 니케아에서 열린 제 1차 에큐메니칼 공의회를 통해서 이단으로 정죄되었습니다.

2) 알렉산드리아의 알렉산더와 아타나시우스

아리우스의 주장에 반대하며 정통교리를 수호하였던 대표적인 신학자는 알렉산드리아의 알렉산더와 아타나시우스입니다. 알렉산더는 250년에 태어나서 로마 제국의 핍박을 이겨내고 313년 알렉산드리아의 주교직을 맡게 되었습니다. 알렉산더는 알렉산드리아의 주교로서 알렉산드리아에서 활동하고 있는 아리우스의 이단적인 가르침을 정죄하고 출교시켰습니다. 뿐만 아니라, 325년의 니케아 공의회에서는 삼위일체를 주장하였고 자신을 수행했던 아타나시우스로 하여금 이 정통 교리를 발전시키도록 하였습니다. 그는 죽음을 맞이하는 순간에 아타나시우스를 곁에 두면서 자신을 잇는 후계자로 공포하였습니다.

알렉산더의 뒤를 이은 아타나시우스는 296년에 태어나서 373년까지 활동했던 알렉산드리아의 주교였습니다. 325년 니케아 공의회에서 성부와 성자의 동일한 본질을 말한 그의 주장이 인정받아 정통 그리스도교 신앙의 아버지로 불리우고 있습니다. 그는 젊은 시절에 알렉산드리아에서 철학과 신학을 공부하였고 325년에는 알렉산드리아의 주교였던 알렉산더를 수행하며 니케아 공의회에 참석하였습니다. 328년에는 알렉산더의 뒤를 이어 30대의 젊은 나이에 대주교직을 수행하기 시작했습니다. 대주교가 된 이후 몇 년 동안은 자신이 맡은 지역을 직접 찾아다니며 목회에 전념했습니다.

그 이후 리코포리스의 주교인 멜레티우스Melitius of Lycopolis와 아리우스주의자들의 주장을 이단으로 공격하면서 평생을 아리우스주의자들로부터 정통교리를 지키는 일에 헌신하였습니다. 아리우스주의자들이 325년 이단으로 정죄받은 것으로 논쟁이 끝난 것이 아니었기 때문입니다. 아리우스주의자들은 '황실의 채플린'[3]이면서 황제의 측근이라 할 수 있는 콘스탄티노플 총대주교를 통해서 그리고 황제의 신임을 받는 니코메디아의 유세비우스를 통해서 영향력을 발휘하였고, 콘스탄티누스 황제는 아타나시우스를 알렉산드리아에서 추방하였습니다. 아타나시우스가 알렉산드리아에서 추방당한 사건은 아리우스주의가 그 수

---

3 황실의 채플린(chaplain)이라는 표현을 풀어서 쓰면 '황실 전속 성직자' 정도로 표현할 수 있습니다. 채플린이란 채플에서 일하는 사람인데, 채플은 교구에 속한 본당이나 주교좌 성당이 아닌 개인용 또는 가족용 소규모 예배실을 말합니다.

나 영향력에서 더 우세했다는 것을 보여줍니다. 니케아 공의회의 결정 사항은 니케아 신조라고 알려져 있습니다. 이 325년의 니케아 신조는 381년의 니케아-콘스탄티노플 신조의 기초가 된 내용입니다. 그 내용은 다음과 같습니다.

5. 공의회의 결정사항
— 니케아 신조 전문[4]

우리는 전능자시요,

보이는 것과 보이지 않는 모든 것의 창조주이신,

유일하신 하나님 아버지를 믿노라.

우리는 또한, 유일하신 주이시며, 하나님의 아들이신 예수 그리스도를 [믿노니],

이는 성부에게서, 곧 성부의 본질로부터 태어나신 독생자시며,

하나님에게서 나온 하나님,

빛에서 나온 빛,

참된 하나님에게서 나온 참된 하나님이시고,

출생하셨으나, 창조되지는 않으셨으며,

성부와 동일본질이시고,

이를 통해 하늘에 있는 것이나, 땅에 있는 모든 것이 지은 바 되었

---

4 325년 니케아 회의의 결정사항인 니케아 신조의 한글 번역이 후스토 곤잘레스의 『초대교회사』 제17장에도 수록이 되어 있습니다. 번역의 매끄러움을 고려하여 이 글에서는 다음의 번역을 소개합니다. 한국컴퓨터 선교회, "니케아 신조," http://kcm.kr/dic_view.php?nid=38154, [게시 2007. 06. 06.].

으니,

이는 우리 인간을 위하여, 우리의 구원을 위하여 내려 오사,

육신을 입고 인간이 되셨으며,

고난당하신 지 사흘 만에 다시 살아 나사,

하늘에 오르셨고,

산 자와 죽은 자를 심판하러 오시리라.

우리는 또한, 성령을 믿노라.

그러나 "성자께서 안 계신 때가 있었다"든지,

"그가 태어나시기 전에는 그가 계시지 않았다"든지,

"그가 무로부터 생성되었다"고 말하거나,

"성자가 다른 본체나 본질로부터 유래했다"든지

"피조물"이라든지,

"가변적"이라든지,

"변화한다"고 주장하는 자들은 보편적이며 사도적 교회가 저주하
노라.

b. 결론적 진술

325년 니케아에서 열린 고대교회의 제1차 에큐메니칼공의회를
두고 콘스탄티누스 황제의 정치적인 해결책이라고 폄하하는 시각이 있
습니다. 실제로 황제가 325년 이후에 보여준 모습은 이러한 비판을 피
하기 어려운 부분이 있는 것도 사실입니다. 그러나, 이제 막 정치적 혼
돈 속에서 제국을 통일하였기에 제국의 안정이 제일 우선되는 과제였

던 황제, 그리고 세례도 받지 않은 황제에게 우리가 기대할 수 있는 것은 많지 않습니다. 그럼에도 불구하고 그가 교회의 통일을 위해서 교회회의를 소집했던 것이나 그리스도교 공인 이후에 보여준 친 교회적 정책은 긍정적이든 부정적이든 그리스도교 역사가 진행되어 오는 과정에서 교회에 많은 영향을 끼쳤습니다.

325년 니케아공의회를 둘러싼 교회의 분열은 우리에게 두 가지 교훈을 가르쳐줍니다. 하나는, 바른 교리를 가르치고 배우는 것은 개인의 신앙을 위해서 뿐만 아니라 교회의 평안을 위해서도 중요하다는 것입니다. 비록 황제의 우유부단한 종교정책이나 그리스도교 교리에 대한 불분명한 입장이 오늘날의 시각으로 볼 때는 이해가 되지 않을 수도 있지만, 오히려 그 점이 믿음이 없는 신자들에게 세례를 베풀기 전에 교리교육이 필요하다는 것을 알려주기도 합니다.

또 다른 하나는, 비록 교회가 교리문제로 인하여 분열과 싸움의 과정을 거치기는 했지만 하나님의 뜻 가운데 가장 중요한 교리가 공식화되었다는 점입니다. 때로는 싸우고 다투고 갈라지는 교회이지만, 그 연약한 교회와 부족한 사람들을 통해서 하나님께서는 하나님의 일을 이루어가십니다. 초대교회 때부터 지금까지 교회는 이런 저런 이유로 싸움과 분열을 거듭해왔습니다. 그러나 교회는 분열과 일치 추구를 반복하면서도 하나님의 뜻을 이루어가는 도구로 사용되어 왔습니다. 그 이유는 하나님께서 친히 교회를 세우시고 지키시며 하나님 자신의 뜻을 위해 사용하시기 때문입니다.

제 3 장

콘스탄티노플 공의회

1. 서론적 진술
― 공의회의 배경 및 정치적 상황

콘스탄티노플 공의회의 배경이 된 325년의 니케아 공의회는 아리우스주의자들을 이단으로 정죄하고 동일본질이라는 용어를 채택하는 것으로 마무리가 되었습니다. 동일본질이라는 용어를 채택한 것이 중요한 이유는 성부와 성자가 동일하신 하나님이심을 선포함으로써 예수 그리스도의 신성을 확보할 수 있었기 때문입니다. 그러나, 교리적인 확정과는 상관없이 아리우스주의자들의 영향력이나 기세는 꺾이지 않았습니다. 그 이유는 아리우스와 함께 안디옥에서 공부했던 이른바 '동문 주교'들이 계속해서 아리우스의 입장에 동조하면서 자신들의 영향력을 발휘하여 아리우스를 옹호했기 때문입니다.

아리우스와 함께 공부했던 안디옥 학파 출신의 주교들 가운데 가장 큰 조력자 역할을 했던 인물은 니코메디아의 유세비우스Eusebius of Nicomedia입니다. 그는 황제의 먼 친척이라고 알려져 있습니다. 니코메디아의 유세비우스는 황제의 신임을 얻고 있었는데, 콘스탄티누스 황제의 임종 시에 세례를 베풀었던 일화는 그를 향한 황제의 신임이 어느 정도인지를 짐작할 수 있게 합니다. 비록 유세비우스 자신도 아리우스와 함께 이단으로 정죄를 받았지만, 그것이 끝이 아님을 짐작했던 것으로 보입니다. 유세비우스에 대한 황제의 신임은 곧 정치적 영향력으로 연결되었습니다. 비록 아리우스가 이단으로 규정되어 황제에게 추방당했으며 교회 직분을 박탈당했지만, 유세비우스는 교회회의가 끝난 이후에 황제를 설득해서 친아리우스파로 돌아서게 만들었습니다.

니케아 공의회를 통해서 아리우스파를 이단으로 정죄함으로써 문제가 해결되고 교회가 하나가 된 것이 아니라, 오히려 새로운 문제들이 더욱 크게 나타나기 시작하였습니다. 안디옥 학파 출신의 주교들은 계속해서 아리우스를 지지하면서 공의회의 결정사항에 이의를 제기하였습니다. 한편, 콘스탄티노플이라는 도시, 곧 황제의 도시에서 총대주교 역할을 맡았던 이들 가운데 여전히 아리우스주의를 지지했던 이들이 있었습니다. 무엇보다도 콘스탄티누스 황제가 세상을 떠나고 그의 뒤를 이어 황제가 된 콘스탄티우스 2세 Constantius II 역시 아리우스주의를 지지하였습니다. 따라서 교회법으로 이단으로 규정하고 처벌했어도 여전히 아리우스주의와 관련된 기독론 논쟁은 끝난 것이 아니었습니다.

그리스도교의 유일신 사상을 강조하면서 예수 그리스도의 신성을 부인하는 아리우스주의가 교리적으로는 정죄되었기에, 정통 신앙을 수호하려고 하는 이들은 자연스럽게 아리우스주의에 대한 경각심을 갖게 되었습니다. 그리고 예수 그리스도의 신성에 대해 강조하는 분위기가 형성되었습니다. 그런데 문제는 예수 그리스도의 신성을 지나치게 강조한 나머지 인성을 무시하는 이들의 주장이 힘을 얻기 시작합니다. 아울러, 유일신 사상을 강조하면서 성부와 성자와 성령이 동일한 분이라고 주장하는 이들에게 동조하는 사람들도 늘어나기 시작했습니다.

325년 이후에 아리우스주의자들보다 더 크게 교회를 위협했던 이들은 예수 그리스도의 신성을 강조하면서 삼위일체 신앙을 훼손하는 이들이었습니다. 이러한 이단들 가운데 사벨리우스주의자들이 아리우스주의자들보다 더 큰 문제를 일으켰습니다. 그 이유는 정통신앙을 유지하려는 이들 중 일부가 예수 그리스도의 신성을 강조하는 사벨리우스주의의 입장을 큰 문제의식 없이 받아들였기 때문입니다. 사벨리우스주의자들은 교리사에서 '양태론적 단일신론'이라는 특징을 가지고 자주 나타나는 이단입니다. 양태론적 단일신론이란 한분이신 하나님께서 상황에 따라 그 모양을 바꿔 나타나신다는 주장입니다. 이러한 주장이 추종자들을 얻은 이유는 전통적인 유일신 신앙은 지키면서 동시에 삼위일체를 설명하는 방식으로 이해되었기 때문입니다.

ㄹ. 논쟁의 쟁점

콘스탄티노플 공의회는 성자 예수 그리스도의 신성에 관한 니케아 공의회의 교리를 재확인하였습니다. 이 공의회의 결정과 공의회에서 작성된 신조에 나타난 신학은 카파도키아 교부들이 그리스도교 신학에 기여한 내용입니다. 카파도키아의 교부들은 세 사람으로 가이사랴의 바실리우스, 니사의 그레고리우스, 나지안주스의 그레고리우스 입니다. 이 세 사람은 그리스도의 신성을 옹호하기 위해서 니케아파의 용어인 동일본질이라는 용어와 함께 위격이라는 용어를 사용했습니다. 위격이라는 용어는 그리스어로 휘포스타시스 hypostasis 인데, 문자적인 의미는 본질을 의미하지만 카파도키아 교부들은 이를 라틴어 persona의 번역으로 정의하면서 본질과 위격을 구분하였습니다. 이렇게 본질과 위격을 구분함으로써 사벨리우스주의자들이 주장했던 것과 같은 양태론적 단일신론을 배격하였습니다.

콘스탄티노플 공의회는 성자 예수 그리스도의 신성에 관해서 뿐만 아니라 성령의 신성에 대해서도 명시하였습니다. 콘스탄티노플 공의회 즈음해서 등장했던 이단들 가운데 하나는 성령의 신성과 인격성을 부인한 마케도니우스와 같은 사람들입니다. 그들은 성자의 신성에 대해서는 인정하면서도 성령의 신성에 대해서는 부인하였습니다.

우리나라에서도 성령의 신성을 부인하는 듯한 주장을 하는 이들이 있었습니다. 그들은 한국적인 개념을 가지고 이른바 '한국적 신학'을 전개하는 과정에서 성령을 '기'氣로 설명하였습니다. 하나님의 신적인 기운, 성부 하나님의 능력, 곧 파워나 에너지로 성령을 설명하였습니다. 성령 하나님에 대한 이러한 잘못된 이해는 성자 하나님에 대한 잘못된 이해와도 연결됩니다. 성령을 파워나 능력 에너지로 이해함으로써 성령의 능력 안에 있는 사람들이나 성령에 충만한 사람을 하나님의 아들로 간주하려는 양자론과 연결되기 때문입니다. 따라서 성령의 신적인 능력이 아니라 성령의 인격성 곧 위격을 강조함으로써 마케도니우스파들의 입장을 배격하였습니다.

그리스도교 신학 안에서 성부의 신성에 대해서는 논쟁이 없었기에 삼위일체 논쟁이라고 하면 성자의 신성에 관한 논쟁과 성령의 신성에 관한 논쟁으로 나누어 볼 수 있습니다. 삼위일체 신학이 확립되는 과정에서 성자의 신성을 부인하는 아리우스주의가 정죄되었고, 성령의 신성을 부인하는 마케도니우스주의가 정죄되었습니다. 이 외에 또 다른 대표적인 이단들은 예수 그리스도의 인성을 부인하는 사람들 곧 아폴리나리스주의자들과 세 위격을 부인하는 사람들 곧 사벨리우스주의자들입니다.

성부와 성자와의 관계에 대해서 논쟁이 진행되면서 성자의 신성이 확립되고 또 성령의 신성이 확립되면서 기독론에서 시작된 신학논쟁은 삼위일체론으로 확장되었습니다. 콘스탄티노플 공의회에서 사벨리우스주의자들과 아폴리나리스주의자들, 아리우스주의자들과 마케도니우스주의자들이 정죄됨으로써 삼위일체 교리가 확립되었습니다. 정리해보면, 반삼위일체론자들의 이단적 가르침에 대해 반박하면서 세 위격으로 존재하시는 동일본질이신 하나님을 설명하는 교리가 삼위일체입니다.

３. 공의회의 진행과정

테오도시우스Theodosius the Great 황제는 381년 5월 수도 콘스탄티노플에서 공의회를 개최하고 주교들을 소집했습니다. 약 150명의 주교들이 참석하였고, 마케도니우스파 주교들도 36명이 참석 했습니다. 처음에는 안디옥의 주교 멜레티우스가 회의를 주재했으나 총회 기간 중 세상을 떠났고, 회의진행은 나지안주스의 그레고리우스가 맡았습니다. 그러나 멜레티우스 후임 주교를 둘러싸고 주교들 사이에서 문제가 불거지자 그레고리우스는 '교회 평화를 위해'라는 내용의 이임사를 남기고 의장직을 사임합니다. 다시 넥타리우스가 이어받았고 회의는 7월 9일 끝납니다. 공의회를 소집한 테오도시우스 황제는 7월 30일 공의회 결정사항을 발표합니다.

4. 주요 신학자들

381년 콘스탄티노플 공의회와 관련된 주요 신학자들은 정통교리를 수호했던 카파도키아의 교부 세 사람과 이단적인 가르침을 전파했던 세 사람 입니다. 앞에서도 언급했듯이, 세 사람의 교부는 가이사랴의 바실리우스, 니사의 그레고리우스, 나지안주스의 그레고리우스입니다.

1) 가이사랴의 바실리우스 Basilius of Caesarea

가이사랴의 바실리우스는 330년에 태어나서 379년에 세상을 떠났기에 삼위일체 신앙의 확립에 큰 공헌을 했음에도 불구하고 그 결과를 목격하지는 못했습니다. 바실리우스가 오늘날 튀르키예, 가이사랴의 주교로 선출될 당시 황제는 친아리우스주의 성향의 발렌스였습니다. 바실리우스는 니케아 정통신학의 전파에 심혈을 기울이면서, 방대한 양의 서신교류와 신학 논문을 통해서 삼위일체 교리 발전에 기여하였습니다. 특별히 그가 쓴 논문 가운데 가장 중요한 것은 『성령에 관하여』입니다.

2) 니사의 그레고리우스 Gregory of Nyssa

니사의 그레고리우스는 바실리우스의 동생이었습니다. 젊은 시절 결혼해서 행복하게 지내기도 하였으나, 아내가 세상을 떠난 후에는 수도생활을 시작하였습니다. 형 바실리우스는 그레고리우스에게 작은 마을인 니사의 주교직을 맡도록 하였고, 주교직을 수행하면서 아리우스주의자들과 대결하였습니다. 바실리우스가 세상을 떠난 후 니케아파를 이끄는 지도자들 가운데 한 사람이 되었고, 381년 콘스탄티노플 공의회에 참석하였습니다. 총회가 끝난 후 테오도시우스 황제는 그를 신학 고문으로 삼았고, 그는 제국 전체를 다니며 정통신학을 전파했습니다. 후에 그는 수도생활로 다시 돌아갔고, 그가 언제 어떻게 죽음을 맞이했는지는 세상에 알려지지 않았습니다.

3) 나지안주스의 그레고리우스 Gregory of Nazianzus

나지안주스의 그레고리우스는 바실리우스가 학창시절 만난 친구입니다. 그레고리의 가족들은 신앙심이 깊었는데, 어느 정도인가 하면 그레고리 자신과 아버지 그레고리, 어머니 노나, 동생 카이사리우스, 여동생 고르고니아, 그리고 사촌 암필로키우스 모두 성인으로 추대되었을 정도입니다. 바실리우스가 그를 나지안주스의 주교로 임명한 이후 신학논쟁 속으로 떠밀려 들어가게 되었습니다. 친구 바실리우스가 세상을 떠난 후 아리우스주의에 대항하는 싸움에서 지도적인 역할을 해야 할 의무감을 느꼈다고 합니다. 테오도시우스 황제가 즉위한 이후 아리우스주의자들을 고위성직에서 몰아내고 나지안주스의 그레고리를 콘스탄티노플 총대주교로 임명하였습니다. 381년 회의를 잠깐 맡아서 진행하였으나, 반대자들이 그의 자격을 문제 삼자 사임하고 고향으로 돌아가 세상을 떠날 때까지 교회를 돌보는데 전력하였습니다.

5. 공의회의 결정사항
— 니케아-콘스탄티노플 신조[1]

콘스탄티노플 공의회는 아리우스주의, 사벨리우스주의, 아폴리나리우스주의, 마케도니우스주의를 각각 이단으로 정죄하였습니다. 콘스탄티노플 공의회의 결정 사항은 니케아-콘스탄티노플 신조라고 알려져 있습니다. 앞에서 살펴본 내용인데, 다시 한번 읽어보면 좋겠습니다. 381년의 니케아-콘스탄티노플 신조의 내용은 다음과 같습니다.

우리는 한 분 하나님을 믿습니다. 그분은 전능하사 천지를 창조하시고,

보이는 것과 보이지 않는 모든 것을 지으신 아버지이십니다.

우리는 한 분 예수 그리스도를 믿습니다.

그분은 영원히 아버지로부터 나신 하나님의 독생자로서

빛으로부터 오신 빛이시요, 참 하나님으로부터 오신 참 하나님이십니다.

그분은 피조된 것이 아니라 나셨기 때문에 아버지와 본질이 동일하십니다.

만물은 그로 말미암아 지은 바 되었습니다.

그분은 우리 인류와 우리의 구원을 위해서 하늘로부터 내려오사,

성령과 동정녀 마리아를 통하여 성육신하셔서 인간이 되셨습니다.

그분은 우리를 위하여 본디오 빌라도에 의하여 십자가에 못 박히

---

1 대한예수교장로회 총회. 『헌법』, 166-67.

시사,

고난을 받으시며 장사지낸 바 되셨습니다.

그리고 그분은 성경대로 사흘 만에 죽은 자 가운데서 부활하사 하늘에 오르시고,

하나님 우편에 앉으셨습니다.

그분은 살아 있는 자와 죽은 자를 심판하기 위하여 영광 가운데 재림하시고

그의 나라는 영원무궁할 것입니다.

우리는 주님이시고, 생명의 부여자이신 성령님을 믿습니다.

그분은 아버지로부터 나오시고,

아버지와 아들과 더불어 동일한 예배와 영광을 받으십니다.

이 성령님은 예언자들을 통하여 말씀하셨습니다.

우리는 또한 하나의 거룩하고 보편적이며 사도적인 교회를 믿습니다.

우리는 죄 사함을 위한 하나의 세례만을 인정합니다.

우리는 죽은 자들의 부활과 장차 임할 세상에서의 영생을 바라봅니다.

ㄴ. 결론적 진술

381년 콘스탄티노플 공의회는 본질과 위격이라는 용어를 사용하여 삼위일체 신학 발전에 기여한 중요한 회의입니다. 반삼위일체론자들을 정죄하고 성령의 하나님되심을 확립함으로써 삼위일체 신앙이

확립될 수 있었습니다. 381년 니케아공의회를 둘러싼 교회의 분열은 우리에게 두 가지 교훈을 제시합니다. 하나는, 삼위일체교리가 그리스 도교를 대표하는 가장 중요한 교리라는 점입니다. 반삼위일체론자들의 계속적인 공격에도 불구하고 교회는 그들의 교리를 반박하면서 삼위일체 교리를 확립했습니다. 성부, 성자, 성령 하나님이 동일본질이신 하나님이시며 세 위격으로 존재하시는 분이심을 교회는 확증하였습니다. 또 다른 하나는, 325년부터 381년까지 교회가 진리를 수호하기 위해서 계속 노력해 왔다는 점입니다. 수많은 이단의 도전, 개인적인 불이익과 고난에도 불구하고 정통신앙을 간직한 니케아파 지도자들은 자신의 역할을 온전히 감당하면서 반삼위일체론자들과 투쟁하면서 정통교리를 지켜내었습니다. 특별히 카파도키아의 교부들이 목숨 걸고 지킨 것은 자신의 이익이 아니라 자신의 신앙, 나아가 니케아 정통 신앙과 신학이었습니다.

제 4 장

에베소 공의회

1. 서론적 진술
— 공의회의 배경 및 정치적 상황

325년과 381년 두 차례의 교회회의를 통해서 삼위일체 교리가 공식적으로 확립이 되었고, 기독론 가운데 성자 하나님의 신성이 확보되었기에 모든 논쟁이 끝날 것으로 기대했습니다. 그러나, 삼위일체 신앙고백이 확립되었음에도 불구하고 여전히 문제점이 드러났습니다. 예수 그리스도의 신성을 강조하려는 목적에서 출발하여 삼위일체를 설명하려 했던 사람들 가운데 적절하지 않은 설명으로 기독론과 삼위일체론을 오해하게 만든 사람들이 또다시 등장했기 때문입니다. 아리우스 논쟁을 통해서 기독론 논쟁에서는 그리스도의 신성이 확보되었고, 삼위일체 논쟁에서는 성령의 인격성과 신성이 확보되었지만, 여전히 그리스도의 두 본성에 대해서는 혼란이 계속된 상태로 정리되지 않은 것처럼 보였습니다. 왜냐하면 그리스도 안에서 신성과 인성과의 관계에 대해서는 두 차례의 교회회의를 통해서 깔끔하게 정리된 것은 아니었기 때문입니다.

예수 그리스도께서 성자 하나님으로서 신성과 인성을 가지신 분이시며 하나님과 동일본질이신 삼위일체 하나님의 한 위격이라는 공식은 확정이 되었으나, 신성과 인성의 관계를 어떻게 설명할 수 있을까에 대해서는 아직까지 정해진 것이 없었기에 논쟁의 여지가 남아 있었습니다. 더구나, 신성과 인성과의 관계를 생각할 때 인성을 강조하는 안디옥학파 신학자들과 신성을 강조하는 알렉산드리아학파 신학자들은 날카롭게 대립하고 있었습니다. 또한 두 학파 사이에는 단순히 신학적인 문제만이 아니라 교회 정치적인 문제도 함께 놓여 있었습니다. 동방교회 지역에서 가장 유력한 두 도시의 주교들은 동방지역 전체를 대표하는 황제의 도시 콘스탄티노플의 총대주교좌를 놓고 대립하고 있었습니다. 콘스탄티노플 총대주교좌는 '황실의 채플린' 자리일 뿐만 아니라 5개의 대주교좌들 중에서도 로마 다음으로 중요한 자리라고 인정받는 자리이며 동방 주교좌들 가운데 가장 중요한 자리였기에 그 자리를 두고 전통있는 두 도시 사이에 갈등과 신학적 논쟁이 있었습니다. 이러한 내용들이 431년 에베소 공의회의 배경이 되었습니다.

2. 논쟁의 쟁점

381년의 니케아-콘스탄티노플 신조는 성자 예수 그리스도에 대해서 많은 신앙의 고백을 표현하고 있는데, 그 모든 내용을 한마디로 표현하면 '예수님은 하나님이신 동시에 사람이시다'는 신앙고백입니다. 이러한 신앙고백, 곧 신조의 내용은 어느 날 갑자기 사람들이 모여서 회의를 통해서 결정한 것이 아닙니다. 예수 그리스도의 제자들과 부활의 증인들이 예수님을 경험한 후에 진술한 증언이며, 초대교회 때부터 그리스도인들이 믿고 고백한 복음의 내용입니다. 그러나, 예수님의 직접적인 가르침을 받은 사도들과 그들의 제자들이 경험하고 믿고 고백하던 '예수님의 하나님 되심'은 시간이 흐르면서 직접적 경험이 아닌 간접적 지식을 통해서 전달되었습니다. 말하자면, 자신들이 가지고 있는 세계관 안에서 그리스도교의 삼위일체 신앙을 나름대로 해석하기 시작했다는 의미입니다.

예수 그리스도의 생애와 가르침을 직접 경험하지 못한 사람들은 관념적으로 예수 그리스도의 하나님되심에 대해 이해하려고 하면서, 그를 자신들이 가지고 있는 생각의 틀 안에서 해석하기 시작했습니다. 하나님되심에 초점을 맞추는 사람들이 있는가 하면, 사람되심에 초점을 맞추는 사람도 있었습니다. 하나님이시면서 사람이라는 진술을 대할 때 사람마다 의미하는 것이 달랐던 것입니다. 하나님이 사람이 되셨다고 할 때, 얼마만큼 하나님이시고 얼마만큼 사람이신가? 성육신하신 이후에 인성이 신성에 흡수된 것인가? 시간이 지남에 따라서 인성은 약화되고 신성만 남는 것인가? 등등 … 성육신하신 하나님 안에서 신성과 인성은 어떤 관계로 설명해야 하는가에 대해서는 여전히 정리가 필요했습니다.

한 부류의 사람들은 그리스도가 완전한 하나님이며 완전한 사람이시라는 진술을 분리된 두 인격을 가지신 분인것처럼 해석하였고, 다른 한 부류의 사람들은 완전한 하나님이며 완전한 사람이라는 진술을 설명하지 않고 통일성만을 강조하였습니다. 이러한 문제는 기독론이 발전하는 과정에서 필요한 질문이었습니다. 그러나, 대체로 개신교 역사가들은 신성과 인성의 관계라는 논쟁의 쟁점이 개인적인 감정과 정치적인 계산에 의해서 첨예하게 대립되었다고 보기도 합니다. 다른 말로 표현하면, 개신교 신학의 관점에서는 네스토리우스가 정죄된 사건이 교회정치로 인해 논쟁의 쟁점이 흐려진 사건이라는 해석도 있습니다.

안디옥과 알렉산드리아는 신학적 차이를 두고 오랜 시간동안 대립하였을 뿐만 아니라, 콘스탄티노플 총대주교 자리를 두고도 대립하고 있었습니다. 상황이 이러하다 보니 두 사람의 정치적이고 신학적인 충돌은 피하기 힘들었을 것입니다. 키릴이 알렉산드리아 출신이다보니 이집트, 그리스, 로마 출신 주교들은 키릴을 지지했고, 시리아 출신 주교들은 네스토리우스를 지지하였습니다. 두 사람의 충돌이 단순히 콘스탄티노플 총대주교 자리를 놓고 안디옥학파와 알렉산드리아학파 사이에 일어난 싸움은 아니었습니다. 이 에베소 공의회의 본질은 그리스도의 신성과 인성에 관한 문제입니다. 그런데 문제는 이 본질을 다룸에 있어서 그 논점이 예수 그리스도에게서 성모 마리아로 옮겨졌다는 점입니다. 구체적으로 살펴보면, 예수 그리스도가 신성을 지닌 채 태어났다는 믿음에 따라 어머니 마리아를 '테오토코스' theotokos, God bearer: 하나님의 어머니라고 할 것인가, 아니면 '크리스토토코스' christotokos, Christ bearer: 그리스도의 어머니라고 할 것인가의 문제로 환원되었습니다.

3. 공의회의 진행과정

키릴은 신성을 지니고 태어난 예수로 인하여 신성의 담지자가 된 마리아를 테오토코스로 불러야 한다고 주장하였고, 이와는 반대로 네스토리우스는 신성과 인성을 완전히 독립적인 두개의 위격으로 파악하면서 마리아를 '크리스토토코스'로 불러야 한다고 주장하였습니다. 429년 키릴은 네스토리우스가 '테오토코스'를 받아들이지 않았다는 소식을 듣고 서신을 통해서 논쟁을 진행했습니다. 해결이 되지 않자 두 사람은 모두 로마의 주교 캘레스티누스 Caelestinus I에게 호소했고, 교황은

430년에 로마에서 공의회를 열어 네스토리우스의 입장과 반대편에 있었던 '테오토코스'라는 용어를 선택했습니다. 서로 팽팽하게 맞서는 두 주장으로 인하여 교회는 분열될 위기에 놓이게 되었고, 결국 황제 테오도시우스 2세는 431년 6월 에베소에서 공의회를 소집하였습니다.

에베소 공의회는 처음부터 키릴에게 유리한 방향으로 흘러갔습니다. 황제는 공의회를 콘스탄티노플에서 개최하려고 하였으나, 황제의 누이 풀케리아가 장소를 에베소로 바꾸었습니다. 황제의 누이에 의해서 장소가 콘스탄티노플에서 에베소로 변경된 것은 네스토리우스에게 불리하게 작용하였습니다. 그 이유는 에베소라는 도시가 가진 특성 때문이었습니다. 그리스도교가 전파되기 이전에 에베소 사람들은 전통적으로 여신 아르테미스^{풍요의 여신 아데미}를 열정적으로 섬겼고, 그리스도교가 들어온 이후에는 성모 마리아가 살았다고 여겨온 유적지가 있었기에, 그 전승에 따라 마리아 기념교회가 세워져 있었습니다. 따라서 에베소의 분위기, 즉 여론은 크리스토토코스보다는 테오토코스를 선호하는 분위기였습니다.

키릴은 알렉산드리아에서 호전적인 수도승들을 동원해 이교도 철학자들을 숙청했다고 알려졌습니다.[1] 아마도 키릴의 정적이 된 상황에서 신변의 위협을 느꼈던 네스토리우스는 자신을 지지하는 주교들이 올 때까지 회의에 참가하는 것을 거부했고, 그를 지지하는 주교들은 회의 참석이 늦어졌습니다. 키릴과 키릴을 지지하는 주교들이 먼저 공의회에 참석하여 회의를 주도하였고, 공의회는 키릴을 지지하는 쪽으로 기울었습니다.

---

1   참고. Alejandro Amenábar (director), *Agora*, 영화 「아고라」(2009).

논쟁이 진행되는 과정에서 네스토리우스는 두세 달 밖에 되지 않은 갓난아기를 하나님이라고 할 수 없고 예배하지 않겠다고 진술함으로써 정적들에게 공격의 주도권을 빼았겼습니다. 물론 네스토리우스의 의도는 마리아가 하나님의 어머니라면, 이는 그녀가 모든 충만 가운데 존재하시는 하나님을 낳은 어머니가 되는 것 또한 암시하게 되기 때문에 이는 불합리하다는 것을 강조하려는데 있었습니다. 그러나 키릴은 아기 예수를 하나님이라고 부를 수도 없고 예배할 수도 없다고 하는 네스토리우스의 주장을 이단적인 것으로 몰아갔습니다. 네스토리우스의 주장은 양자론을 주장했던 사모사타의 바울[2]과 공통점이 있는 것처럼 보였기 때문입니다.

4. 주요 신학자들

1) 네스토리우스

네스토리우스는 당시 교회를 어려움에 빠뜨렸던 아리우스주의와 마니교에 대항하여 정통 그리스도교 교리를 지키는 데 관심을 가지고 있었습니다. 네스토리우스는 아리우스에 반대하면서 예수 그리스도가 온전한 하나님이신 동시에 온전한 사람이시기에 두 본성은 나뉘어 있다고 주장했습니다. 두 본성이 나뉘어 있기에 인성은 십자가에서 고

---

2 사모사타의 파울로스는 260-272년까지 안디옥의 주교였는데, 예수 그리스도의 신성을 지나치게 강조하는 사람들의 주장에 반대하면서 인성을 강조하였는데, 인간 예수가 동정녀에게서 태어나기는 하였으나 세례와 도덕적으로 완전한 삶을 통해서 하나님의 아들로 인정받았다는 양자론을 주장했습니다.

난을 당하셨지만, 신성은 고통을 느끼지 않는다고도 했습니다. 이러한 주장은 20년 뒤에 열리는 "칼케돈 공의회"의 결정사항이라는 관점에서 보면 그리 이단적인 가르침은 아니라고 할 수 있습니다. 왜냐하면 연합한 이후의 두 본성을 주장하고 있기 때문입니다.

다른 한편으로는 마니교에 반대하면서 네스토리우스는 예수 그리스도의 온전한 인성을 확보하려고 노력하였습니다. 마니교는 육체를 저급한 것으로 여기는 동시에 영혼을 고상한 것으로 여기면서 예수 그리스도께서 육체로 오신 것을 부인하는 경향을 보였습니다. 네스토리우스는 마니교에 반대하면서 예수 그리스도께서 육체로 오신 것을 강조했습니다. 네스토리우스에게는 예수 그리스도의 온전한 사람되심, 곧 성육신이 중요한데 그 이유는 성육신 사건이 속죄에 대한 이해와 직접적으로 연결되어 있기 때문입니다. 결국 예수 그리스도의 신성보다는 인성을 강조하는 네스토리우스의 입장은 키릴에게 공격을 받았습니다. 네스토리우스는 예수 그리스도의 신성과 인성을 분리하여 생각한다고 해서 예수님이 분리된 두 인격체가 되는 것도 아니고, 온전하신 않으신 하나님이 되는 것도 아니라고 생각했습니다. 네스토리우스는 자신은 정통 교리 안에 있다고 굳게 확신하였습니다. 그러나 "나는 두세 달 밖에 안 된 한 갓난아기를 하나님이라 부를 수 없다"고 한 주장은 이단으로 공격받을 수 있는 빌미를 제공하기에 충분했습니다.

2) 키릴

네스토리우스가 예수 그리스도의 인성을 강조하면서 신성과 인성을 분리해서 생각했다면, 키릴은 예수 그리스도의 신성을 강조하면서 연합한 이후의 한 본성을 강조하였습니다. 키릴에게는 네스토리우스의 입장이 위험한 것으로 간주되었는데, 그 이유는 예수 그리스도가 우리 가운데 거하시는 하나님이라는 사실을 약화시킨다고 보았기 때문입니다. 성육신, 곧 신성과 인성이 연합한 사건 이후에 여전히 두 본성으로 남아있다면 그리고 성육신하신 하나님이 사람들에게 하나님이 아닌 사람으로 보인다면, 사람들은 겉으로 드러나는 인간의 모습을 예배하는 것이 된다고 생각했습니다. 키릴이 볼때 네스토리우스의 기독론은 마치 신성이 인성이라는 외투를 입은 하나님으로 여겨졌습니다.

키릴은 두 본성을 구분하면서도 성육신 사건을 통해서 그리스도 안에서 두 본성이 연합되어 있다는 것을 강조하였습니다. 그는 속성들 간의 상호교류를 통하여 그리스도 안에서 두 본성이 하나가 되어 있다는 것을 강조하는 표현들을 사용함으로써 그리스도의 인격이 결과로서 생겨난 단일한 인격인 듯이 말하였습니다. 키릴의 기여는 네스토리우스에 대항하여 그리스도의 인격의 단일성을 강조하였다는 것을 들 수 있습니다. 비록 키릴이 신앙의 정통과 전통을 지키려는 순수한 마음에서 출발한 것은 아니라고 하더라도, 네스토리우스와의 논쟁을 통해서 결과적으로는 기독론에서 연합한 이후에 두 본성이 내적 통일을 이루었음을 강조하였습니다. 그러나, 그 주장이 이후 단성론파를 향한 길을 열어놓기도 하였습니다. 왜냐하면 키릴의 주장대로라면 연합한 이후의 한 본성이라는 결론에 도달하기 때문입니다.

5. 공의회의 결정사항
— 12항목의 파문장에 대한 승인

431년 에베소 공의회는 325년 니케아 공의회나 381년 콘스탄
티노플 공의회와는 달리 공의회 결정사항을 가지고 개별적인 신조를
작성하지는 않았습니다. 다만 앞서 작성된 니케아-콘스탄티노플 신조
를 확인하는 동시에 키릴의 '네스토리우스에게 보내는 세 번째 편지'를
공식적으로 인준하는 것으로 마무리했습니다. 키릴이 네스토리우스의
이단설을 지적한 12가지 항목의 파문장을 보면, 키릴의 기독론과 네스
토리우스의 기독론이 어떻게 다른지를 알 수 있습니다. 에베소 공의회
는 니케아-콘스탄티노플 신조를 재확인하였고, 431년 키릴이 네스토리
우스에게 보낸 세번째 서신의 내용, 곧 "12항목의 파문장" 12 Anathemas 을
인준하였습니다. 그 내용은 다음과 같습니다.

12항목의 파문장 Cyril of Alexandria, Twelve Anathemas [3]

1. 만일 누군가가 임마누엘을 진리에 따라서 하나님이라고 고백하지
   않으며, 또한 그 때문에 거룩한 동정녀가 하나님의 어머니라고 고
   백하지 않는다면 (왜냐하면 하나님이신 말씀을 육체적 방법으로 육으로
   낳으셨기에), 그는 파문받아야 한다.

2. 만일 누군가가 아버지 하나님으로부터 오신 말씀이 위격에 따라
   육체와 연합되었고, 그렇기에 그 자신의 육신을 입으신 한 분 그리

---

3   Cyril of Alexandria, "Thrid letter to Nestorius," in *St. Cyril of Alexandria, The Christological Contro-versy: Its History, Theology, and Texts*, trans. by John McGuick (New Tork: Brill 1994), 273-75.

스도이며, 그러므로 하나님이시자 인간이신 분이라고 고백하지 않으면, 그는 파문받아야 한다.

3. 만일 누군가가 한 분이신 그리스도에 대하여 위격들의 하나됨으로, 곧 그분을 단순히 신성, 권위, 또는 능력의 결합이지, 본성 상의 하나의 연합으로 오신 분이 아니라고 하면, 그는 파문받아야 한다.

4. 만일 누군가가 두 인격이나 위격이란 복음이나 사도들의 저서에 쓰였던 표현을, 그것이 그리스도에 대한 성인들의 저작이든지 아니면 그분이 그 자신에 대해 말씀하신 것이든지 그를 나누거나, 심지어 한편으로는 하나님으로부터 오신 말씀을 분리하여 인간과 같다고 생각하고, 다른 한편으로는 하나님 아버지로부터 오신 말씀 그 자체가 하나님과 같다고 이야기하면, 그는 파문받아야 한다.

5. 만일 누군가가 감히 말하기를, 그리스도는 하나님을 담지한 인간일 뿐이고 진정으로 하나님이 아니고, 본질상 한 '아들'이며, "말씀이 육신이 되었다"는 말씀에 의거하여 우리와 거의 같은 피와 육체를 공유하시는 분이라고 말한다면, 그는 파문받아야 한다.

6. 만일 누군가가 감히 말하기를, 하나님 아버지로부터 오신 말씀이 하나님이나 그리스도의 주인이라고 하며, 성경에 따라 육이 되신 말씀으로써 하나님이시자 동시에 인간이라고 고백하지 않는다면, 그는 파문받아야 한다.

7. 만일 누군가가 말하기를, 인간인 예수가 하나님의 말씀으로부터 활동하게 되었고, 심지어 독생자의 영광을 마치 다른 것으로써 분리된 것처럼 입혀진 것이라고 한다면, 그는 파문받아야 한다.

8. 만일 누군가가 감히 말하기를, 승천한 사람이 하나님의 말씀과 함께 경배받고 영광받으며 하나님과 연합된다고 마치 그분과 다른

것이 분리되는 것으로써 이야기하고(왜냐하면 '함께'라는 말은 우리에게 항상 그렇게 생각하도록 하기 때문에), "말씀이 육이 되었으므로" 임마누엘이 하나의 경배로써 예배받으시거나 하나의 송영을 올려드리면 안 된다고 하면, 그는 파문받아야 한다.

9. 만일 누군가가 한 분이신 주 예수 그리스도께서 성령에 의해 영광을 받으셨다고, 마치 어떤 다른 외적 능력이 그분을 통해 역사한 것처럼, 또한 성령에 의하여 더러운 영들에 대항하여 활동하고, 신적 사역을 사람들 사이에서 행하셨다고 말하며, 그분 스스로가 가지신 성령으로 말하거나 그를 통해 신적 사역을 행하셨다고 말하지 않는다면, 그는 파문받아야 한다.

10. 그리스도께서 우리의 대제사장이요 사도가 되셨고, 또한 우리를 대신하여 하나님 아버지께 향기로운 냄새로 스스로를 바치셨다고 거룩한 성경은 말한다. 그런데 이제 누군가가 우리의 대제사장이요 사도가 되신 분이 하나님으로부터 오신 말씀이신 그분 자신이라 하지 아니하고, 육이 되셨기에 우리와 같은 인간, 특별히는 여자로부터 난 자로 구분된다고 하거나, 혹은 우리만을 위해 제사를 드린 것이 아니라 그분 자신을 위해서도 제사를 드리셨다고 한다면(그분께서는 죄를 모르셨기에 제사가 필요하시지도 않으므로), 그는 파문받아야 한다.

11. 만일 누군가가 주님의 몸이 생명을 주는 것이며 또한 그 자신께서 하나님 아버지로부터 오신 말씀에 속한다고 고백하지 않고, 그분과는 다른 어떤 것에 속하며, 위엄에 있어서만 연합하여 단순히 하나의 신적 내주만을 하고 있다고 말하거나, 우리가 말하듯, 육 그 자체로도, 말씀이 육신이 되셨기에, 모든 것에게 생명을 준다고

고백하지 않는다면, 그는 파문받아야 한다.

12. 만일 누군가가 하나님의 말씀이 생명 그 자체이며 하나님으로서 생명을 주는 분임에도 육으로 고난을 받았으며, 육으로 십자가에 달렸고, 육으로 죽음을 맛보았고, 죽은 자들 가운데 첫 열매가 되었다고 고백하지 않는다면, 그는 파문받아야 한다.

b. 결론적 진술

431년 에베소 공의회는 예수 그리스도의 인성을 강조하는 안디옥 학파와 신성을 강조하는 알렉산드리아학파 간의 오랜 대립이 콘스탄티노플 총대주교좌를 놓고 벌인 대립이 그 배경이 되었기에, 교회 정치의 어두운 부분을 보여주고 있다며 폄하하는 시각이 있습니다. 키릴의 전임자이며 삼촌이었던 알렉산드리아의 주교 테오필루스가 콘스탄티노플 총대주교였던 크리소스토무스를 추방했던 것처럼, 키릴은 콘스탄티노플 총대주교 네스토리우스를 추방했기 때문이기도 합니다. 따라서 431년의 에베소 공의회를 둘러싼 키릴과 네스토리우스의 갈등, 그리고 파문과 추방은 개신교 역사가들에게 걸림돌로 여겨지기도 했습니다. 그도 그럴 것이 로마 가톨릭의 성모 마리아 숭배에 대해서 불편한 마음을 가지고 있는 개신교인들에게 하나님의 어머니라는 명칭을 공식화했던 에베소 공의회는 불편하게 느껴질 수 있습니다.

그럼에도 불구하고 네스토리우스를 상대하였던 키릴에게 중요했던 기독론적인 견해는 두 본성의 연합이었습니다. 만약 두 본성의 연합을 강조하지 않는다면, 반쪽은 여성 반쪽은 남성이었던 어느 만화영화 캐릭터처럼 보여질 수도 있고, 말 역할을 하기 위해서 두 사람이 말 인형 안에 들어가서 움직이는 이른바 판토마임 호스처럼 보여질 수도 있습니다. 마리아를 크리스토토코스라고 불러야 한다고 주장했던 네스토리우스의 기독론은 크게 잘못된 것이 없어 보입니다. 그럼에도 불구하고, 신성과 인성의 문제를 마리아의 호칭으로 환원하면서 하나님의 어머니라고 결론을 냈던 에베소 회의는 후에 기독론 논쟁을 통해서 네스토리우스파와 단성론파를 동방교회에서 하나의 분파로 갈라져 나가게 만드는 결과를 가져오게 되었습니다. 비록 네스토리우스파는 제국의 경계 밖으로 추방당하였으나 오히려 선교의 열정을 가지고 중국에까지 진출하였으며 역사에서는 경교라는 이름으로 알려지고 있습니다.

제 5 장

칼케돈 공의회

1. 서론적 진술
— 공의회의 배경 및 정치적 상황

431년 에베소 공의회에서 "테오토코스" 곧 "하나님의 어머니"라는 용어를 통해서 예수 그리스도의 신성과 인성 가운데 신성을 강조하는 키릴의 입장이 정통교리로 인정을 받았지만, 여전히 논쟁은 끝나지 않았습니다. 칼케돈 공의회에서 결정된 칼케돈 신조에 대해서는 이미 살펴보았습니다만, 칼케돈 공의회의 배경을 이해하기 위해서는 에베소 공의회 이후 칼케돈 공의회까지 약 20년 간의 교회와 국가의 정치적 상황을 살펴볼 필요가 있습니다.

황제 테오도시우스 2세 Theodosius II 는 408년 아버지 아르카디우스 Arcadius 가 세상을 떠나면서 7살의 어린 나이에 동로마 제국의 황제가 됩니다. 어린 나이에 부모를 모두 잃고 갑자기 황제가 된 테오도시우스 2세에게는 2-3살 많은 누이가 있었는데, 그 누이의 이름이 앞에서 언급되었던 풀케리아 Pulcheria 입니다. 414년에 불과 15살이었던 풀케리아는 동생 테오도시우스의 보호자이자 부제 Augusta 로 선포되었습니다. 비록 나이 차이는 얼마 나지 않았지만, 공식적인 섭정의 위치에 있었기에 직접적으로, 또 간접적으로 국가 정책과 종교 정책에 관여하게 됩니다. 엄격히 말하면, 종교 정책의 경우 단순한 관여가 아니라 적극적이고 주도적으로 펼쳐나갔습니다. 그렇게 한 이유는 그녀의 깊은 신앙심과 종교적 열정 때문인데, 그 열정으로 풀케리아는 하나님께 종신순결서약을 하였습니다. 동생 테오도시우스 황제가 450년 7월에 사망하자 그해 11월에 마르키아누스Marcianus와 결혼하여 황후가 되었고 3년 후 453년 7월에 세상을 떠날 때까지 순결 서약을 지켰습니다.

테오도시우스 2세가 성인이 되어 풀케리아가 섭정에서 물러나게 되자, 환관 크리사피우스Chrysaphius 재상이 실권을 쥐었는데, 449년 공의회를 소집하고 그 사회권을 크리사피우스에게 넘길 정도였습니다. 이 공의회는 8월에 에베소에서 개최되었는데, 키릴을 지지하는 사람들 150여 명이 참석하였습니다. 이 회의는 콘스탄티노플 교구의 한 수도원 원장을 맡고 있던 유티케스의 단성론 논쟁에서 비롯되었습니다. 유티케스의 주장에 대해 콘스탄티노플 총대주교 플라비아노스가 448년에 열렸던 한 지역 회의에서 유티케스를 정죄한 것이 문제의 발단이었습니다. 키릴의 후임자인 알렉산드리아의 디오스코루스가 유티케스의 편을 들었고, 황제 테오도시우스 2세도 알렉산드리아를 지지했습니다. 왜냐하면 크리사피우스가 유티케스의 후견인이었기 때문입니다. 디오스코루스를 지지하는 다수파는 유티케스의 단성론을 채택하고 플라비아누스를 정죄하고 파문하였습니다. 449년 에베소에서 열린 공의회는 동방교회와 서방교회 모두가 인정하지 않는 회의였기에, 이른바 '에베소 도적회의'라고 합니다.

450년에 황제 테오도시우스 2세가 말에서 떨어져 죽자, 황제의 누이 풀케리아는 유력한 군인 마르키아누스와 결혼을 하고 크리사피우스를 몰아낸 후 권력을 장악했습니다. 결혼을 통해서 황제가 된 마르키아누스는 형식상 451년 칼케돈 공의회를 주관하였으나, 실제로는 풀케리아가 451년 칼케돈 공의회를 이끌었습니다. 그리고 451년의 회의는 그 이전에 열린 449년의 회의를 바로잡기 위함이었습니다.

2. 논쟁의 쟁점

431년 이후 449년에 이르기까지 신성과 인성이 그리스도 안에서 어떻게 연합되는가의 문제는 이리저리 표류하는 것처럼 보였습니다. 네스토리우스나 키릴 모두 신적인 존재는 불변하고 영원하다고 믿는 것에는 차이가 없습니다. 그러나 두 진영을 갈라놓는 문제는 불변하시고 영원하신 하나님께서 어떻게 가변적이고 유한한 사람과 결합할수 있는가의 문제입니다. 이미 살펴본 대로 네스토리우스는 이 문제를 설명하려고 두 본성을 주장했지만, 431년에 열린 에베소 공의회는 그의 이론을 이단적인 것으로 여기며 정죄하였습니다. 네스토리우스가 정죄된 이후에도 교회는 예수 그리스도의 신성과 인성의 문제에 대해서 충분히 대답하지 못하였습니다. 에베소 공의회의 결정만 하더라도 신앙규정이나 신조를 통해서 두 진영 간의 문제를 해결한 것이 아니라, 니케아 신조를 확인하고 키릴의 12항목 파문장을 인정하는 것으로 마무리하였습니다. 이 문제를 명확하게 처리하지 못했기에 언제든지 다시 심각하게 제기될 가능성을 가지고 있었습니다.

네스토리우스와 키릴 사이의 문제는 다시 유티케스를 통해서 드러났습니다. 유티케스는 네스토리우스의 주장을 확고하게 반대했지만, 문제는 정반대 방향에서 발생했습니다. 유티케스의 강조점은 그리스도의 두 본성의 연합에 있었기 때문에 연합이 있기 전에는 두 본성이 존재하지만, 성육신을 통해 연합한 후에는 오직 한 본성만 존재한다고 주장했습니다. 유티케스의 이러한 입장을 단성론이라고 부르는데, 유티케스의 단성론에 의하면 두 본성은 혼합되어 신성도 인성도 아닌 제3의 새로운 본성이 되었습니다. 유티케스는 오직 한 인격만이 존재한다는 키릴의 견해에 동의했지만, 예수 그리스도의 인격 안에 여전히 두 본성이 존재한다는 사실을 단호하게 거부하여 키릴과는 다른 주장을 펼쳤습니다. 이러한 문제 때문에 제4차 에큐메니칼 공의회라고 알려진 칼케돈 공의회는 예수 그리스도의 두 본성을 자세하게 다루고 있습니다. 이 공의회는 하나님이 어떻게 인간이 되셨는지를 문제 삼고 있습니다. 어떻게 하면 교회가 네스토리우스와 유티케스의 주장을 극복할 수 있는가를 다루었습니다.

ㅋ. 공의회의 진행과정

칼케돈 공의회는 500명 이상의 주교들이 참석한 가운데 451년 10월 8일에 열렸습니다. 서방에서도 교황 레오가 특사를 파견하였고, 그가 쓴 그리스도론은 그때까지 그리스도론을 다룬 교회의 신앙진술 중에서 가장 중요한 진술을 만들어 내는 데 핵심 역할을 했습니다. 예를 들어, 칼케돈 공의회가 정통신앙과 전통을 이어가는 것을 확인하기 위해서 니케아 공의회에서 작성된 진술과, 키릴의 편지, 레오의 편지가 함께 낭독되었습니다. 주교들은 이 문서들이 문제를 해결하는 데 충분하다고 생각하였으나, 황제는 새로운 신조가 만들어지기를 원했습니다. 그것은 안디옥학파와 알렉산드리아학파 뿐만 아니라 서방교회와 동방교회 모두를 연합시킬 수 있는 신조가 되어야 했습니다. 모든 주교가 새

신조의 필요성을 인정한 것은 아니지만, 논의를 거쳐 표결에 부쳐질 초안을 작성하기 위해 위원회가 임명되었습니다.

칼케돈 공의회에 제시된 첫 번째 신조 초안은 교황의 특사들을 제외하면 대체로 동의하는 분위기였는데, 논쟁적인 부분은 그리스도의 두 본성을 어떻게 진술할 것인가의 문제였습니다. 신조 초안에는 원래 유티케스와 단성론자가 사용했던 문구, 즉 한 본성이 다른 본성을 압도한다는 표현과 유사한 표현이 제시되었습니다. 원래 "두 본성에서"라는 단순한 문구가 사용되었는데, 교황의 특사들은 이 문구가 영원히 하나님의 아들이신 예수 그리스도는 한 인격 안에 두 본성이 구분된 상태로 남아 있다는 사실을 제대로 담아내지 못한다고 주장하였습니다. "교황 레오가 쓴 교서" Leo's Tome 에는 "두 본성이 그리스도 안에서 변하지 않고, 분할되지 않고, 혼합되지 않은 채 연합해 있다."라고 적혀 있었습니다. 결국 신조의 문구가 수정되었고, 그 결과로 작성된 신앙 진술은 알렉산드리아 학파와 안디옥 학파의 양 극단, 특히 유티케스의 교리를 배척하면서 앞서 열린 세 차례의 공의회 결정 사항을 재확인했습니다.

4. 주요 신학자들

1) 유티케스

유티케스는 콘스탄티노플에서 존경받던 연로한 수도사였습니다. 448년에 그는 이단으로 고소되었고, 주교 플라비아누스가 그를 몰아붙여 재판에 회부되었습니다. 유티케스는 그리스도의 두 본성을 확실하게 말하지 않고 하나로 섞어 놓았다는 이유로 고소되었습니다. 만약 노란색과 파란색을 혼합하면 노란색도 아니고 파란색도 아닌 녹색이 나오듯이, 말과 당나귀를 교배하면 말도 아니고 당나귀도 아닌 노새가 나오듯이 두 본성이 연합되면 인성도 신성도 아닌 제 3의 위격이 된다고 설명하였습니다. 즉 예수 그리스도는 신성과 인성의 혼합체이기 때문에 하나님도 인간도 아닌 제3의 어떤 존재라고 주장해서 고소를 당한 것입니다. 유티케스가 자신의 이단 사상을 사람들에게 의도적으로 전했다라기 보다는 단지 그 자신의 혼란스러운 생각일 뿐이라는 주장도 있었지만, 재판 결과는 예수 그리스도의 두 본성을 어지럽혔다는 이유로 정죄되었습니다.

2) 교황 레오

레오는 440년부터 461년까지 로마의 주교였으며, 종종 위대한 레오라고 불릴 만큼 위대한 교황 중 한 사람이었습니다. 그는 452년에 로마를 침공한 훈족 아틸라와 개인적으로 담판을 지어 물러나게 했고, 3년 후 반달족이 로마를 점령했을 때는 온 힘을 다하여 파괴와 학살을 막아내었습니다. 레오는 특히 예수 그리스도의 위격과 로마 교황권에 대한 가르침으로 유명해졌습니다. 예수 그리스도의 위격에 대한 그의 가르침은 이단 유티케스를 논박하기 위해서 쓴 "교서"에서 찾아볼 수 있습니다.

레오는 자신의 시대까지 내려오고 있는 기독론에 대한 서방교회의 가르침을 "교서"에 한데 모아 놓았습니다. 레오는 자신의 구원론에 근거해 예수 그리스도의 위격을 이해하고 있었는데, 우리를 구원하기 위해 예수 그리스도는 하나님이면서 동시에 인간이어야 했습니다. 그리스도의 인성은 비록 "죄는 없었지만" "완전히 우리와 같은 존재가 되기 위해" 필요한 것이었습니다. 그러므로 그리스도는 신성과 인성이라는 두 본성을 가지고 있어야 했습니다. 유티케스에 반대하면서 레오는 "두 본성은 각각의 고유한 성질을 조금도 잃지 않고 유지한다."는 사실을 강조하였습니다. 인간으로서 예수는 친구 나사로의 죽음을 슬퍼했고, 하나님으로서 예수는 나사로를 죽음에서 살려냈다고 설명합니다. 그리스도는 한 인격이었으나 이 점이 두 본성을 모호하게 구분하도록 이해되어서는 안 되며, 그러므로 '제3의 어떤 것'은 있을 수 없다는 것이 레오의 주장이었습니다. 예수는 배고픔을 느꼈으나 또한 오천 명을 먹였다는 사실에서 전자는 인성을 후자는 신성을 나타낸다는 것이 그의 주장이었습니다. 레오는 키릴에 비해 그리스도의 연합을 덜 강조했는데, 그렇다고 그리스도의 연합이 그의 가르침에 없었던 것은 아닙니다. 마리아에게서 태어난 분은 바로 삼위일체의 두 번째 위격인, 하나님의 아들이었음을 강조하면서 다음과 같이 말했습니다: "모든 감각을 초월한 하나님이 감각을 지닌 인간이 되는 것을 무가치하게 여기지 않았다."

5. 공의회의 결정사항
— 칼케돈 신조[1]

다음은 칼케돈 신조의 전문입니다.

---

[1]   Justin S. Holcomb, 『신조를 알면 교회사가 보인다』, 73-74.

그러므로 거룩한 교부들을 따라 우리는 한마음으로 한 분이며 동일하신 성자 우리 주 예수 그리스도가 동시에 신성에서도 온전하시고 인성에서도 온전하신, 참 하나님이며 이성적 영혼과 몸으로 구성된 참 사람임을 가르친다.

그는 신성에 관하여 성부와 동일본질 이시고, 동시에 인성에 관하여 우리와 하나의 본질이시다. 그는 모든 면에서 우리와 똑같으시지만 죄는 없으시다. 신성에 관하여 성자는 모든 세대 이전에 성부에게서 나셨으나, 인성에 관하여 인간적인 우리와 우리 구원을 위해 하나님의 어머니^{Theotokos}인 동정녀 마리아에게서 나셨다. 한 분이며 동일하신 그리스도요, 성자, 주, 독생자는, 두 본성 가운데 인식되지만, 두 본성은 혼합되지 않고, 변화되지 않고, 분할되지 않고, 분리되지 않는다. 두 본성의 구분은 연합에 의해 취소되지 않으며, 오히려 각 본성의 특성들은 보존되고 함께 한 인격과 위격을 형성하며, 두 인격으로 나뉘거나 분리되지 않고 오직 한 분이며 동일하신 성자, 말씀이신 독생자 하나님, 주 예수 그리스도를 이룬다. 이는 옛적부터 선지자들이 그에 대해 전한 바이며, 우리 주 예수 그리스도 자신이 가르치신 것이고, 교부들의 신조가 우리에게 전해 준 내용이다.

b. 결론적 진술

칼케돈 공의회는 이미 교황 레오가 정죄한 유티케스의 안건을 다루기 위해 황제 마르키아누스가 451년 10월 칼케돈에서 소집한 회의입니다. 제4차 에큐메니칼 공의회로 인정받고 있는 이 회의는 도적회의로 불렸던 449년의 에베소 회의가 정죄한 안디옥학파 사람들을 복권시켰습니다. 황제의 요구로 작성된 신앙규정은 네스토리우스와 유티케스의 가르침에 대항해서 정통교리를 수립하기 위해서 작성된 것으로 니케아-콘스탄티노플 신조의 내용만으로는 정통 교리를 수립하기에 충분하지 않았음을 보여줍니다.

　　칼케돈 신앙규정은 니케아-콘스탄티노플 신조를 해설하는 동시에 이단을 배척하는 것이었습니다. 이 신앙 규정은 고대의 네 이단들을 논박하기 위해서 네 가지 사항을 강조하였습니다. 즉 예수 그리스도 안에는 참된 신성과 참된 인성이 한 위격 안에서 혼동됨이 없이 불가분의 관계로 연합해 있다는 것입니다. 요약하면, 한 위격 안에 두 본성이라고 할 수 있습니다. 황제는 이 칼케돈 신앙규정을 통해서 동방교회가 강력한 유대관계를 형성하고자 의도했으나, 오히려 관계가 악화되는 역효과가 나타났습니다. 왜냐하면 이집트와 몇몇 지역에서는 칼케돈 신앙규정을 수용하지 않고 단성론파로 갈라져 나갔기 때문입니다. 비록 고대교회의 에큐메니칼 공의회를 통해서 단성론파가 갈라져 나갔지만, 오늘날 그들을 동방정교회 안에 한 분파인 오리엔트 동방정교회를 형성하고 있으며, 그들을 이단이라고 규정하지는 않습니다. 따라서 이 경우는 앞에서 제기했던 질문, 이단은 시대에 따라서 기준이 변할 수 있는가?라는 질문에 대한 하나의 예시로 제시할 수 있습니다. 때로는 지나친 교리논쟁과 파벌 싸움의 폐해를 인정할 필요가 있습니다. 왜냐하면 목숨걸고 지키려고 하는 것이 진리라기 보다는 자신의 세력과 이익일 때도 있기 때문입니다.

제 6 장

고대교회 기독론 정리 (1)

1. 서론적 질문
— 예수 그리스도는 어떤 분이신가?

여러분들이 믿고 고백하는 예수 그리스도는 어떤 분인가요? 베드로의 신앙고백이라고 알려진 마태복음 16장 16절에 기록된 말씀에서, 베드로는 예수 그리스도를 향해 "주는 그리스도시요, 살아계신 하나님의 아들이십니다"라고 믿음으로 고백합니다. 이러한 고백은 예수 그리스도께서 "사람들이 나를 누구라 하더냐?"라고 물으신 이후에, "그러면 너희는 나를 누구라 하느냐?"고 말씀하신 질문에 대한 베드로의 대답입니다. 마태복음 16장을 통해서 확인할 수 있는 것처럼 예수 그리스도를 믿음의 눈으로 바라보는 사람과 그렇지 않은 사람들은 "예수 그리스도가 누구신가?"라는 물음에 각기 다른 대답을 하게 됩니다. 그러나, 사람들이 인정한다고 예수께서 하나님의 아들이 되시거나, 인정하지 않는다고 하나님의 아들이 아니신 것은 아닙니다. 우리의 신앙 고백과는 상관없이, 교회회의의 결정내용과도 상관없이 예수님은 하나님의 아들이신 성자 하나님입니다.

그렇다면, 믿음으로 사실을 받아들이고 그 사실을 고백하는 것은 어떤 의미가 있을까요? 반대로, 사실을 받아들이지 않고 잘못된 가르침을 전하는 이들에 대해서 교회가 정죄하고 교회 공동체에서 출교하는 것은 어떤 의미가 있을까요? 이번 장과 다음 장에서 초대교회의 기독론을 정리하면서 325년부터 451년까지 교회 회의를 통해서 예수 그리스도의 두 본성과 두 본성의 연합에 대해서 교회가 결론에 도달하기까지 논쟁하고 정죄하고 출교했던 그 모든 일들이 어떤 의미가 있는지에 대해서도 생각해 보려고 합니다.

2. 신학의 과제와 기독론 논쟁

초대교회에서 신학이란 신앙의 내용을 논리적인 언어로 설명하는 도구인 동시에 그리스 문화와 철학에 익숙한 이교도들에게 복음을 변증하는 도구로 사용되었습니다. 초대교회에서 신학의 과제는 신약성서의 복음선포의 내용과 도구로서의 신학의 관계를 적절하게 규정하고 둘 사이의 긴장관계를 적절하게 유지하는 것이었습니다. 지금까지 살펴본 것처럼 초대교회에서 신학 논쟁은 주로 예수 그리스도의 인격과 구원 사역에 초점이 맞추어져 있었습니다. 예수 그리스도의 신성과 인성에 관한 논쟁의 핵심을 이해하기 위해서는 '구원'에 대한 이해가 필수적입니다. 예수 그리스도를 통한 죄와 죽음으로부터의 구원은 그리스도교 신앙의 핵심이며, 유대교나 이슬람교와 비교되는 그리스도교의 정체성에 해당되는 것이기 때문입니다.

그리스도교의 정체성을 이야기할 때 가장 핵심적인 질문은 '예수 그리스도는 누구신가?'하는 질문입니다. 이 질문에 대해서 어떤 대답을 했는지에 따라서 이단으로 정죄되기도 하고 정통으로 인정받기도 했습니다. 예수 그리스도는 누구신가에 대한 정답은 그리스도교 신앙의 교과서인 성경을 통해서 확인할 수 있습니다. 성경은 그리스도 안에서 신성이 특별하게 임재한다는 사실을 마리아의 증언을 통해서 전달합니다. 그리고 구원의 기대와 미래의 희망은 예수 그리스도에게 전적으로 의존해 있다는 사실을 시므온과 안나의 증언뿐만 아니라 사도 바울의 증언을 통해서 전달합니다.

"예수 그리스도는 누구신가?"하는 질문은 교회와 관련해서 가장 중요한 질문입니다. 왜냐하면 예수 그리스도께서 이 질문 다음에 이어진 베드로의 고백 위에 교회를 세우겠다고 말씀하셨기 때문입니다. 따라서 기독론은 교회의 중심주제이고, 다른 모든 교리의 기초가 됩니다. 기독론과 관련된 초대교회의 교리논쟁은 다신론과 일신론 사이에서 특별할 길을 개척하며 삼위일체론을 확립했습니다. 그리스도교는 예수 그리스도를 삼위로 일체되신 성자 하나님으로 고백하는 성경의 진술을 교리로 확정하였습니다.

기독론 논쟁은 일부 논란이 되는 성서 본문과 관련되어 전개되었습니다. 일부 논란이 되는 성서 본문이란, 예수 그리스도께서 구세주이심을 끝까지 드러내지 않으면서 인성을 주로 강조하는 마가복음의 내용을 말합니다. 시간이 지나서 기독론 논쟁에서 예수 그리스도의 시작 곧 유래와 본성에 관한 물음이 점점 더 중요한 문제로서 큰 비중을 차지하게 됩니다. 그는 누구신가?라는 질문에서 시작하여 그의 존재는 어떻게 시작되었는가? 그는 어떤 본성을 가지셨으며, 그 본성들 사이의 관계는 어떠한가?의 질문으로 마무리되었습니다. 논쟁이 진행되는 과정에서 이단과 정통으로 나뉘어졌으며, 신약성서와 이전의 교회회의를 통해서 결정된 신조에 대한 새로운 해석이 더해졌습니다. 아울러 시간이 지나면 지나갈수록 철학적 강도가 점점 더해졌습니다.

ㅡ. 2세기의 기독론

1) 가현설적 기독론

기독론과 관련하여 초대교회에 가장 큰 위협이 되었던 것은 영지주의의 영향을 받은 가현설적 기독론입니다. 신성과 인성이라는 그리스도의 두 가지 존재 방식에 대한 이견 때문에 논쟁이 벌어진 상황에서 신성과 인성이 공존하는 역설에 대한 합리적 설명을 시도하였습니다. 그러나, 합리적인 설명이 두 가지 존재 방식 가운데 하나를 버림으로써 정당성을 확보할 수는 없습니다. 가현설적 기독론은 그리스도의 참 인간성은 부정하고 지상의 모습은 허구일 뿐이라고 주장합니다. 이러한 주장의 배경에는 헬레니즘적 현실이해와 구원론적 관심이 있었습니다. 헬레니즘적 현실이해란 헬레니즘의 철학에 기반한 세계관이 반영된 현실이해를 의미합니다. 이 헬레니즘의 세계관에 의하면 구원은 인간의 영혼과 관련이 있고 육체는 구원의 대상이 아닌 것으로 여기는데, 그 이유는 영혼은 고결하고 육체는 악한 것으로 생각하기 때문입니다. 이러한 가현설적 기독론을 주장한 대표적인 인물은 마르키온과 바실리데스입니다.

2) 사르디스의 멜리토 Melito of Sardis

사르디스의 주교 멜리토는 161년에서 180년까지 로마의 황제였던 마르쿠스 아우렐리우스에게 『호교론』을 저술해서 보냈는데, 이 책은 역사상 가장 처음 기록된 호교론으로 알려져 있습니다. 그는 성경

연구에 깊은 관심을 가지고 있었고 그 결과를 저술로 남겼습니다. 출애굽기 12장에 기록된 유월절 사건에 대해 유형론적 주석을 전개해 나갔습니다. 출애굽기 12장을 해석하면서 어린양은 그리스도의 유형이고, 그리스도를 신으로 표현하면서 다음과 같이 말했습니다. "그는 어린양으로 살해되었지만, 신으로서 일어났다." 유월절이 그리스도의 희생을 예표한다는 점을 보여주고 나서 그리스도인이 유월절을 지키는 것이 이치에 맞지 않는 이유를 설명합니다. 한편 멜리토는 이사야 53장을 그리스도의 고난의 빛 아래에서 해석하는데, 이사야 53장의 고난받는 종을 그리스도의 고난으로 이해하는 것은 오늘날 보편적인 해석 방법입니다. 그는 영지주의적 가현설에 대항하여 그리스도의 성육신을 지지하면서 그리스도가 두 본성 곧 신성과 인성을 가진 존재임을 명시하였습니다.

3) 이레니우스 Irenaeus

이레니우스의 기독론 전개 역시 멜리토와 마찬가지로 영지주의에 대해서는 소극적인 입장을 보이는 것 같지만, 그의 기독론에서 중요한 주제는 성육신입니다. 성육신 사건 자체를 하나님이 인간이 되셔서 신성과 인성을 함께 간직하게 된 사건으로 설명합니다. 신성과 인성을 함께 가지신 분만이 인간과 하나님 사이에서 온전한 중보자가 될 수 있다고 주장합니다. 이 성육신 사건에 대해서 이레니우스는 로고스가 육신을 취하여 인간이 된 사건이라고 설명합니다. 신적인 말씀이 인간의 삶으로 온전히 들어옴으로써 구원이 완성된다고 할 때, 성육신 사건이 곧 신적인 말씀이 인간의 삶으로 온전히 들어온 사건으로 설명됩니다.

이 성육신 사건은 새로운 인류의 시작, 곧 제2의 아담 그리스도의 시작을 알리는 사건입니다. '총괄갱신'이라는 이레니우스의 구원론은 아담 이후 지금까지 인류가 범죄하였던 모든 죄들을 제2의 아담인 예수 그리스도께서 완전히 없애셨다는 이론입니다. 그리스도의 일원성을 강조하는 동시에 신성과 인성을 구별하였다는 점에서 그의 입장은 안디옥 학파의 입장과 다르지 않음을 확인할 수 있습니다.

4. 3세기의 기독론

1) 테르툴리아누스 Tertullianus

테르툴리아누스는 그리스도인으로서는 최초로 라틴어 저술을 남긴 중요한 인물입니다. 그가 저술했던 많은 작품들 가운데 교리서와 그리스도교를 변증하는 내용, 그리고 이단에 반대하는 내용이 있는데, 이단을 반박한 대표적인 작품은 『프락세아스 반박』과 『마르키온 반박』 입니다. 특히 『프락세아스 반박』은 군주신론을 주장한 프락세아스에 대한 반박으로, 삼위일체의 관계가 마치 한 사람이 아버지도 되고 남편도 되고 작가도 된다는 논리로 삼위일체를 부정하는 이른바 군주신론을 반대하면서 하나님이 세 위격 안에 있는 한 본질이라고 선언하였습니다.

테르툴리아누스는 성육신 사건을 신성과 인성이 통합 이후 감소됨이 없이 각각의 특수한 본성을 유지하는 것으로 설명합니다. 하나님의 아들이며, 동시에 인간의 아들인 예수 그리스도는 한분이라는 테르툴리아누스의 주장은, 신성과 인성 두 본성이 교류함으로써 두 본성의 구별에도 불구하고 그리스도의 인격의 통일성에 손상이 가지 않는다는 주장과 연결되어 있습니다.

2) 오리게네스 Origenes

오리게네스는 185년 알렉산드리아의 그리스도인 가정에서 출생했고, 전 생애를 금욕하면서 학문 연구에 바쳤습니다. 그의 작품들은 성경에 관한 저술들, 조직신학적 저술인 『제1원리』, 변증서인 『켈수스 논박』, 그리고 그리스도인의 삶을 위한 실천적인 책들 『기도』, 『순교를 권면함』 등이 있습니다. 이 가운데 『제1원리』에서 세상 창조에 앞서서 천상적 세계의 창조를 가정합니다. 이 책은 하나님, 세계, 자유, 성경 네 부분으로 구성되어 있습니다. 오리게네스에 의하면 로고스는 신과 모든 피조물 사이의 중보자로서 신에게서 나온 분입니다. 예수 그리스도의 영혼은 로고스와 긴밀하게 연합되어 있는데, 오리게네스는 이 연합을 불과 강철의 결합으로 비유하였습니다. 그는 로고스가 처녀에게서 순수한 몸을 가지고 태어났을때 신성과 인성이 분리할 수 없을 정도로 결합되었다고 생각했습니다. 그런데, 오리게네스는 예수 그리스도가 육체를 입었기 때문에 비록 신성으로는 성부와 동일본질이지만 인성으로는 성부보다 못하다고 주장했습니다.

5. 4세기의 기독론

1) 아리우스 Arius

아리우스는 알렉산드리아의 장로로, 오리게네스와 마찬가지로 성부가 성자보다 위대하며, 성자가 성부에 종속되어 있다고 생각했습니다. 그러나, 아리우스와 오리게네스는 성자의 본성에 있어서는 견해를 달리합니다. 즉, 아리우스는 오리게네스와는 달리 성부만이 하나님이라고 주장하였습니다. 오리게네스는 예수 그리스도도 신성에 있어서는 하나님과 동일본질이시지만, 인성에 있어서는 사람과 동일본질이시기 때문에 인성으로는 하나님보다 못하시며 성부에게 종속되어 있다고 보았습니다. 그러나 아리우스는 예수 그리스도가 하나님과 동일본질이 아니라고 주장하였습니다. 아리우스에 의하면 성자는 단지 무에서 창조된 피조물이지 하나님은 아니며, 피조물이기 때문에 시작이 있는 존재, 곧 영원하지 않은 존재입니다. 아리우스는 "그가 아니 계셨던 때가 있었다"고 주장하였습니다. 그가 박해를 받았던 이유, 이단으로 정죄받았던 이유는 성자에게 시작이 있다고 말했기 때문이고, 성자가 창조되었다고 말하기 때문입니다.

2) 아타나시우스 Athanasius

아타나시우스는 328년 알렉산더 Alexander 의 뒤를 이어 알렉산드리아의 주교가 된 이후 45년간 주교로 지내다가 373년에 세상을 떠났습니다. 45년간 주교로 있으면서 여러 가지 이유로 다섯 번에 걸쳐 총

신앙, 무엇을 믿는가?
교리와 논쟁, 신조의 역사 (고대와 중세편)   2부 삼위일체 논쟁과 고대교회의 에큐메니칼 공의회 _____

17년간 유배 생활을 보내야했는데, 가장 큰 이유는 모든 수단을 동원해 아리우스에 대항하면서 타협하지 않았기 때문입니다. 아타나시우스는 요한복음 1장 14절을 해석하면서 로고스가 인간이 된 것이지, 인간 안으로 들어간 것은 아니라고 하였습니다. 로고스가 인간이 되었다는 것은 로고스가 육신으로 변하여 없어졌다는 것이 아니라 우리를 위하여 몸을 취했고 인간이 되어서 고난을 당한 육신의 주체였다는 의미입니다. 이는 로고스가 인간 안으로 들어가 인간의 영혼을 대치했다는 아폴리나리스의 주장에 대한 강력한 반대주장입니다. 그는 구원론적인 관심에서 오직 하나님만이 타락한 인류를 구원할 수 있다고 주장하였고, 동일본질에 역점을 두어서 신성을 강조했습니다.

3) 아폴리나리우스 Apollinarius

아폴리나리우스는 아리우스를 반대하면서 예수 그리스도의 신성을 옹호하는 것에서 출발했습니다. 그러나 그리스도의 신성을 지나치게 옹호하려다가 인성을 무시하는 결과를 가져왔습니다. 그는 요한복음에 기록된 "말씀이 육신이 되셨다"는 구절에서 아리우스주의가 가지고 있었던 문제를 해결할 수 있다고 생각했습니다. 그리스도에게 있어서 두 개의 완전한 본성인 신성과 인성은 하나로 합쳐질 수 없기 때문에 그리스도의 인성의 축소를 인정해야 두 본성의 연합의 문제가 해결될 수 있다고 주장했습니다. 또 다르게는 예수 그리스도는 완전한 인성을 취한 것이 아니라 영혼만을 취했다고 주장했습니다. 로고스가 예수의 영을 대신하였다고 이해함으로써 신인 God-Man 으로서 그리스도를 이해하기 보다는 인간의 육체를 입고 오신 하나님으로 이해했습니다.

이러한 주장의 문제점은 인간 예수가 로고스를 가졌다는 점에서는 완전한 하나님이시라고 할 수 있지만, 인간의 지성과 이성을 가지지 않았다는 점에서는 완전한 인간이라고 할 수 없습니다.

b. 결론적 진술
― 기독론의 결정과 고대교회 에큐메니칼 공의회

2-4세기까지 기독론이 발전하는 과정에서 예수는 하나님이시라고 하는 믿음의 고백만으로는 예수 그리스도에 대해서 온전히 표현하지 못하고 있음이 드러났습니다. 과거에는 아무런 문제가 없이 예수는 하나님이라고 고백하면 그만이었는데, 자주 문제가 생긴 것은 플라톤 철학의 절대자 개념들을 가지고 분석함으로써 신성과 인성의 관계에 대해 좀더 분명하고 자세한 진술이 요구되었기 때문입니다. 예수 그리스도의 신성과 인성을 확보하고, 온전한 하나님이신 동시에 온전한 인간이라는 주장을 하기까지는 오랜 시간이 필요했습니다. 교회가 교리의 문제로 인해서 둘로 나뉘어 있는 상황에서 황제가 교회 회의를 소집하고 신학적인 문제에 관여함으로써 제국의 통일을 시도했습니다. 그러한 회의들의 결과로 작성된 고대교회의 에큐메니칼 공의회의 신조들은 오늘날까지 중요한 문서로 여겨집니다.

제 7 장

고대교회 기독론 정리 (2)

1. 서론적 질문
— 신학이란 무엇인가?

신학이란 무엇일까요? 신학은 신앙에서 출발합니다. 신앙이 없이도 신학이라는 학문을 하나의 학위과정으로 여기고 학위를 받기 위해서 수행할 수도 있겠으나, 신앙이 없는 신학은 엄밀한 의미에서 신학 theology 이 아니고 종교학 religious studies 이라고 할 수 있습니다. 즉 신앙이라는 요소를 배제하고 세속적 관점에서 신과 종교현상을 연구하는 것은 종교학이라고 할 수 있고, 자신의 속한 그리스도교의 신앙을 가지고 학문적 관점에서 신과 신앙 공동체를 연구하는 것을 그리스도교 신학 또는 신학이라고 할 수 있습니다. 그런데 이것이 학문적으로 되기 위해서는 학문이라는 전문영역이 갖는 특징들을 모두 가지고 있어야 합니다. 그 특징들이란, 논리적이고 합리적이어야 하며, 이해, 설명, 비판이 가능해야 합니다. 다른 한편으로 이러한 이해, 설명, 비판은 교회를 위한 것, 크게는 예수 그리스도의 복음전파와 하나님 나라의 구현을 위한 것이어야 합니다. 그리고 신학이라는 분야가 기타 다른 학문분야와 구별되는 독특한 특징이 있는데 그것은 바로 영성입니다. 신학이 종교학이 아니라 신학 고유의 범주 안에 있기 위해서는 신앙과 교회라는 두 가지 요소가 필수적입니다.

신학이 신학의 고유한 기능 즉 하나님 나라의 확장과 세계선교라는 목적을 제대로 수행하기 위해서는 하나님의 사랑과 정의가 전제되어야 하고, 또 신학하는 사람 한 사람 한 사람에 의해서 이것들이 실천되어야 합니다. 사도 바울의 표현으로 이야기하면, "우리가 다 하나님의 아들을 믿는 것과 아는 일에 하나가 되어 온전한 사람을 이루어 그리스도의 장성한 분량이 충만한 데까지 이르리니"[1]라고 할 수 있습니다. 여기서 아는 것은 행함으로 아는 것을 말합니다. 마틴 루터의 표현으로 풀어서 이야기 하면, 신학이란 머리로 이해하고 책을 읽고, 깊이 생각함으로써 할 수도 있겠지만, 신학함이란 사랑과 정의를 실천하기 위해서 살아가는 것, 이것을 실천하다가 죽는 것, 이것들을 실천하다가 해 받기를 두려워하지 않는 것이라고 말할 수 있습니다. 이것은 예수 그리스도께서 십자가에 달리신 이유이기도 합니다.

하나님에 관해서 연구하는 신학이 정당성을 확보하기 위해서는 하나님의 대표적인 속성인 사랑과 정의가 담보되지 않으면 안됩니다. 사랑과 정의와는 상관없이 신학이라는 학문을 진행한다면, 그가 공부하고 애쓰는 시간 동안 그리스도교의 하나님과는 상관이 없는 다른 신에 대해서 배우고 있을 확률이 높습니다. 그리스도교의 전통과 가르침과는 전혀 상관이 없는 사랑과 정의를 이야기 하는 경우에도 같은 문제점이 제기될 수 있습니다. 또 사랑과 정의를 무시하고 그리스도교의 신에 대해서 이야기 한다면, 이는 하나님의 이름을 자신의 지적 호기심을 채우거나, 이익을 충족시키는 도구로 전락시키는 것입니다. 그러나, 신학이 고유의 역할을 잘 감당할 때 교회는 든든히 서게 되고 진리가 수호될 수 있었음을 4-7세기 까지의 기독론 논쟁을 통해서 확인해 볼 수

---

1   에베소서 4:13 (개역개정).

있었습니다.

2. 4~7세기 주요 기독론

1) 알렉산드리아의 키릴 Cyril of Alexandria

키릴은 412년에 삼촌 테오필루스Theophilus of Alexandria의 뒤를 이어 알렉산드리아의 주교가 되었습니다. 키릴은 콘스탄티노플의 주교였던 네스토리우스와 논쟁을 벌였는데 이때 했던 주요 주장으로 인해 명성을 얻게 되었습니다. 키릴은 예수 그리스도의 위격과 관련해 네스토리우스와 근본적으로 다른 입장에 있었기에 그와 대립하지 않을 수 없었습니다. 키릴의 기본적 입장은 매우 단순했습니다. 그의 주요 주장은 다음과 같습니다: "예수 그리스도는 말씀이신 하나님이 거하거나 말씀이신 하나님과 연합된 인간이 아니라, 육신이 된 말씀이신 하나님이시다." 키릴이 네스토리우스와 맞서 지켜내고자 했던 것은 간단히 말하면 성육신 교리였습니다. 성부 하나님에게서 나오신 말씀으로서 하나님이 인간으로서 동정녀 마리아에게서 태어난 것입니다. 키릴에 의하면, 그녀가 낳은 인간 예수는 하나님이었기 때문에 마리아는 '하나님의 어머니'입니다. 그리스도는 인간 예수와 말씀이신 하나님이 결합한 것이 아니고, 요한복음에 기록된 것처럼 "말씀이 육신이 되신"요 1:14 분입니다. 말씀이신 하나님이 인간의 본성영혼을 포함을 완전히 갖춰 그 자신과 연합하여 인간이 된 것이기에, 이러한 말씀과 그 인성의 연합은 예수 그리스도를 하나의 본체, 곧 한 존재로 만들기에 '본체의 연합'이라 부를 수 있습니다. 키릴은 마치 육체와 영혼이 함께 한 인간을 구성하는 것처럼 예수 그리스도 안에서 신성과 인성이 불가분의 관계로 연합해 하나의 실재를 형성했다고 믿었고, 더 나아가 "본성의 차이는 연합으로 인해 전혀 변하거나 사라지지 않는다."고 확신했습니다.

2) 네스토리우스 Nestorius

428년 콘스탄티노플의 주교가 된 네스토리우스는 설교자로서 대중의 많은 사랑을 받았습니다. 그는 예수 그리스도의 위격에 관한 입장에서는 안디옥학파에 속했는데, 이는 그가 "말씀이 사람 되심"Word-man 이라는 접근 방식을 따랐음을 의미했습니다. 네스토리우스는 그리스도를 말씀이신 하나님이 거하시는 인간 예수라고 보았습니다. 인간 예수와 말씀이신 하나님은 목적과 의지로 가장 밀접하게 연합된 존재로 존재할 수 있습니다. 하지만 네스토리우스가 양자를 연합하려 시도했음에도, 모든 것을 선포하고 모든 사명을 완수한 후에는 각각 개별적 존재로 남게 됩니다. 오랫동안 사라졌던 네스토리우스의 작품인 『헤라클레이데스 시장』[2]이 1895년에 발견되고 1910년에 출판되었고 영어로는 1925년에 번역되었는데, 이 작품을 통해 네스토리우스가 예수 그리스도의 연합을 확고히 하고자 했고 정통으로 인정되길 간절히 바랐다는 사실과, 하지만 그의 목적이 성취되지 않았다는 사실이 다시 한번 확인되었습니다.

네스토리우스는 콘스탄티노플에서 설교하면서 동정녀 마리아가

2　Nestorius, *The Bazaar of Heracleides*, edited and traslated by G. R. Driver and Leoard Hodgson (Oxford: Clarendon Press, 1925).

'하나님의 어머니 Theotokos'였다는 사실을 부인했습니다. 즉, 예수가 마리아에게 난 사람이요 말씀이신 하나님은 아니라는 것이었다고 생각한 키릴은 이 소식을 듣고 곧바로 이에 대응했습니다. 먼저 그는 네스토리우스에게 정중하게 하지만 분명하게 자신의 입장을 설명하는 편지를 썼는데, 이 편지에서 '하나님의 어머니'라는 개념을 수용할 것을 강권했고 그와 평화로운 관계를 지속하기 원한다는 소망을 피력했습니다. 그러나, 네스토리우스의 입장은 변하지 않았고, 그 사이에 키릴은 로마의 지원을 얻어낸 후 다시 네스토리우스에게 편지를 보냈습니다. 두 번째 편지에서는 첫 번째 편지와는 달리 비타협적인 어조로 열흘 안에 항복할 것을 요구했습니다. 키릴은 자신이 이단이라고 여기는 것들을 설명한 열두 가지 진술, 즉 "12항목의 파문장"에 서명할 것을 요구했고, 네스토리우스는 이를 거부했습니다. 키릴과 네스토리우스의 차이점은 다음과 같이 정리할 수 있습니다. 키릴이 예수는 말씀이었다고 믿었던 반면, 네스토리우스는 예수와 말씀이신 하나님을 이야기했습니다. 달리 말하자면, "인간 예수는 누구였는가"라는 질문에 네스토리우스는 예수가 특별하고 완전한 방식으로 말씀과 연합한 한 인간이었다고 믿었고, 키릴은 그가 곧 말씀이었다고 주장했습니다. 네스토리우스는 다음과 같은 말로 매우 분명하게 자신의 입장을 표현했습니다: "나는 두세 달 밖에 안 된 한 갓난아기를 하나님이라 부를 수 없다."

3) 사이러스의 테오도렛 Theodoret of Cyrus

테오도렛은 주후 4세기 말엽 안디옥에서 태어났는데, 4세기와 5세기의 주요 안디옥학파 신학자들 중 마지막 세대였습니다. 그는 사이러스에서 존경받는 목회자였으며, 또한 안디옥학파의 방법론에 따라 성경을 '문자적으로' 해석하는 성경 주석가로도 명성을 떨쳤습니다. 테오도렛의 가장 중요한 신학적 성과는 예수 그리스도의 위격에 대한 가르침에 있습니다. 그는 키릴과 네스토리우스의 논쟁에서 네스토리우스의 편에 가담했고, 키릴을 논박하기 위해 『키릴의 열두 파문 조항을 논박함』을 저술하기도 했습니다. 테오도렛에 의하면, 키릴은 말씀이 신성을 가진 하나님으로서 고난당하셨다고 가르쳤습니다. 그러나 키릴은 신적 본성을 지닌 하나님의 말씀과, 인간의 본성과 연합해 '육체가 되신 후의 인간'을 분명하게 구분했습니다. 그러므로 키릴은 하나님으로서 말씀은 고난을 당할 수 없지만, 육신이 된 인간으로서 그분은 우리를 위해 고난당하셨음을 믿었습니다.

초기의 테오도렛은 그리스도가 두 본성과 두 본체를 가지고 있다고 주장했으나, 나중에 그는 그리스도가 두 본성 혹은 본질^{신성과 인성}과 함께 한 본체 혹은 위격을 가지고 있다고 이해했습니다. 그는 예수 그리스도를 두 위격 혹은 두 아들^{하나님의 아들과 사람의 아들}로 나누는 것과 두 본성을 불분명하게 섞어 하나로 합하는 것 사이의 중간 길을 추구했습니다. 이는 칼케돈 공의회가 취했던 입장이었습니다. 이미 언급했던대로, 449년 소위 '에베소 도적 회의'^{Robber Synod}로 불렸던 에베소 공의회에서 테오도렛은 면직되고 추방되었습니다. 그러나, 그는 2년 후에 열린 칼케돈 공의회에서 복권되었고, 마지못한 것이기는 하나 네스토리우스를 파문하는 데 동참했습니다. 테오도렛은 예수 그리스도의 두 본성에 대해서 다음과 같은 주장했습니다.

저는 그동안 말씀이신 하나님에게서 나온 인간, 오직 한 분이신 하나님의 독생자에 대한 믿음만을 가르쳐 왔습니다. 그러나 육체와 신성을 구별하는 사람들이 있음을 알고 있습니다. 한 분이신 우리 주 예수 그리스도를 두 아들로 나누는 이들과 그분의 한 본성을 신성과 인성으로 나누는 이들도 건전하다고 할 수 없습니다. 이 두 극단은 서로 대립하고 있습니다. 그러나 이 둘 사이에 복음적인 교리의 길이 있음을 알아야 합니다. 『서신』 109.³

말씀이신 하나님은 인간이 되셨습니다. 이는 감각을 초월한 [신적] 본성이 감각에 매인 본성이 된 것이 아니라, 감각에 매인 본성[우리의 인성]에 그분의 수난을 통해 감각을 초월한 본성을 주시기 위해서입니다. 『서신』 145.⁴

4) 고백자 막시무스 Maximus the Confessor

막시무스는 580년경에 태어났고, 30대에 콘스탄티노플에서 황제를 모시는 수석 관리가 되었습니다. 그러나 614년경에 세속적인 모든 경력과 지위를 버리고 수도사가 되었고, 626년 페르시아가 침입하자 북아프리카로 갔습니다. 당시 동방교회는 단성론자들과 화해하기 위해 예수 그리스도는 단 하나의 의지를 지니고 있었다는 교리적 방침을 채택하고 있었습니다. 그러나, 막시무스는 이에 반대하며 예수 그리스도 안에 인간의 의지와 하나님의 의지가 있었음을 확신했습니다.

---

3   Theodoret of Cyrus, "letters 109," Tony Lane, *History of Christian Thoughts*, 박도웅, 양정호 역, 『기독교 인물 사상사전』(서울: 홍성사, 2007), 92에서 재인용.

4   Theodoret of Cyrus, "letters 145," 『기독교 인물 사상사전』, 93에서 재인용.

645년 카르타고에서 막시무스는 콘스탄티노플에서 추방된 교부 파이러스를 만나 이 주제로 논쟁하게 되었습니다. 막시무스는 이 논쟁에서 자신이 이겼다고 생각했고, 예수 그리스도의 두 의지론을 다시 한번 확신했습니다. 그는 서방교회가 다시 이 주제에 관심을 갖도록 하는 데 큰 역할을 했습니다.

그는 649년 로마로 가서 두 의지에 대한 교리를 선포하기 위해 회의를 개최하고 지도적인 역할을 했습니다. 653년에 교황 마르틴이 회의의 결과로 인해 추방되었고, 막시무스도 체포되어 콘스탄티노플로 돌아오게 되었습니다. 단일 의지에 대한 교리를 수용하라는 압력이 거셌지만 그는 거부하고 망명길에 올랐습니다. 661년에 콘스탄티노플로 다시 돌아왔으나 이번에는 더욱 강도 높은 압력이 그를 둘러쌌고, 당시 그의 혀와 오른손이 잘렸다는 이야기가 전해집니다. 그는 다시 추방되었고 662년 세상을 떠났는데, 진리를 위해 고난을 당했다는 이유로 사람들은 그를 '고백자'라 불렀습니다. 그의 신념은 680-681년에 열린 콘스탄티노플 공의회에서 마침내 인정받았습니다.

막시무스는 주후 7세기의 가장 중요한 정통 신학자였습니다. 실제로 그는 '비잔틴 신학의 실제적인 아버지'로 불리는데, 그는 단일 의지 교리에 신학적으로 맞섰던 핵심 인물이었습니다. 그는 예수 그리스도가 인간의 의지를 지니고 있지 않았다면 참다운 인간일 수 없었다고 주장했습니다. 그는 삼위일체의 위격들이 공통의 본성을 지니기 때문에 공통의 의지를 지니는 것처럼, 예수 그리스도도 두 본성을 지니기 때문에 두 의지를 지닌다고 주장했습니다.

그리스도는 본래 하나님이시므로 자연히 신적인 의지와 성부의(신

적인 의지와 성부에게서 받은) 의지를 사용했습니다. 왜냐하면 그리
스도가 의지를 가지고 있었지만 그것은 성부와 동일한 의지였기 때
문입니다. 그는 또한 본성에 있어서 인간이므로 자연히 인간의 의지
를 사용했습니다. 이 의지는 결코 아버지의 의지에 반하는 것이 아니
었습니다.[5]

3. 결론적 진술
— 기독론의 결정과 고대교회 에큐메니칼 공의회

고대교회의 기독론은 예수 그리스도가 하나님이심을 고백하는
신약성서의 증언을 믿는 그리스도인들의 신앙에서 출발하여 예수 그리
스도의 두 본성과 두 본성의 연합을 설명하는 신학으로 발전하였습니
다. 진리를 수호하기 위해서 신학을 사용하기도 하였고, 또 다른 이유로
신학적 논의가 진행되기도 하였습니다. 오랜 시간동안 예수 그리스도
에 관한 교리가 신학적 논쟁의 핵심이 되었던 것은 그리스도교 신학에
서 기독론이 갖는 중요성을 알게 해 줍니다. 이 모든 논쟁의 결론은 말
씀이 육신이 되신 예수 그리스도는 완전한 하나님이시면서 완전한 사
람이시기에 두 본성과 두 의지 곧 신성과 인성 그리고 신적 의지와 인
간적 의지를 가지신 분이 한 분이라는 내용입니다. 이러한 결론에 이르
기까지 많은 신학자들이 자신의 신앙과 신학에 기반하여 기독론을 전
개해 왔습니다. 오늘 언급된 신학자들은 자신의 신앙에 기반하여 교회

---

5 Maximus the Confessor, "Small Theological and Polemical Works," 『기독교 인물 사상사전』 115에
서 재인용.

를 위해 그리고 진리 수호를 위해 많은 어려움을 참고 이겨내면서 신학을 전개해나가기도 했습니다. 그 덕분에 우리는 교회 전통 안에서 쉽게 진리가 무엇인지를 알고 또 배우고 있습니다.

СѷМВОЛЪ,

ра́кше и҆сповѣ́данїе, и҆́же во ст҃ы́хъ ѻ҆ц҃а̀ на́шегѡ а҆ѳана́сїа, патрїа́рха а҆леѯандрі́йскагѡ.

И҆́же хо́щетъ спасти́сѧ, пре́жде всѣ́хъ подоба́етъ є҆мꙋ̀ держа́ти каѳолі́ческꙋю вѣ́рꙋ, є҆́юже а҆́ще кто̀ цѣлы и҆ непоро́чны не соблюда́етъ, кромѣ̀ всѧ́кагѡ недоꙋмѣ́нїѧ, во вѣ́ки поги́бнетъ. вѣ́ра же каѳолі́ческаѧ сїѧ̀ є҆́сть: да є҆ди́наго бг҃а въ трⷪ҇цѣ, и҆ трⷪ҇цꙋ во є҆ди́ницѣ почита́емъ, нижѐ слива́юще ѵ҆поста́си, нижѐ сꙋщество̀ раздѣ́лѧюще. И҆́на бо є҆́сть ѵ҆поста́сь ѻ҆́ча, и҆́на сн҃овнѧ, и҆́на ст҃а́гѡ дх҃а: но ѻ҆́ча, и҆ сн҃овнѧ, и҆ ст҃а́гѡ дх҃а, є҆ди́но є҆́сть бжтⷭ҇во̀, ра́вна сла́ва, соприсносꙋ́щно вели́чество. Я҆́ковъ ѻ҆ц҃ъ, тако́въ сн҃ъ, тако́въ и҆ ст҃ы́й дх҃ъ. Несозда́нъ ѻ҆ц҃ъ, несозда́нъ сн҃ъ, несозда́нъ и҆ ст҃ы́й дх҃ъ. Непостижи́мъ ѻ҆ц҃ъ, непостижи́мъ сн҃ъ, непостижи́мъ и҆ дх҃ъ ст҃ы́й: вѣ́ченъ ѻ҆ц҃ъ, вѣ́ченъ сн҃ъ, вѣ́ченъ и҆ ст҃ы́й дх҃ъ: ѻ҆ба́че не трѝ вѣ́чни, но є҆ди́нъ вѣ́чный: я҆́коже нижѐ трѝ несозда́нни, нижѐ трѝ непостижи́мїи, но є҆ди́нъ несозда́нный, и҆ є҆ди́нъ непостижи́мый. Подо́бнѣ: вседержи́тель ѻ҆ц҃ъ, вседержи́тель сн҃ъ, вседержи́тель и҆ дх҃ъ ст҃ы́й: ѻ҆ба́че не трѝ вседержи́тели, но є҆ди́нъ вседержи́тель. Та́кѡ: бг҃ъ ѻ҆ц҃ъ, бг҃ъ сн҃ъ, бг҃ъ и҆ дх҃ъ ст҃ы́й: ѻ҆ба́че не трѝ бз҃и, но є҆ди́нъ бг҃ъ. Та́кѡ гдⷭ҇ь ѻ҆ц҃ъ,

*

3부

✸

고대와 중세의
중요한 교리논쟁

제 1 장

펠라기우스 논쟁과 은혜의 교리

1. 서론적 진술
— 시대적 배경

325년부터 시작된 기독론 논쟁은 451년 이후에 대략 마무리되었고, 681년에 완전히 종결되었습니다. 하지만, 또 다른 중요한 교리 논쟁들은 끊이지 않고 계속되었습니다. 교회가 교리적 논쟁을 벌인 중요한 원인들 가운데 하나는 하나님의 은혜와 인간의 자유의지에 관한 문제였습니다. 구원이 하나님의 은혜와 관련된 것인지 아니면 인간의 의지와 관련된 것인지의 문제에 관한 논쟁이었습니다. 하나님의 은혜와 인간의 자유의지의 관계에 관한 교회 내의 논쟁을 펠라기우스 논쟁이라고 합니다. 펠라기우스 논쟁은 아우구스티누스가 주도했던 논쟁으로, 기독론 논쟁과 함께 초대교회의 중요한 논쟁이었습니다.

아우구스티누스가 활동하던 주후 4세기 말에 로마 제국은 서쪽 영토 절반이 이민족의 침입으로 산산 조각났습니다. 이른바 게르만 민족의 대이동이라고 불리는 사건으로 로마 제국 변경 게르마니아 지역에 흩어져 살던 이민족들이 훈족에게 밀려 로마 제국 변경 안으로 들어와 로마를 약탈하다가 결국 로마를 무너뜨렸던 것입니다. 특히 410년에는 그 누구도 예상할 수 없었던 일이 벌어졌는데, 그것은 바로 로마의 함락이었습니다. 410년 8월 알라릭이 이끄는 서고트족이 로마를 침공하여 함락시키고 약탈한 사건이 벌어졌습니다. 그리고 476년에는 로

마 제국의 마지막 황제가 야만족인 고트족^{Gothic}의 왕에게 항복했고, 이

로써 서로마 제국은 역사 속으로 사라져 버렸습니다.

2. 아우구스티누스^{Augustinus}

아우구스티누스는 사도 바울 이후 그리스도교 역사에서 가장 위
대한 신학자라고 인정받고 있습니다. 그의 사상은 그리스도교 역사 전
체를 통하여 가장 중요한 교리들의 기초 역할을 해왔습니다. 16세기의
종교개혁자들 뿐만 아니라 동시대의 가톨릭 교회 양쪽 모두가 아우구
스티누스를 인용하여 자신들의 논지를 펼쳐나갔습니다. 벤자민 워필드
는 종교개혁을 "아우구스티누스의 교회론을 넘어선 아우구스티누스의
은혜론이 거둔 궁극적인 승리"라고 평가하기도 하였습니다.

아우구스티누스는 주후 354년 현재의 알제리 수크아리스^{Souk Ah-}
^{ras, Algeria}인 타가스테^{Thagaste}에서 이교도인 아버지와 그리스도인 어머니
모니카^{Monica} 사이에서 태어났습니다. 그러나 그는 구약성경의 '거룩한
전쟁' 개념에 충격을 받았고 그리스도교에 적대감을 가지게 되어 마니
교^{Manichees}를 받아들이게 되었습니다. 마니교는 빛과 어둠이라는 두 궁
극적 원칙 혹은 두 신을 가지고 있는 페르시아의 종교로서, 인간의 영
혼이 빛의 산물인데 반해 물리적 우주는 어둠에서 기원한다고 주장하
면서, 이원론으로 악의 기원을 설명했습니다. 그러나 결국 아우구스티
누스는 그러한 마니교의 설명이 문제를 해결해 주는 만큼이나 문제 역
시도 일으킨다는 것을 깨닫고, 다른 곳에서 진리를 찾기 시작했습니다.
그는 신플라톤주의의 책들을 읽기 시작했고, 거기에서 악의 문제에 대

해 보다 만족할 만한 대답들을 발견할 수 있었습니다. 악은 하나님에게서 독립하여 실재하는 본질이 아니고, 오히려 선의 결핍 혹은 부재라고 이해했습니다. 아우구스티누스는 암브로시우스가 유비적인 해석을 통해 구약성경을 플라톤적 영성과 조화시키는 방법에 깊은 인상을 받았고, 이러한 경험으로 인하여 그는 그리스도교 신앙으로 돌아올 수 있었습니다.

회심 이후 아우구스티누스는 같은 뜻을 가진 친구들과 함께 학문이라는 금욕적 삶에 헌신하기로 결심했습니다. 387년에서 400년 사이에 마니교를 반박하는 열세 편의 글을 썼던 아우구스티누스는 마니교를 논박해야 할 특별한 책임감을 느꼈는데, 그 이유는 자신이 직접 마니교를 경험했기 때문이었습니다. 또한 자신이 직접 사람들을 이단으로 인도했다는 죄책감 때문이었습니다. 388년 그는 아프리카로 돌아왔습니다. 이곳에서 주교가 없는 도시는 조심스럽게 피했는데, 왜냐하면 그러한 자리를 강제적으로 맡게 될 위험을 알기 때문이었습니다. 그러나 391년 히포Hippo를 방문했을 때 사람들은 아우구스티누스를 당장 알아보고는 '강제로' 그를 장로 혹은 사제로 안수했습니다. 396년 주교가 세상을 떠나자 아우구스티누스가 그 뒤를 이어 주교직을 맡게 되었고, 430년 세상을 떠날 때까지 히포의 주교로 있었습니다.

3. 펠라기우스Pelagius

펠라기우스의 출생이나 약력에 대해서는 정확히 알려진 바는 없고, 다만 브리튼 섬 출신으로 알려져 있습니다. 380년경, 펠라기우스는 법을 공부하기 위해 고향을 떠나 로마로 갔으며, 거기서 일부 로마 그리스도교인들의 비도덕적이고 방탕한 생활에 경악하고 곧 염증을 느끼게 되었습니다. 로마에서 회심한 펠라기우스는 진정한 그리스도교적 삶을 일상 속에서 구현할 것을 호소하며 엄격한 도덕 개혁 운동을 전개하여 로마 그리스도교인들의 방종에 저항하였습니다. 특히 그를 분노하게 한 것은 육체적 약함을 핑계로 하나님의 계명을 지키지 못하는 것을 변명하는 방만한 태도였습니다. 펠라기우스는 이러한 태도에 반대하며 "인간은 원하기만 하면 선을 완전하게 행할 수 있는 능력을 지녔고, 육체의 약함은 단지 핑계일 뿐"이라고 주장했습니다. 인간의 본성의 힘을 높이 평가하고 자유의지를 훈련하는 수도자 전통 속에 있었던 그는, 이러한 방식으로 이교적 관습들을 제거하고 로마교회를 개혁하고자 하였습니다. 405년경부터 바울서신에 대한 강해를 시작한 것으로 보이는데, 강해와 설교에 탁월한 재능을 보이며 단숨에 로마 공동체에서 유명해졌습니다. 409년에 펠라기우스는 로마를 떠나서 북부 아프리카로 갔는데, 그 이유는 아프리카가 로마보다는 자유로운 지적 토론이 가능했기 때문이었습니다. 410년에 서고트족의 알라릭이 로마에 입성했을 때 펠라기우스도 시민들과 로마에서 아프리카로 피난을 갔습니다.

411년에 로마에서 유명한 귀족 가문 아니치 Anicii 가의 딸인 데메트리아스 Demetrias 가 수녀로 살아갈 것을 결심하는 일이 일어났습니다. 이에 당황한 그녀의 부모는 당시 저명한 신학자들에게 영적인 권고를 부탁하였고, 이에 아우구스티누스, 히에로니무스, 펠라기우스가 편지를 써 보냈습니다. 이 편지는 은총론에 관한 격렬한 논쟁이 시작되는 계기가 되었습니다. 414년에 펠라기우스는 히에로니무스의 비판을 방어할 목적으로『본성에 관한 책』Liber de natura 을 저술하였습니다. 펠라기우스의 제자들이 이 책을 아우구스티누스에게 보내자 펠라기우스를 대하는 아우구스티누스의 태도는 근본적으로 변했습니다. 그 이전에는 펠라기우스에게 존경을 표하고 문학적 자질과 우수성에 찬사도 보냈었지만, 이제는 아우구스티누스에게 펠라기우스는 당장 교회에서 축출시켜야 될 이단이 되었습니다. 아우구스티누스는 펠라기우스의 주장을 반박하고자 415년에『본성과 은혜에 관하여』De natura et gratia 를 저술하였습니다. 416년의 주교회의에서 아우구스티누스는 '펠라기우스는 이단이다'라는 자신의 입장을 밝혔고, 펠라기우스는 정죄되었습니다. 교황 호노리우스 1세Pope Honorius I 는 418년에 칙령을 내려 펠라기우스를 로마에서 추방하였습니다. 같은 해에 열린 카르타고 주교회의카르타고 공의회는 펠라기우스주의자들을 대대적으로 정죄하였고, 펠라기우스를 파문하였으며, 이후 펠라기우스는 팔레스타인에서마저 추방당하였습니다.

4. 펠라기우스 논쟁

그리스도인이 된 직후 아우구스티누스는 우리가 그리스도인의 삶을 살기 위해서는 하나님의 은혜와 성령의 내재적인 도움이 필요하다고 믿었습니다. 그러나 한편으로는 불신자라도 다른 사람의 도움 없이 자유의지로 하나님께 돌아올 수 있다고 믿었습니다. 그러나 몇 년 후 아우구스티누스는 은혜를 좀 더 깊이 이해하게 되었습니다. 그는 믿음까지도 하나님의 선물이며 은혜의 역사라는 것을 깨달았습니다. 구원은 태초부터 계속되는 모든 과정 속에 주어지는 전적인 하나님의 은혜입니다. 이 은혜는 모든 사람들에게 주어지는 것이 아니며, 모두가 믿는 것도 아니었습니다. 이 은혜는 하나님이 택한 사람들, 즉 부르심을 받은 사람들에게만 주어지는 것입니다. 그가 이렇게 생각한 것은 397년으로, 인간의 본성을 깊이 체험하고 사도 바울을 깊이 연구함으로써 이러한 결론에 도달할 수 있었습니다. 아우구스티누스는 397년 즈음에 펠라기우스와의 논쟁을 계기로 은혜에 관하여 성숙한 관점을 갖게 되었습니다.

그는 '아담 안에서' 모든 인간이 죄를 범했고 그 결과로 (어린아이들을 포함한) 모든 인간이 죄인이며 죄를 가까이 하려는 본성을 갖게 되었다고 믿었습니다. 이러한 죄악된 본성은 '욕망'혹은 정욕의 모습으로 나타나 인류를 지배하였고, 인간은 어쩔 수 없이 죄를 범하게 되는 불쌍한 처지에 놓이게 되었습니다. 아우구스티누스에 의하면, 하나님은 그분의 자비로 인류 전체가 아닌 일부를 구원하기로 선택하셨는데, 이것이 하나님의 은혜입니다. 처음에는 '역사하는 은혜' operating grace 가 임하는데, 이것은 인간의 마음속에 있는 선한 의지보다 앞서는 것입니다. 그는 "은혜는 인간에게서 [선을 행하려는] 의지를 발견하는 것이 아니라 선을 행하려는 의지를 갖게 한다."고 주장합니다. 또한 이 은혜는 반드시 인간의 마음을 회심시키는 목적을 이룬다는 점에서 유효한데, 회심은 인간의 자유의지를 파괴해 이루어지는 것이 아니라 자유의지에 호소해 이루어집니다. 일단 회심한 의지는 은혜와 협력할 수 있습니다. 이제 '함께 역사하는 은혜' Cooperating grace 가 필요한데, 그 이유는 우리의 회심한 의지는 여전히 연약하기 때문입니다. 그리고 하나님의 도움 없이는 또다시 쉽게 타락하게 될 것입니다. 만약 우리가 끝까지 믿음을 지켜 구원받게 된다면 더 깊은 은혜가 필요한데, 이 은혜를 '견인의 은총' gift of perseverance 이라 부를 수 있습니다. 이 은사는 그리스도인의 삶을 시작한 모든 이들에게 주어지는 것이 아니라 선택받은 사람들에게만 주어집니다.

5. 오렌지 공의회

아우구스티누스의 은혜와 예정의 교리에 대한 반대의 목소리가 현재의 프랑스 남부 지방에서 제기되었습니다. 그 곳의 수도사들은 하나님의 은혜와 인간의 무능력을 지나치게 강조하는 아우구스티누스의 교리들이 잘못하면 사람들을 태만하게 만들 수 있다고 느꼈습니다. 그들은 사람들이 스스로 무언가를 할 수 있으며 그 일에 은혜가 필요하다는 것을 알 수 있도록 해야 한다고 강력히 주장했습니다. 그들도 그리스도인의 삶을 살아가는 데 하나님의 도움이 필요하다고 믿었습니다. 그러나 동시에 인간 스스로 첫 걸음을 뗄 수 있다고 믿었습니다. 그 걸음이 의로운 방향으로 나아갈 때 죄인은 죽은 자가 아닌 병든 자이며, 병든 자는 의사에게 도움을 구하는 일에 주도적일 수 있다는 주장입니다. 그들의 주장을 쉽게 정리하면, '하나님은 스스로 돕는 자를 돕는다'입니다. 이러한 입장을 가리켜 반半-펠라기우스주의 Semi-Pelagianism 라고 합니다.

반-펠라기우스주의는 서방교회 수도원 운동의 가장 위대한 지도자 가운데 한 명이었던 마르셀리스의 카시아누스 Cassianus 같은 당시 지도적 인물들을 포함하고 있었습니다. 아우구스티누스는 그들을 대적하기 위해 『성도의 예정에 관하여』와 『견인의 은혜에 관하여』를 저술했습니다. 아우구스티누스는 그들을 이단이 아닌 잘못을 행한 형제들로 존중하며 대했습니다. 반-펠라기우스주의자들의 주장은 아우구스티누스 시대 이전의 교회 안에서 일반적으로 받아들여졌던 것이었고, 아우구스티누스 자신도 그리스도인으로 개종한 직후에는 이러한 입장을 지지했었습니다. 그가 죽은 후 그의 주장은 골 지방에서 아키텐의 프로스페르 Prosper of Aquitaine 에 의해 계속되었습니다. 논쟁은 한 세기가 지나도록 계속되었고 서로 다른 진영이 주도하는 회의가 여러 차례 열렸습니다. 논쟁은 529년 오렌지 프랑스에서 열린 공의회에서 마무리되었습니다.

공의회는 25개 조항의 규범들, 혹은 짧은 교리적 선언들을 결론과 함께 발표했는데, 무엇보다 중요한 내용은 반-펠라기우스주의를 정죄한 것입니다. 25개 조항 중 13개 조항이 인간은 스스로 하나님께 향하는 주도권을 가질 수 없으며 하나님의 은혜가 그보다 '선행해야' prevenient, 인간 쪽에서 하나님을 향해 어떠한 행위를 하기 전에 반드시 그에 앞서거나 미리 일어나는 할 필요가 있음을 주장하는 내용이었습니다. 중요한 내용은 다음과 같습니다.[1]

> "만약 누구든지 우리의 의지가 죄에서 깨끗케 되길 하나님이 기다리신다고 주장하면서도 우리가 깨끗하게 되기를 바라는 소망이 성령의 역사와 도우심을 통해 온다고 고백하지 않으면, 그는 성령 자신이 솔로몬을 통해 주신 '의지는 여호와께서 준비하심이니라' 잠 8:35, 70인역는 말씀을 따르지 않는 것이다." 『규범』 4.

> "(회심하지 않은 자뿐 아니라) 중생하고 회심한 자 역시 선한 결과에

---

1   "Canons of Second Council of Orange," Tony Lane, 『기독교 인물 사상 사전』, 148-49에서 재인용.

이르거나 선한 일을 끈기 있게 행하기 위해 하나님의 도우심을 늘 구해야 할 필요가 있다." 『규범』 10.

"하나님은 그의 은혜로 변화될 우리의 미래의 모습 때문에 우리를 사랑하는 것이지, 우리의 공로로 인한 우리의 현재 모습을 사랑하는 것이 아니다." 『규범』 12.

"첫 사람 안에서 파괴된 자유의지는 오직 세례의 은혜를 통해서만 회복될 수 있다." 『규범』 13.

"선행은 보상 받을 만 하다. 그러나 그에 앞서 우리가 마땅히 받을 만한 자격이 없음에도 주어진 은혜로 인해 선을 행할 수 있는 것이다." 『규범』 18.

b. 결론적 진술
— 기독론의 결정과 고대교회 에큐메니칼 공의회

자유 의지와 은혜와의 관계에 대한 교리는 하나님의 은혜를 강조하는 아우구스티누스주의, 자유 의지를 강조하는 펠라기우스주의, 자유 의지와 하나님의 은혜를 동시에 강조하는 반펠라기우스주의로 나누어 설명할 수 있습니다. 아우구스티누스에 의하면, 아담 이후에 인간의 죄는 유전되며 모든 인류는 선을 택할 자유가 없고 죄를 짓는 데만 자유롭기 때문에 하나님의 선택에 의해서만 구원을 받을 수가 있다고 보

있습니다. 즉 구원은 불가항력적인 하나님의 은혜로 인하여 인간에게 주어진 하나님의 예정에 속한 것으로 인간은 선택의 여지가 없습니다. 인간은 예수 그리스도를 믿음으로 구원을 얻을 수 있습니다.

이와는 반대로 펠라기우스는 인간에게는 자유 의지가 있어서 개인의 노력과 의지에 의해서 구원 받을 수 있다고 주장했습니다. 펠라기우스에 의하면 죽음은 죄와 관련 없는 자연적인 것으로 유아는 죄가 없기 때문에 유아세례는 불필요하다고 주장하기도 했습니다. 이러한 주장으로 인해 그는 이단으로 정죄되었습니다. 반펠라기우스주의는 모든 점에서 아우구스티누스와 의견을 같이하지만, 예정설과 불가항력적인 은총을 부인하였기에 '반펠라기우스주의'라고 불립니다. 아우구스티누스주의가 극단적인 방향으로 흐르면 펠라기우스가 우려했던 것과 같은 구원파들의 주장처럼 되고, 펠라기우스주의가 극단적으로 흐르면 불교의 구원관과 같은 공로주의처럼 되어 버립니다. 그래서인지, 반펠라기우스주의를 따르는 경향이 보이는데, 이 역시 주의해야 합니다. 왜냐하면 율법주의로 흐를 수 있기 때문입니다. 결국, 은혜를 강조하면서 방종으로 흐르지 않도록 주의해야 하는데 그 해법은 은혜를 은혜로 알고 감사하며, 은혜에 응답하는 삶을 사는 것입니다.

이번 장을 마치기 전에 잠시 짚고 넘어갈 문제가 있는데, 그것은 바로 "죄가 유전되는가?"의 문제입니다. 자연과학의 용어로 바꾸어 질문하면 "획득형질도 유전되는가?"의 문제입니다. 아우구스티누스 때문에 중학교 때 과학시간에 선생님으로부터 야단을 맞았던 기억이 있습니다. 유전과 관련된 수업시간이었습니다. 결론부터 이야기하면 수업시간에 배운 내용과 교회에서 배운 내용이 다른 것 때문에 생긴일이었습니다. 교회에서는 원죄가 유전된다고 배웠는데, 학교에서는 획득형질이

유전되지 않는다고 가르쳤습니다. 기껏 선생님이 획득형질이 유전되지 않는다고 말씀을 마치자마자, "획득형질도 유전되는거 아닙니까?" 질문하자 쓸데없는 소리를 한다고 야단을 맞았습니다. (교회에서는 원죄가 유전된다고 가르치는데 …) 그러나, 2009년경부터 후성유전학의 발전으로 인간의 경험이 유전될 수 있다는 가절이 정설로 받아들여지고 있습니다.[2] 인간의 죄가 유전된다는 말입니다.

---

2   조현욱, "획득형질도 유전된다." 「중앙일보」 https://www.joongang.co.kr/article/10539332#home, [게시 2013.1.29.].

제 2 장

도나투스 논쟁과
교회의 본질에 관한 교리

1. 서론적 진술
─ 시대적 배경-박해의 상황

황제 데키우스^{Decius}의 박해^{주후 249-251}는 로마 제국 전역에 걸쳐 모든 교회를 대상으로 광범위하게 이루어진 최초의 박해로, 그때까지 교회가 당했던 박해들 가운데 가장 참혹한 것이었습니다. 황제 데키우스는 교회를 공격할 때 두 가지 악한 계획을 세웠습니다. 하나는 교회의 지도자인 주교를 처형하는 것이었는데, 실제로 로마, 안디옥, 예루살렘, 가이사랴의 주교들이 순교했습니다. 카르타고의 주교였던 키프리아누스는 미리 경고를 받고 카르타고 인근의 시골로 피했습니다. 또 다른 하나는 모든 그리스도인이 로마의 신들에게 희생 제물을 드리게 하는 것이었습니다. 그리스도인들은 로마 신들에게 제물을 바쳤다는 증명서가 있어야 하며 없으면 사형에 해당된다고 위협받았습니다. 박해 이전에 몇 년 동안 비교적 평화롭고 고요한 시기를 보냈던 교회는 이러한 맹렬한 공격에 대항할 준비가 되어 있지 않았습니다. 로마의 신들에게 제물을 바친 그리스도인이 많았는데, 심지어 한 주교는 자신의 모든 교인을 이끌고 제물을 드리는 예배를 인도하기까지 했습니다. 어떤 사람들은 로마의 명령을 교묘히 벗어나 실제로 제물을 드리는 대신 필요한 증명서를 받기 위해 로마 공직자들을 뇌물로 매수하기도 했습니다.

전통적으로, 신앙을 공식적으로 부정한 배교자들은 교회에 다시 들어오지 못했습니다. 그러나, 박해가 끝나고 다시 교회에 들어오기를 간구하는 수많은 사람들을 어떻게 할 것인가?의 문제가 제기되었습니다. 여기에는 두 가지 쟁점이 있었는데, 하나는 배교자들 수용여부와 절차에 관한 문제였습니다. 배교자들을 용납할 것인가, 아니면 참회의 시간 — 일정한 시기 동안 참회와 금욕 생활을 지낸 후 공적으로 다시 신앙을 고백하는 것 — 을 갖게 한 후에 받을 것인가, 아니면 절대로 받아들이지 않을 것인가? 등의 문제입니다. 다른 하나는, 누가 이 문제를 결정할 수 있는 권한을 가질 것인가? 하는 절차를 다루는 권위의 문제였습니다. 믿음을 지키기 위해 감옥에 갇히고 기꺼이 순교할 준비를 했던 사람들, 곧 고백자들은 배교자를 용서하고 교회와 화해하도록 지도하는 책임이 있었습니다. 그들은 배교자를 용서하고 받아들일 수 있는 권위를 가졌다고 인정되었습니다. 그러나 고백자들 가운데 어떤 이들은 심사숙고하지 않고 무책임하게 모든 이들을 무조건 용서하기도 했습니다. 그러자, 여기에 반발하는 사람들이 생겨났습니다. 따라서 교회는 박해의 상황에서 배교했던 사람들을 어떻게 할 것인가의 문제를 가지고 논쟁하고 또 분열하게 되었습니다.

2. 키프리아누스 Cyprianus

키프리아누스는 주후 3세기 초 상류층 이교도 가정에서 태어났습니다. 그는 카르타고에서 수사학을 가르쳤고, 한 지방을 다스리는 고위 관직에 있었는데, 주후 245-246년경 그리스도인이 되면서 모든 공직에서 물러났습니다. 얼마 후 그는 장로가 되었고 248-249년경 아직

초신자였음에도 아프리카에 있는 로마의 영토 안에서 가장 중요한 성직이었던 카르타고의 주교에 임명되었습니다. 키프리아누스는 258년 순교하기 전까지 10년간 주교로 봉사했는데, 그 기간은 교회가 가장 혼란스러운 시기였습니다. 키프리아누스는 교회의 분열을 가장 심각한 문제로 여기고, 이 문제를 다루기 위해『교회의 일치에 관하여』를 저술했습니다. 교회가 일치되어야 한다는 것은 논란의 여지가 없지만, 같은 예배당에서 다른 공동체를 용납할 수는 없었습니다. 키프리아누스의 관점에서는 교회를 떠나 교회를 분열시키는 것은 있을 수 없는 일이었습니다. 키프리아누스는『교회의 일치에 관하여』에서 일치의 중요성에 대해서 다음과 같이 설명합니다. "어머니인 교회없이 아버지인 하나님을 소유할 수 없습니다. 만약 노아의 방주를 떠나 살 수 있다면 교회를 떠나는 것도 가능할지 모릅니다."[1]

배교자를 사면하는 권한을 고백자들에게 줄 것인가 주교에게 줄 것인가의 문제에 대해서 키프리아누스는 비록 주교들이 고백자들의 의견을 존중해야 하지만 주교들에게 권한을 주어야 한다고 주장했습니다. 키프리아누스는『배교자에 관하여』를 저술하여 이 문제에 대한 자신의 의견을 제시했습니다. 데키우스 황제에 의한 박해가 끝나고 주후 251년에 열린 카르타고 공의회는 배교자들이 참회의 시간을 가진 후에 교회에 들어올 수 있다고 결정했습니다. 그리고 더 나아가서, 다음 해에 열린 공의회는 새로운 박해의 가능성을 생각해서, 참회를 시작한 모든 배교자들은 즉시 교회에 들어올 수 있다고 결정했습니다. 키프리아누스는 251년과 252년 공의회에서 지도적인 역할을 했습니다.

---

1   Cyprian of Carthage, "On the Unity of the Church," in *Ancient Christian Writers: St Cyprian* (New York: The Newman Press, 1957), 100.

모든 이들이 이 어려운 결정을 지지한 것은 아니었습니다. 카르타고에 있는 사람들 가운데 일부는 키프리아누스의 입장이 너무 엄격하다고 생각했습니다. 그래서 일부 성직자들은 키프리아누스의 영향에서 벗어나 좀 더 느슨한 지침을 가지고서 그와 경쟁하는 교회를 조직했습니다. 그러나 키프리아누스는 전통적인 아프리카 교회의 입장을 따라 다시 세례를 받아야 한다고 주장했습니다. 이와는 반대로 로마의 주교 스테파누스 Stephanus I 는 재세례를 반대하는 자신의 주장을 다른 이들에게 강요했고, 이는 논쟁을 불러일으켰습니다. 키프리아누스는 주교들이 각자 그러한 결정을 할 수 있는 권한이 있다고 주장하면서, 로마나 카르타고 어디에도 '주교 중의 주교'는 존재하지 않는다고 했습니다. 한동안 로마교회와 아프리카교회 사이에 불화가 있었고, 동방교회의 많은 주교들이 키프리아누스 편에 서서 스테파누스가 다른 주교들에게 자신의 주장을 강요하는 것은 부당하다는 입장을 취했습니다. 논쟁은 주후 257년 새로운 박해가 시작되고 이듬해 스테파누스가 세상을 떠남으로 종결되었습니다. 아프리카교회와 로마교회는 암묵적으로 재세례에 관한 각자의 입장을 고수하기로 합의했는데, 이는 키프리아누스의 승리를 의미합니다. 이듬해인 258년 9월 키프리아누스는 로마 제국의 박해에 의해 처형당했습니다. 그는 일평생 주교의 권위를 세우기 위해, '순교자들의 교회'를 대신하는 '주교들의 교회'를 세우기 위해 열심히 싸웠고, 이러한 수고는 마침내 그 자신이 순교한 주교로 일생을 마침으로써 유종의 미를 거두게 되었습니다. 교회의 성격과 일치에 가장 큰 영향을 끼쳤던 키프리아누스의 교리는 천 년 이상 교회의 규범으로 남아있었는데, 그 규범은 "교회 밖에는 구원이 없다"는 교리입니다.

3. 도나투스^{Donatus}

디오클레티아누스^{Diocletianus} 황제에 의한 박해도 데키우스 황제 때의 박해만큼이나 그리스도교인들을 강하게 탄압하였습니다. 디오클레티아누스 황제의 박해 시기에도 많은 이들이 그리스도교 신앙을 버리고 교회를 떠났으며, 심지어 성경과 같은 교회의 유산들을 넘겨준 이들도 있었습니다. 309년 로마 제국에 의한 박해가 끝나고, 313년 그리스도교 공인된 이후 북아프리카 지역 교회는 순교한 이들의 신앙을 기리고, 고난을 이겨내고 신앙을 지켜낸 고백자들을 존경하며, 신앙을 버리고 교회를 떠난 배교자들을 출교하였습니다. 이렇게 하는 과정에서 고백자들 가운데는 신앙의 순수성을 강조하면서 순교자의 신앙을 본받아야 하며 배교자 전체를 출교시켜야 한다고 주장하는 이들이 등장하였습니다.

311년 카르타고의 주교 멘수리우스^{Mensurius of Carthage}의 뒤를 이어 카실리아누스^{Caecilianus}가 주교로 안수받았는데, 그를 안수했던 펠릭스^{Felix}는 박해시기에 배교했던 인물이었습니다. 배교한 주교가 베푼 안수와 그 안수를 받은 사람을 인정하지 않았던 이들은 카실리아누스 대신 마요리누스^{Majorinus}를 대립주교로 선출하였습니다. 도나투스는 바로 대립주교 마요리누스의 후계자로 임명된 사람이었습니다. 도나투스를 따르는 이들은 배교했던 성직자들에 의한 성직 임명 뿐만 아니라, 세례도 인정하지 않았습니다. 북부 아프리카 출신들이 주축을 이루었던 도나투스주의자들은 자신들이 참된 교회를 대표한다고 주장했으며, 자신들을 박해했던 로마 사람들로 구성된 가톨릭파 교회 사람들을 증오하였습니다. 여기서 한 걸음 더 나아가 자신들의 증오를 로마인들의 소유물을 약탈하고 가톨릭 교회에 불을 지르기도 하는 등 폭력을 사용하여 표현하기도 했습니다.

　이와 같이 순교자의 신앙을 명분으로 하여 배교하지 않은 사람들이 모인 교회가 거룩한 교회이고 참된 교회라고 주장하는 도나투스주의 뿌리는 노바티아누스주의와 동일하며, 그 역사 속에서도 역시 노바티아누스주의와 같은 점들을 공유하고 있습니다. 노바티아누스를 따랐던 사람들은 교회가 실제로 거룩한 자들로만 구성되어야 한다고 주장하였고, 그 결과 변절자들은 다시는 교회 안으로 받아들여질 수 없다고 고집하였습니다. 도나투스주의자들도 교회의 절대적인 거룩성을 주장하였는데, 이들은 무엇보다도 성직자들의 거룩함에 특별한 강조점을 두었습니다. 성직자들이 베푸는 성례의 효력은 베푸는 사람의 거룩성에 달려 있다고 주장함으로써, 디오클레티아누스 박해 시 성경책들을 박해자에게 넘겨준 이들이 베푸는 성례는 아무런 효력이 없다고 주장하였습니다.

　도나투스의 분리주의 운동은 실질적으로는 아프리카에만 국한되어 있었습니다. 따라서 아프리카 밖에서는 카실리아누스가 정식 주교로 인정받았습니다. 원래 도나투스파의 요구에 의하여 이 논쟁에 말려들었던 콘스탄티누스 황제는 카실리아누스의 편을 들었고, 그의 영향 아래 개최되었던 316년의 아를 대회는 다음과 같은 결정을 내렸습니다. "성례의 효력은 이를 집행하는 성직자에 의해서 효력이 발생되는 것이 아니다." 그러나 절대로 타협하지 않겠다는 도나투수주의자들의 입장은 계속하여 변할 줄을 몰랐으며, 이로 인한 어지러움은 계속되었습니다. 그리하여 도나투스주의는 100년 이상을 지속하다가 411년 이후엔 국법에 의하여 진압되어 결국은 교회사에서 사라지게 되었습니다.

4. 아우구스티누스^{Augustinus}

북아프리카의 성직자였던 아우구스티누스는 아프리카 교회를 황폐하게 했던 도나투스파의 폐해를 지켜보아야 했습니다. 이미 언급한 대로 도나투스파로 인한 교회의 분열은 312년 카르타고 주교 임명의 정당성을 둘러싼 논쟁에서 시작되었습니다. 본질적으로 이 논쟁은 오래 전 키프리아누스와 노바티아누스를 떠올리게 하는 '순교자들의 교회'와 '보편교회' 사이의 분열이었습니다. 이러한 교회의 분열과 다툼은 하나됨을 유지하는 것보다 분열하고 갈라지는 것이 더 쉽다는 것을 보여주고 있습니다. 아우구스티누스가 볼 때 이 다툼의 주도권은 도나투스파가 잡고 있었고, 아프리카의 보편교회는 불안한 형편에 놓여 있었습니다. 그러나 아우구스티누스는 이러한 상황을 극적으로 반전시켰고, 도나투스파를 영구적으로 무력화시키는 데 성공했습니다. 아우구스티누스는 여러 가지 방법으로 도나투스파와의 논쟁에서 승기를 잡기 위해 도나투스파의 역사를 집중적으로 연구하고 그들의 모순점과 극단적인 주장을 모아 책으로 출판하였습니다.

또 국가권력과 강제력을 동원하기도 했습니다. 아우구스티누스도 처음에는 이 같은 권력의 사용을 반대했으나, 결국 교육에는 체벌이 필요하다고 말하며 도나투스파 사람들의 지나친 폭력에 대응하고 효과적으로 교육하는 수단으로 받아들였습니다. 아우구스티누스는 구약성경에서 이러한 힘을 사용할 수 있는 근거를 발견했고, 좀 더 모호하긴 하지만 누가복음 14장 23절의 "강권하여 데려다가 내 집을 채우라"는 말씀에 의지했습니다. 그가 한 말 가운데 가끔 인용되는 "너의 바라는 것을 사랑하고 행하라"^{Love, and do what you will}[2]라는 말은 강제력이 궁극적으로 억압받는 이에게 유익이 될 수 있으므로 그것이 그를 사랑하는 길이 될 수 있다는 논리로 사용되었습니다.

　　아우구스티누스가 도나투스파를 공격할 때 가장 중요한 요인은 신학적인 것이었고, 무엇보다 교회론에 중심을 두고 있었습니다. 그는 도나투스파가 교회의 범위를 아프리카로 한정하고 있는 것을 지적하며, 교회는 보편적^{세계적}인 것이라고 말했습니다. 도나투스파는 자신들만이 유일한 그리스도인이라고 주장하였으나, 그들은 자신들을 예수 그리스도의 교회에서 스스로 끊어 내며 교회를 분열시켜 하나됨을 깨뜨리는 죄를 지었습니다. 아우구스티누스에 의하면, 이것은 사랑에 반대되는 행위이며 그들에게 성령이 없다는 분명한 증거이기도 합니다. 도나투스파의 진술은 보편교회의 몇몇 지도자들이 배교를 했었고 따라서 거룩하지 못하다는 주장에 근거했습니다. 그러나 아우구스티누스는 교회가 거룩한 것은 그리스도의 교회이기 때문이라고 응답했습니다. 심지어 거룩하지 못한 사제들이 성례전을 집행한다 해도 그것이 거룩한 이유는 성례를 주시는 분이 그리스도이시기 때문이라고 설명합니다. 이러한 원칙으로 아우구스티누스는 키프리아누스와는 달리, 성례전에 참여하는 보편교회 바깥에서 베풀어진 성례는, 이들이 가톨릭 교회에 합류하기 전까지는 유효하지 않지만, 정당하다고 보았습니다.

　　도나투스와의 논쟁 과정에서 아우구스티누스는 처음으로 '보이지 않는 교회론'을 발전시켰습니다. 교회 안에 있는 사람들이 모두 진정한 그리스도인이 아닌 명목상 그리스도인일 뿐인데 우리는 잘못된 것에서 참된 것을 구별할 수 없고, 오직 하나님만이 사람들의 마음을 읽

2　Augustine of Hippo, "Homilies on the First Epistle of John, Homily 7: 1John IV. 4-12" in *Nicene and Post-Nicene Fathers Series I, Volume 7*, 862.

을 수 있으며 누가 당신의 백성인지 알 수 있다는 주장입니다. 아우구스티누스는 눈에 보이는 교회 외형상의 조직과 구조와 오직 하나님만이 아시는 보이지 않는 교회 참된 그리스도인의 모임를 구분했습니다. 아우구스티누스의 주장에 따르면 보이지 않는 교회는 오직 보편 교회 Catholic Church 안에 있고, 교회 밖에는 참된 그리스도인이 없습니다.

> 하나님의 형언할 수 없는 예지에서 보면 (교회) 밖에 있는 것처럼 보이는 사람들이 실제로는 안에 있으며 (회심할 것이기 때문에), 안에 있는 것처럼 보이는 사람들이 실제로는 바깥에 있는 것입니다. (단지 허울만 그리스도인이기 때문에) … 우리가 교회 안에 있는지 밖에 있는지 이야기할 때, 우리의 몸이 어디 있는지가 아니라 우리의 마음이 어디에 있는지 고려해야 한다는 것은 분명한 사실입니다. (노아의) 방주 안에 있던 사람들이 마시고 생명을 유지한 물은 바깥에 남아 있던 사람들을 멸망시킨 물과 같았습니다. 이와 마찬가지로, 같은 세례를 받았더라도 이단들은 멸망을 받을 것입니다.[3]

5. 결론적 진술

참된 교회의 표지는 무엇일까요? 도나투스파들은 거룩함이 참된 교회의 표지라고 주장했습니다. 그들은 스스로를 순교자들의 교회라고 생각하면서 배교자들이 있는 교회는 참된 교회가 아니기에 함께 할 수

---

3 Augustine of Hippo, "On Baptism, Against the Donatists," Book V, ch. 28, Tony Lane, 『기독교 인물 사상사전』, 82에서 재인용.

없다며 교회를 분열시켰습니다. 그러나 아우구스티누스는 교회의 표지는 거룩이라기보다는 하나됨이라고 주장하며 하나됨을 지키는 것이 중요하다고 설명했습니다. 이전 세대에서 키프리아누스가 교회 밖에는 구원이 없다고 말하면서 배교자들까지 받아들여야 한다고 주장했지만, 아우구스티누스는 보이는 교회와 보이지 않는 교회를 나누어서 지금 눈에 보이는 교회가 참된 하나님의 백성으로 구성된 교회가 아닐 수도 있다고 경고했습니다. 교회를 교회되게 하는 것도, 성례를 성례되게 하는 것도 하나님께서 하시는 일이기에, 그리고 성례의 효력은 베푸는 사람에게서 나오는 것이 아니라 삼위로 일체되신 하나님으로부터 나오는 것이기에 아우구스티누스는 재세례를 베풀어서는 안된다고 가르쳤습니다. 일 자체에 효력이 있는가, 베푸는 사람에게 효력이 있는가 하는 성례론에 관한 문제는 교회론에 관한 문제와 더불어 도나투스 논쟁의 중요한 쟁점이었습니다.

도나투스파의 교회론에 관한 가르침과 주장은 우리나라 일제강점기, 신사참배로 인한 교회의 분열을 떠올리게 합니다. 신사참배를 정당화할 수는 없겠으나, 신사참배를 하지 않았다는 것을 근거로 교회를 분열시키는 것 역시 정당화될 수는 없습니다. 교회의 참된 표지는 거룩함이 아니라 하나됨이라는 아우구스티누스의 가르침은 오늘날에도 여전히 유효한 중요한 교회론입니다.

제 3 장

중세교회의 교리논쟁 (1):
필리오케 논쟁과 동·서방교회의 분열

1. 서론적 진술
— 동방교회와 서방교회의 분열

동방교회와 서방교회의 구별은 언제부터 생긴 것일까요? 오늘날의 교파적 구분으로 설명하면 로마 가톨릭과 동방 정교회가 구분되기 시작한 것은 1054년입니다. 표면상으로는 하나의 거룩하고 보편적이며 사도적인 교회라고 여기던 교회가 지리적 문화적 정치적 교리적으로 균열이 생기기 시작하면서 서방의 가톨릭 교회와 동방의 정교회로 갈라졌습니다. 이러한 교회 분열은 하루아침에 교리적인 문제로 갈라진 것은 아닙니다. 비록 교리적인 문제를 명분으로 내세우면서 '필리오케 논쟁'이 진행되기는 하였지만, 교리적인 문제는 빙산의 일각에 불과할 뿐이었습니다. 콘스탄티누스 황제가 330년에 제국의 수도를 서로마 지역인 로마에서 동로마 지역인 콘스탄티노플로 옮긴 이후에 로마와 콘스탄티노플은 4-5세기부터 각각 서방과 동방을 대표하는 주교좌가 되었습니다.

이미 이 시기부터 서방교회와 동방교회는 각각 로마와 콘스탄티노플을 중심으로 나뉘는 분위기가 되었습니다. 언어적으로도 서방은 라틴어를 사용하였고 동방은 헬라어를 사용하였으며, 지리적으로도 멀리 떨어져 있는데 오늘날 찻길로 2,200km, 23시간 운전해야 가는 거리입니다. 이러한 거리감은 476년 서로마 제국이 멸망하면서 문화적 정치적 차이로 인해서 더해갔습니다. 왜냐하면 로마의 주교를 비롯한 서방의 교회 지도자들은 서로마 제국이 무너진 이후에 정치적으로 동방에 위치한 황제의 통제 아래에서 벗어나게 되었을 뿐만 아니라, 게르만족 왕의 통치 아래에서 행정의 공백을 메우는 역할을 맡게 되면서 이전과 비교하여 영향력이 더욱 커지게 되었기 때문입니다.

도대체 어떤 신학적인 명분을 내세웠기에 500년 이상 지속되었던 불편한 관계를 끝낼 만큼 결정적인 이유를 제공했던 것일까요? 과연 서방교회와 동방교회가 어떤 관계에 있었기에 신학적인 명분을 내세워서 서로를 파문했던 것인지를 이해하기 위해서는 먼저 동방교회와 서방교회의 관계에 대해서 살펴볼 필요가 있습니다.

2. 서방교회와 동방교회의 관계

동방교회와 서방교회의 관계를 살펴보기에 앞서서 몇 가지 주의할 점을 언급하는 것이 필요할 것 같습니다. 첫째는 동방교회와 서방교회의 관계를 살펴볼 때 서방교회의 입장에서 볼 것인가, 동방교회의 입장에서 볼 것인가의 문제입니다. 교회의 전통이라는 시각에서 보면, 종교개혁 전통 아래에 놓여있는 개신교는 계통상으로 동방교회보다는 서방교회에 가깝습니다. 그러다보니 그 사실을 의식하지 않으면 동방교회보다는 자연스레 서방교회의 입장에 서게 될 수 있습니다. 서방교회의 시각에서 동방교회를 보게 되면 서방교회와는 다른 동방교회의 특징이 이상하게 여겨질 수도 있습니다. 예를 들어, 황제가 교회 회의를 소집한다든가 아이콘또는 이콘을 사용하여 기도를 한다든가 하는 관례는 서방교회에서 입장에서 볼 때는 어색한 내용들입니다. 반대로 의식적으로 동방교회의 입장에 서서 보게 되면 상황이 달리 보일 수도 있습니다. 로마 가톨릭에 반대해서 개신교 전통이 세워졌다는 사실을 의식하면서 의도적으로 동방교회의 입장에서 서보려고 노력하게 되면 동방교회의 입장을 더 잘 이해할 수도 있습니다.

둘째는 그리스도교의 기원이 어디에 있는가의 문제입니다. 서방교회와 동방교회를 놓고 볼 때 어느 교회가 더 오래되었는가의 문제는 쉽지 않은 문제처럼 보이기도 합니다. 로마 가톨릭 교회는 베드로를 1대 교황으로 한다고 주장하기 때문입니다. 로마를 중심으로 하는 서방교회가 사도 바울이 편지를 보낸 로마교회만을 의미하는 것도 아니고, 콘스탄티노플을 중심으로 하는 동방교회가 콘스탄티노플교회만을 의미하는 것도 아닙니다. 나중에 제국의 수도가 콘스탄티노플로 옮겼기 때문에 행정적으로 중요한 역할을 하게 된 것이지, 여전히 신학의 중심은 안디옥과 알렉산드리아에 있었습니다. 신약성경의 언어가 헬라어라는 점, 사도행전에는 처음 교회가 예루살렘 교회와 안디옥 교회로 나와 있다는 점, 성경 어디에도 로마에 그리스도교가 들어간 사건에 대해서는 기록이 없다는 점 등을 생각할 필요가 있습니다.

로마를 중심으로 한 서방교회와 콘스탄티노플을 중심으로 한 동방교회는 정치적인 상황과 맞물려 복잡하게 얽히게 되었습니다. 지금까지 살펴본 것처럼 7번에 걸쳐서 개최된 고대교회의 에큐메니칼 공의회는 모두 비잔틴 황제에 의해서 동방지역에서 개최되었습니다. 비잔틴 황제가 동방지역에서 교회 회의를 소집한 까닭에 로마교회의 역할은 축소될 수 밖에 없는 형편이 되었을 뿐만 아니라, 서로마 제국이 멸망한 이후에는 비잔틴 황제의 명령으로 회의 소집에 응하는 것도 정치적인 차원에서 본다면 여간 불편한 일이 아니었을 것입니다. 그 지역을 다스리고 있는 왕의 입장에서 보면, 서방교회가 동방 황제의 소집 명령에 따라 움직이는 것 또한 유쾌한 일이 아니었을 것입니다. 서방교회의 역할이 축소된 것도, 정치적 상황 때문에 불편한 모습으로 있는 것도, 세속 권력에 따라 움직이는 것도 모두 다 불편한 상황입니다. 이러한 까닭에 서방교회는 동방 황제의 통제에서 벗어나기를 원했습니다. 그러나 비잔틴 황제의 권력에 필적한 만한 후원자가 옛 서로마 지역에는 없었습니다.

그러다가 마침내 프랑크 왕국의 샤를마뉴가 옛 서로마 지역의 대부분을 정복하자 교황 레오 3세는 800년에 샤를마뉴에게 왕관을 씌워주면서 황제로 칭하였습니다. 이제 비로소 서방교회는 든든한 후원자가 생겼고, 동방 황제나 동방교회의 눈치를 볼 필요가 없게 되었습니다. 이때부터 서방교회와 동방교회는 별거에 들어갔다고 보아도 무방한 상태가 되었습니다. 그러다가 성령의 출처에 관한 논쟁 즉 필리오케 논쟁을 빌미로 로마의 주교는 동방교회를, 동방교회는 로마교회를 상호파문하면서 갈라섰던 것이 1054년의 일입니다. 비유로 표현하자면 법적인 이혼관계에 들어간 시기가 1054년일 뿐이지, 별거한 것은 800년경이고, 서로 싸우면서 마음이 멀어진 것은 훨씬 이전의 일입니다. 어느 날 갑자기 이혼서류에 도장을 찍은 것이 아니라, 이미 4-5세기부터 여러 차례에 걸쳐서 다툼이 있었는데 신학적인 논쟁이 서로가 서로를 파문하고 갈라서는데 명분을 제공한 것입니다.

3. 필리오케 논쟁의 역사적 배경

필리오케란 라틴어로 아들을 뜻하는 filius의 변화형인 filio와 '그리고'를 뜻하는 'que'가 합쳐진 형태로 영어로는 'and the son'으로 번역합니다. "그리고 성자로부터"라는 의미인데, 이 용어가 성령의 출처를 설명하는 맥락에서 사용되어서 문제가 되었습니다. 성령의 출처에 관해서 설명하면서 성령이 성부로부터 나왔는지, 아니면 성령이 성부 그리고 성자로부터 나왔는지에 관해서 서방교회와 동방교회는 다른 입장을 가지고 있었습니다. 말하자면, 필리오케 논쟁은 성령의 출처에 관한 논쟁으로서 성령이 성부에게서 나왔느냐, 아니면 성부 그리고 성자로부터 나왔느냐를 가지고 동방교회와 서방교회가 벌인 논쟁입니다. 이미 살펴보았던 니케아-콘스탄티노플 신조에서 성령은 성부에게서부터 나왔다고 하는 것을 확인한 바 있습니다. 381년 니케아-콘스탄티노플 신조 그리스어판 원문에는 성령이 성부에게서 나왔다고 되어있는데, 서방 교회가 이것을 라틴어로 번역하면서 임의로 filioque를 삽입했습니다. 이렇게 임의로 니케아-콘스탄티노플 신조에 단어 하나를 삽입한 것으로 인해서 시작된 이 논쟁은 동서교회 대분열에 크게 영향을 미치게 되었습니다.

그런데, 서방교회의 입장에서 보면 filioque를 니케아-콘스탄티노플 신조에 삽입한 정당한 이유가 있는 것처럼 보입니다. 이 용어를 사용하는 것과 관련된 사안은 589년 스페인의 톨레도에서 열린 주교회의에서 결정되었습니다. 당시 이베리아 반도의 교회는 아리우스주의를 따르는 서고트족의 영향력 아래에 있었기에, 325년과 381년에 결정된 정통 신앙, 곧 "성부와 성자의 동일본질"을 강조하는데 어려움이 있었습니다. 아리우스주의는 성자의 신성을 부인했기 때문에, 정통파의 입장에서 성자의 신성을 강조하기 위해서 성령이 성부뿐만 아니라 성자에게서도 발출한다고 고백함으로써 성부와 성자가 동일본질임을 강조할 수 있었습니다. 이러한 이유로 인해서 톨레도뿐만 아니라 다른 스페인 지역에서 열린 주교회의에서도 필리오케가 채택되었습니다. 나중에 서고트 왕국이 아리우스주의를 버리고 정통신앙을 받아들이게 되었지만 필리오케는 이베리아 반도 뿐만 아니라 점차 서유럽 교회에서 일반화되었습니다. 809년 프랑크 왕국의 수도였던 엑스라샤펠에서 열린 공의회에서는 니케아-콘스탄티노플 신조에 필리오케를 삽입하는 것을 공식적으로 승인하였습니다. 325년과 381년 공의회를 통해서 공식적으로 결정된 신조임에도 불구하고 서방교회가 동방교회와 아무런 상의도 없이 자기들의 마음대로 신조를 변경하여 사용하고 있다는 사실에 동방교회는 분개했던 것입니다. 당시 콘스탄티노플 총대주교였던 포티우스는 필리오케를 교황의 중요한 오류들 가운데 하나라고 주장했습니다. 전체교회가 합의하여 명문화한 교리를 공의회를 거치지 않고 서방지역에서 임의로 바꾼 것은 절차상 문제일 뿐만 아니라 동방교회 전체를 무시한 것으로 보였기 때문입니다.

그러나, 당시 교황이었던 레오 3세는 엑스라샤펠 공의회의 결정을 반대했으며 로마교회는 11세기 초까지 필리오케를 삽입하지 않은 신경을 고백해왔습니다. 그런데, 1014년 이탈리아의 왕이며 독일 왕인 하인리히가 로마의 성 베드로 성당에서 교황 베네딕투스 8세에 의해서 신성로마제국 황제 하인리히 2세로 대관식을 치르면서 문제가 생겼습니다. 하인리히 2세는 자신의 영지와는 달리 로마에서는 필리오케가 없는 니케아-콘스탄티노플 신조를 고백한다는 것을 알고는 이상히 여겼고, 교황 베네딕투스 8세는 하인리히 2세의 눈치를 보면서 로마에서도 필리오케를 삽입한 신조를 사용하게 되었습니다. 한편 동방교회가 필리오케 문구가 삽입된 니케아-콘스탄티노플 신조의 존재를 알게 된 것은 예루살렘에 있던 수도사들에 의해서였습니다. 서방에서 예루살렘에 순례를 온 수도사들이 필리오케 문구가 첨가된 신조를 사용하여 고백하는 것을 들은 예루살렘의 수도사들은 이 문구의 사용을 격렬하게 반대했습니다. 그래서 또 다시 이 문제를 가지고 논쟁이 시작되고, 콘스탄티누스 황제의 증여문서를 근거로 로마교황의 수위권을 내세우며 콘스탄티노플 총대주교의 심기를 건드린 교황의 특사를 파문하면서 동방교회와 서방교회는 완전히 갈라서게 되었습니다.

ㄴ. 필리오케 논쟁의 신학적 배경

신학적 논쟁에서 중요한 것은 용어입니다. 신학 논쟁에서는 단어 하나를 어떻게 사용하는가의 문제가 진리와 비진리의 문제로 연결되며 엄청나게 다른 결과를 가져올 수 있다는 것은 이미 여러 신조들을 배우면서 확인한 바 있습니다. 예를 들어, 유사본질이냐 동일본질이냐 그리스도의 어머니냐 하나님의 어머니냐, 연합한 이후에 한 본성이냐 연합한 이후에 두 본성이냐 등등 … 용어사용은 굉장히 중요한 문제입니다. 마찬가지로, 필리오케가 있느냐 없느냐 역시 전혀 다른 결과를 가져오게 된다고 생각한 것은 서방교회 뿐만 아니라 동방교회 역시 마찬가지였습니다. 그런데, 문제는 서로 다른 방향에서 생각했다는 점입니다. 예루살렘의 수도사들을 포함한 동방교회가 필리오케의 사용을 금한 것은 이유가 있었습니다. 동방교회의 입장에서는 성령이 성부와 성자로부터 나온다고 표현하면 성령의 신적인 원천이 둘이라고 주장하는 것이나 다를 것이 없다고 생각했습니다.

반대로, 서방교회의 입장에서는 아리우스주의의 주장을 무력화시키고 성부와 성자의 동일본질을 강조하기 위해서는 성령의 출처 문제에 있어서도 성부로부터 그리고 성자로부터 나온다고 표현하는 것이 적절하다고 생각했습니다. 치열하게 아리우스주의를 굴복시키고 정통신앙을 확립하고자 했던 서방교회의 삼위일체 신앙은 히포의 아우구스티누스가 저술한 삼위일체론에서 표현되었습니다.

> 성자와 성부는 동일한 본질이시며, 참 하나님이시다. 성부뿐 아니라 삼위일체가 불사이시다. 만물이 성부에게서만 오는 것이 아니라 성자에게서도 온다. 성령은 성부와 성자와 동등하시며 참 하나님이시다.[1]

이러한 상반된 이해는 삼위일체에 대한 동방교회와 서방교회의 서로 다른 해석에서 비롯되었을 뿐만 아니라, 삼위일체 교리를 발전시키는 과정에서 대적해야 했던 이단들의 주요한 주장과도 관련이 있습니다. 서방의 경우 교회가 대적해야 했던 이단 세력 가운데 가장 오랫동안 영향력을 행사했던 것은 예수의 신성을 부인했던 아리우스주의자였습니다. 아리우스는 성령의 신성에 대해서는 크게 관심을 두지 않았기 때문에 별다른 이의를 제기하지 않았으나, 성자의 신성에 대해서는 이

---

[1] Augustinus of Hippo, *On Trinity*, Book I, ch. 6.

의를 제기하였습니다. 따라서, 서방교회에서는 아리우스를 대항하기 위해서 성부와 성자의 관계를 강조하는 것으로 그 해결책을 만들려고 하였습니다. 한편 동방교회에서는 카파도키아 교부들이 삼위일체론을 확립하는 과정에서 주로 대적하였던 이단은 성령의 신성과 인격성에 대해서 부인하는 마케도니우스주의자였습니다. 동방교회는 성부와 성자의 동일본질을 지나치게 강조하게 되면 삼위일체 하나님의 역할과 균형이 깨어진다고 생각했습니다. 또한 그들은 성부와 성자에 의한 이중발출이 성부의 절대적 주권성을 심각하게 훼손시킨다고 보았습니다.

5. 결론적 진술

필리오케 논쟁은 삼위일체론과 관련되어 일어난 논쟁입니다. 325년에 작성된 니케아 신조는 성령에 대해서는 아무런 설명이 없이 믿는다고만 되어 있고, 381년에 작성된 니케아-콘스탄티노플 신조는 성부로부터 나온다고만 명시했기에 동방교회는 성령의 단일 발현을 주장했습니다. 이는 신성의 유일한 근원이신 성부에 대한 동방정교회의 믿음과 일치합니다. 단순히 교리적인 문제 뿐만 아니라 언어적이고 문화적인 차이, 정치적이고 교리적인 차이 등 여러가지 복합적인 문제들이 교회를 갈라서게 만들었습니다. 결국 회의를 통해서 작성된 니케아-콘스탄티노플 신조에 서방교회가 임의로 필로오케라는 용어를 삽입한 이 문제의 본질은 신학적인 문제일 뿐만 아니라, 절차의 문제이기도 했고, 감정의 문제이기도 했습니다. 결국 교회가 갈라지는 것은 진리를 지킨다는 숭고한 목적만은 아니라는 것을 확인하게 됩니다. 필리오케라는 용어 때문에 교회가 갈라지는 일이 없도록 동방교회의 신학자 다마스커스의 요한John of Damascus은 아버지로부터 아들을 통해서 성령이 나오신다고 표현할 것을 제안하기도 하였지만, 받아들여지지 않았습니다. 교회의 분열이든 사람들 간의 다툼이든 이성과 감성이 동시에 판단을 내리게 될 때 주도권을 갖는 것은 이성이 아니라 감성이라는 것을 기억할 필요가 있습니다.

제 4 장

중세교회의 교리논쟁 (2):
성만찬 논쟁

1. 서론적 진술
— 신앙과 이성과의 관계

신앙과 이성의 관계를 어떻게 설정할 수 있을까요? 신앙과 이성 간의 관계문제를 이른바 무신론의 입장에서 21세기 과학적 언어로 표현한 리차드 도킨스Richard Dawkins는 『만들어진 신』에서 양자가 양립할 수 없음을 로버트 피시그Robert Maynard Pirsig의 말을 인용하여 다음과 같이 표현했습니다: "누군가 망상에 시달리면 정신이상이라고 한다. 다수가 망상에 시달리면 종교라고 한다."[1] 과연 신앙과 이성은 대립적인 관계일까요? 만약 그렇다면, 마치 도킨스가 취하는 태도와 마찬가지로 신앙적인 사람들은 이성이 없거나 반지성적인 사람이라고 몰아가게 됩니다. 반대로 신앙과 이성간의 관계는 밀접하게 연결되어 있으며 유신론의 입장에서도 21세기 과학의 언어로 표현할 수 있다고 주장하는 사람들도 있습니다. 이들은 창조과학회를 중심으로 활동하고 있는데, 이들의 입장은 이성적인 사람이라면 과학의 언어로 이야기하는 창조의 증거들을 받아들일 수 있고 또 받아들여야 한다는 것을 전제로 하고 있습니다. 두 입장 모두 전제가 있습니다. 다른 말로 표현하면 각자의 믿음과 신념의 토대 위에 논리를 펼치고 있다 말할 수 있습니다.

---

[1] Richard Dawkins, *The God Delusion*, 이한음 역, 『만들어진 신』(서울: 김영사, 2007), 14.

이렇게 대립되는 양 진영에 속한 과학자들의 주장으로부터 확인할 수 있는 한 가지 사실은 유신론이든 무신론이든 일종의 신앙과 신념에서 출발한다는 것입니다. 하나님이 존재한다고 믿는 것과 마찬가지로, 하나님이 존재하지 않는다고 믿는 것입니다. 예를 들어 설명을 하기 위해 엉뚱해 보이는 질문을 도킨스에게 해 본다면 어떻게 반응할까요? "신의 존재를 믿지 않는데, 외계인의 존재 역시 같은 논리로 믿지 않는 것인가?"라고 논리로 따지자면 우주의 모든 행성을 다 조사한 후에 인간 이외의 존재는 없다라고 결론을 내리기 전까지는 "알 수 없다"고 답하는 것이 과학자다운 대답일 것입니다. 가정과 실험을 통한 증명이 과학적 접근방법이기 때문입니다. 이런 점에서 과학의 방법과 신학의 방법은 다르다고 할 수 있습니다.

그러나, 신앙과 이성과의 관계 그리고 신학과 과학과의 관계가 반드시 대립적인 것도 아니며, 반드시 밀접하게 연결되어 있는 것도 아니라 할 수 있습니다. 그렇다고 과학과 신앙이 대립적이라거나, 이성적인 사람이라면 신앙을 받아들여야만 하는 것도 아닙니다. 적절하게 표현한다면 상호보완적이라고 할 수 있습니다. 왜냐하면 신앙과 신학뿐만 아니라 이성과 과학도 하나님의 영광을 드러낼 수 있기 때문입니다.

2. 이성과 신앙의 관계 문제

이성과 신앙의 문제는 21세기 과학의 발전으로 갑자기 생겨난 학문의 주제는 아닙니다. 이성과 신앙의 관계 문제는 초대교회 때부터 지금까지 지속적으로 등장했던 논쟁적인 주제들 가운데 하나였습니다.

초대교회에서 이성과 신앙의 관계를 대립적으로 설정한 신학자는 테르툴리아누스로 그는 "예루살렘과 아테네가 무슨 상관이 있느냐?"라는 표현을 통해서 신앙으로 대표되는 예루살렘과 이성으로 대표되는 아테네는 상관이 없다고 주장했습니다. 그러나, 이미 성경에는 이성과 신앙의 관계 문제에 대해서 긍정적으로 가르치는 본문들이 기록되어 있음을 찾아볼 수 있습니다. 예를 들어 "예수께서 이르시되 내가 곧 길이요, 진리요, 생명이니 나로 말미암지 않고는 아버지께로 올 자가 없느니라"[2]고 하셨습니다. "진리"와 이성은 상호 대립되는 것이 아니기에, 예수님께서 말씀하시는 진리가 무엇인지를 이성을 활용하여 살펴볼 필요가 있습니다. 또한, 예수님께서는 승천하시기 전 제자들에게 하셨던 말씀을 교육의 관점에서도 볼 수 있습니다. 그동안 이를 선교 명령으로만 보아왔다면, 마지막 부분을 집중해서 볼 필요가 있습니다. 마지막 부분은 "내가 너희에게 분부한 모든 것을 가르쳐 지키게 하라"는 명령입니다. "가르쳐 지키게 하라"는 예수님의 명령을 기독교교육학에서는 "교육명령"이라고 하는데, 일반적인 의미에서 교육은 이성을 사용하는 활동입니다.

한편, 사도 바울은 그리스도교와 고대 철학과의 대화를 시도하면서 고대 철학을 비판적으로 수용하여 복음 선포의 방법을 제시했음을 사도행전 17장의 이른바 '아레오바고 설교'를 통해서 확인할 수 있습니다. "어떤 에피쿠로스와 스토아 철학자들도 바울과 쟁론할새 어떤 사람은 이르되 이 말쟁이가 무슨 말을 하고자 하느냐 하고 어떤 사람은 이르되 이방 신들을 전하는 사람인가보다 하니 이는 바울이 예수와 부활

2   요한복음 14:6 (개역개정).

을 전하기 때문이러라"³ 여기서 확인할 수 있는 것처럼 이미 사도 바울은 고대 철학을 비판하기도 하고 대화하기도 하면서 복음 선포의 새로운 방법으로 사용했습니다. 또한 로마서와 갈라디아서를 읽어보면 예수 그리스도의 복음에 대해서 논리적으로 잘 설명하고 있음을 알 수 있습니다. 이러한 경향은 오리게네스와 아우구스티누스의 신학적 논증을 통해서도 확인할 수 있습니다. 이와 같이 초기 그리스도교 전통은 이성과 신앙의 관계를 적대적인 것으로 설정하지 않았습니다. 다만, 성경의 모든 본문을 이성으로 설명할 수는 없었기에 이런 경우에는 영적인 의미가 있을 것으로 여기기도 했는데, 이는 결국 의미를 분석하는 해석의 문제로 귀결되었습니다.

3. 11세기 성만찬 논쟁의 역사적 배경

신앙과 이성과의 관계를 이야기한 많은 신학자들 가운데 중세를 대표하는 인물은 캔터베리의 안셀무스¹⁰³³⁻¹¹⁰⁹ 입니다. 그는 『프로슬로기온』⁴에서 "나는 믿는다 그러므로 나는 이해할 수 있다."라는 말로 신앙과 이성과의 관계를 설명했습니다. 이른바 이해를 추구하는 신앙을 강조했던 알셀무스는 『모노로기온』에서 "신앙이 있다고 해서 이성에 호소하지 않는 것은 태만이며 신앙이 이성에 선행하지 않는 것은 더 큰 태만이다."라고 했습니다. 이러한 그의 신학적 태도는 이성과 신앙의

---

3 사도행전 17:18 (개역개정).
4 Aselmus of Canterbury, *Monologion & Proslogion*, 박승찬 역, 『모노로기온&프로스로기온』 대우고전총서 2 (서울: 아카넷, 2002).

조화를 추구했던 중세 스콜라 신학을 대표합니다. 그가 이러한 태도를 주장한 데에는 그의 시대에 있었던 성만찬 논쟁이 중요한 영향을 미친 것으로 보입니다.

안셀무스보다 200년 앞선 시기에 아일랜드 출신으로 프랑크 왕국과 잉글랜드의 웨식스 왕국을 중심으로 활동했던 요하네스 스코투스 에리우게나Johannes Scotus Eriugena, 810-877는 스콜라 철학의 선구자로 알려져 있습니다. 요하네스 스코투스 에리우게나는 고대 그리스도교 철학자들에게 많은 영향을 미쳤던 신플라톤주의 철학을 중세로 연결시키는 작업을 합니다. 신플라톤주의의 영향을 받은 위-디오니시우스의 작품을 그리스어에서 라틴어로 번역하였고, 『자연구분에 대하여』를 저술하였습니다. 또한 그는 이중예정설을 주장한 북프랑스 지역의 오르바이스 수도원의 신학자 고트샬크를 반박하기 위해서 『예정론』을 저술하기도 했습니다. 그는 신앙과 이성의 관계에 대하여 『자연 구분에 대하여』에서 다음과 같이 표현했습니다: "오 주 예수님, 저는 당신에게 성령으로 영감을 받은 당신의 말씀 사변을 기만하는 어떠한 오류도 없이 올바르게 이해하는 것 말고는 어떤 다른 보상도, 어떤 다른 행복도, 어떤 다른 기쁨도 요구하지 않습니다." 그는 인간 이성을 통한 신앙의 조명을 강조하는 과정에서도 그는 신앙을 앎보다 우선시 하였습니다. 하나님의 계시가 인간의 이성에 앞서 있었고, 신앙은 이성과 하나가 되어야 한다고 말했는데 이는 곧 신학을 말하는 것이었습니다.

에리우게나와 동시대를 살았던 파스카시우스 라드베르투스785-865가 "성만찬의 떡은 승천한 그리스도의 몸과 동일하다"고 주장한 것이 논란을 일으켰습니다. 이는 주께서 제자들에게 잡히시던 밤에 떡과 잔을 나누어 주시면서 "이것은 내 몸이다, 이것은 내 피다"라고 하신 말씀을 어떻게 해석할 것인가의 문제와 연결되어 있습니다. 지금 여기에 떡으로 존재하는 물질이 과연 승천하신 그리스도의 몸과 동일하다고 할 수 있을까요? 그리스도가 실제로 떡 안에 들어와 계신다는 주장은 라트람누스에 의해서 비판을 받았고, 라트람누스는 실제적인 임재 대신에 영적임재를 주장했습니다. 이 당시까지는 화체설이 가톨릭 교회의 공식적인 입장이 되기 전이었다는 것을 알 수 있습니다. 그런데 문제는 11세기 중반에 이 논쟁이 다시 재점화되었다는 것입니다.

4. 성만찬 논쟁
— 베렌가리우스 vs. 란프랑쿠스

　　11세기에 또 다시 성만찬에 관한 논쟁이 벌어졌습니다. 이번에는 베렌가리우스999-1088와 란프랑쿠스1010-1089에 의해 논쟁이 진행되었습니다. 두 사람은 샤르트르 주교좌 성당학교에서 같이 공부한 우수한 학생들이었습니다. 베렌가리우스는 프랑스 샤르트르 성당학교에서 교육을 받은 후에 고향인 투르에서 성당학교 교장으로 활동했습니다. 그는 9세기에 있었던 성만찬 논쟁에 대해서 알고 있었고, 이 논쟁에서 라트람누스의 영적 임재설이 옳다고 생각했는데, 그 이유는 성만찬 떡이 실제로 그리스도의 몸이 되는 것은 논리적으로 말이 안 된다고 생각했습니다. 살이라면 살 맛이 나야 하는데, 여전히 빵 맛이 나는 물질을 그리스도의 살이라고 할 수는 없기 때문입니다.

　　란프랑쿠스는 샤르트르에서 공부를 마친 후 베크에 학교를 세우고 학생들을 가르쳤으나, 영적 체험을 한 후에는 수도원에 들어가서 지내고 있었습니다. 그런데, 로마 교황은 란프랑쿠스에게 성만찬 문제를 정리하는 글을 써달라고 부탁했습니다. 그는 아리스토텔레스의 '실체'와 '속성' 개념을 이용해 성만찬을 실재론적으로 해석하는 모델을 제시했습니다. 그리고 이 해석모델이 1215년 라테란 공의회에서 '화체설'로 승인되어, 지금까지 로마 가톨릭 교회의 공식 입장이 되었습니다.

여기서 신앙과 이성의 문제가 다시 등장합니다. 성만찬의 문제에 대해서 실제적 임재로 보는 입장과 영적임재로 보는 입장 모두 이성과 신앙의 관계라는 관점에서 나름의 방법으로 설명을 시도한다는 점 때문입니다. 베렌가리우스는 란프랑쿠스에게 편지를 보내 "9세기 파스카시우스의 전철을 밟고 있다."고 우려를 표현했습니다. 란프랑쿠스의 실재론적 성만찬 해석은 '실체'와 '속성' 개념을 잘못 이해한 결과임을 지적했습니다. 그러나, 란프랑쿠스는 곧바로 이 편지를 로마 공의회로 보내어 회람시켰고, 거기서 베렌가리우스의 견해는 정죄되었습니다. 성만찬의 떡이 그리스도의 몸임을 그가 부정했기 때문입니다. 성경 말씀은 "떡이 그리스도의 몸이"라고 하는데, 베렌가리우스는 떡이 그리스도의 몸이 아니라고 주장했다는 것이 이유입니다. 그런데, 동문수학한 두 사람이 서로 다른 견해를 가지고 논쟁하는 과정에서 교회가 개입했습니다. 아직 논쟁이 결론이 나지 않았는데도 주교들과 수도원장들은 란프랑쿠스의 일방적인 승리를 선언해 버렸고, 베렌가리우스에게는 파문당할 수도 있다고 위협하며 주장을 철회할 것을 강요했습니다. 교황청 특사인 힐데브란트 추기경이 주재한 공의회가 투르에서 1054년에 열렸고, 이 자리에서 베렌가리우스는 떡이 진정한 그리스도의 살임을 고백해야 했습니다. 프랑스의 주교들은 베렌가리우스가 공개적으로 인정한 선에서 성만찬 논쟁을 끝내고 싶어했지만, 그는 그 이후 죽을 때까지

30여 년 가까운 시간 동안 요청이 있을 때마다 공개적으로 축성 후 떡과 잔의 실체가 바뀐다는 표현을 강요당하며 이 논쟁의 결과로 인한 수모를 겪어야 했습니다.

5. 결론적 진술

성만찬 논쟁은 그리스도교 교리사의 관점에서 보면 중요한 논쟁입니다. 로마 가톨릭과 개신교가 갈라진 이후에 종교개혁 진영 안에서 교리적 일치를 시도하였으나 합의에 도달하지 못하고 헤어졌을 때에도 걸림돌이 되었던 그 핵심적인 문제는 성만찬에 관한 교리였습니다. 과연 성만찬 논쟁의 핵심적인 문제는 무엇이었을까요? 이 문제는 이성과 신앙의 문제인 동시에 텍스트와 해석의 문제였습니다. "인간의 감각으로 맛보아 느껴지는 성만찬의 떡이 그리스도의 몸이라고 이성적으로 말할 수 있는가?"의 문제인 동시에, 성경의 텍스트에 기록된 "이 떡은 내 몸이다"라는 주님의 말씀을 이성적으로 해석하는 과정에서 떡을 떡이라고 할 것이냐, 그리스도의 몸이라고 할 것이냐의 문제였습니다.

똑같은 논쟁이 9세기와 11세기에 반복해서 일어났는데, 9세기에는 영적 임재설로 받아들여졌던 성만찬 이론이 11세기에는 실재적 임재로 받아들여졌던 것은 어떤 이유에서였을까요? 과연 그동안 교회 안에는 무슨 변화가 있었던 것일까요? 시기적으로 본다면 아직까지 아리스토텔레스의 저술이 라틴어로 번역되어 소개되기 이전입니다. 그러하기에 신학적으로 철학적으로 단단한 토대 위에서 논리를 전개한 것은 아니라는 점을 지적할 필요가 있습니다. 그렇다면 교회는 어떠한 이유로 11세기의 성만찬 논쟁에서 실재적 임재설 편을 들어주었던 것일까요?

시대의 상황이나 텍스트를 해석하는 방법 외에도 제도로서의 교회에 권위를 부여하고 보이지 않는 구원의 확신을 보이는 것으로 바꾸어 설명해야할 필요성도 있었을 것입니다. 11세기의 성만찬 논쟁 이후에 로마 가톨릭 교회는 화체설을 공식화하면서 성만찬의 떡을 받아 먹음으로써 구원의 은혜가 주입된다고 설명하면서 성만찬의 떡을 먹어야만 구원의 은혜에서 떨어져 나가지 않을 수 있다고 주장함과 동시에 교회의 권위를 인정하지 않고 그에 도전하면 수찬정지라는 징벌을 통해서 구원의 은혜를 더 이상 맛보지 못하도록 하겠다고 으름장을 놓았습니다. 11세기 성만찬 논쟁을 거치면서 12세기 화체성을 공식화하는 과정에서 표면적으로는 이성과 신앙의 관계를 아리스토텔레스의 개념과 논리를 사용하여 그럴듯하게 설명해 낸 것처럼 보입니다. 하지만, 개신교 입장에서 비판적인 시각으로 보면 로마 가톨릭 교회의 권위를 높이고 신자들을 교회의 권위 아래 통제하기 위해서 이성의 용어로 비이성적인 제도를 만들어 낸 것처럼 보입니다. 21세기에도 이러한 상황은 크게 다르지 않습니다. 과학의 용어와 개념으로 무엇을 설명한다고 다 이성적이고 논리적이고 합리적인 것은 아닙니다. 결국 무엇을 믿는가의 문제입니다.

제 5 장

중세교회사로부터
무엇을 배울 수 있을까?

1. 서론적 질문
— 기억상실증?

이번 장에서도 하나의 질문으로 시작하려고 합니다. 질문은 다음과 같습니다. "자신의 과거와 현재에 대해서 전혀 알지 못하고 또 기억하지 못하는 사람을 일컫는 증상을 무엇이라고 할까요?" 개인의 역사, 즉 자신의 과거와 현재에 대해서 알지 못하는 사람을 무엇에 비유할 수 있을까요? 라는 질문으로도 바꾸어 볼 수 있습니다. 정답은 드라마의 모티브로 자주 등장하는, 기억상실증입니다. 비유적으로 설명하자면, 역사를 알지 못하는 사람은 기억상실증에 걸린 사람과도 같습니다. 그리스도인으로서의 정체성을 확인하고자 한다면, "교회사란 무엇인가?" 그리고 "교회사를 왜 공부해야 하는가?"라는 질문을 해야 합니다. 특별히 오늘 강의의 주제가 중세교회사로부터 무엇을 배워야 하는가 이기에, 앞서 제기한 두 질문은 다음과 같이 다시 바꾸어 던져볼 수 있습니다. 중세교회사란 무엇인가, 그리고 중세교회사는 왜 공부해야 하는가? 자신의 출생부터 현재에 이르기까지 모든 순간들을 다 기억하지는 못한다고 하더라도 자신이 누구인지 알 수 있는 것처럼, 비록 2,000년 교회의 역사를 다 꿰뚫고 있지 못한다고 하더라도 그리스도인으로서의 정체성을 확립하는 데는 문제가 없습니다. 그러나 문제는 교회 공동체에 속한 그리스도인들 가운데 그리스도인으로서의 정체성을 확립하는

데 기초가 되는 내용들, 즉 예수 그리스도는 어떤 분이신지, 그리스도인 됨의 의미가 무엇인지, 그리고 복음이 어떻게 우리 자신에게까지 전해 졌는지를 확신을 가지고 설명할 수 있는 사람이 많은 것 같지 않습니 다. 그러면서 구원을 받는데는 지장이 없으니 교회 역사를 몰라도 된다 며 편리한 대로 생각을 해 버립니다. 특히, 로마 가톨릭이 지배했던 중 세교회는 복음과 아무런 상관이 없고 로마 가톨릭은 나와 전혀 상관이 없으니 로마 가톨릭이 지배했던 중세교회사에 대해서는 알 필요가 없 다고 생각한 적은 없었나요?

2. 역사와 교회사

여러분들은 학창 시절 역사 과목을 좋아하셨습니까? 제가 가르 쳤던 신학대학원 학생들 가운데는 역사를 싫어하는 학생들이 제법 있 었는데, 그 이유는 암기과목이었기 때문이라고 합니다. 암기과목이니까 무조건 외워야 할 것 같아서 사람 이름 외우고, 사건이 일어난 년도 숫 자를 외우고, 책 이름 외우고 해 봤는데 … 외울 것이 많아도 너무나 많 으니 메모리 용량의 한계를 느끼고 결국 외울 것이 많은 역사를 싫어하 게 된 것 같습니다. 이것은 우리가 역사를 잘못 배웠기 때문입니다. 역 사는 암기 과목이 아닙니다.

입시 위주의 교육에서는 국어, 영어, 수학은 점수 배점을 많이 하 면서 중요한 과목이라고 하고, 다른 과목들은 중요하지 않은 그리고 배 점이 적은 암기과목이라고 말해왔습니다. 역사 뿐만 아니라 대부분의 과목들이 입시 위주로 공부를 하게 되면 외울 것들이 상당히 많아지는 합니다. 그런데, 2010년대 초반에는 심지어 서울대만 입시에서 국사를 필수과목으로 정해놓았었기에 서울대 갈 실력이나 생각이 없는 학생들이 굳이 국사를 공부할 필요성을 느끼지 못했습니다. "서울대 갈 것도 아니고, 나중에 공무원 시험을 볼 것도 아닌데 국사를 왜 공부하냐?"며 국사를 공부하지 않던 시절이 있었습니다. 이는 교회사 시험봐서 천국 가는 것도 아니고, 교회사를 모른다고 구원 받지 못하는 것도 아닌데 교회사를 왜 공부하냐고 말하는 것과 다르지 않습니다.

역사는 암기 과목이 아니라 옛날 이야기 입니다. 사람들이 살아온 이야기, 느끼고 생각하는 방식에 관한 이야기입니다. 과거에 살았던 사람들이 비록 죽었으나 사료를 통해서 여전히 살아있는 것처럼 이야기하는 것이 역사입니다. 인간관계를 설명하는 이야기로서의 역사, 그리고 인과관계를 탐구하는 학문으로서의 역사를 배우지 않았기 때문에 역사를 싫어하게 된 것이라고 저는 생각합니다. 그래서 저는 역사를 다음과 같이 설명합니다: "역사는 인간관계 그리고 인과관계를 연구하는 학문이다." 역사는 하나의 사건을 암기하는 것이 아니라 그 사건이 왜 일어났는지, 어떻게 전개가 되었는지, 결과는 어떻게 되었는지, 그리고 그 결과가 후대에 어떠한 영향을 끼쳤는지를 연구하는 것입니다. 마치 탐정이 사건을 해결하기 위해서 실마리를 제공할 수 있는 단서를 찾아내고, 그 단서들을 기초로 하여 인과관계를 추리해 가면서 사건을 재구성하는 것과 같습니다. 이와 같이 역사는 암기과목이 아니라 인과관계를 연구하는 학문입니다.

그렇다면, 역사를 교회사가 되게 만드는 교회는 무엇일까요? 이에 답하기 위해서는 마태복음 16장 16-18절의 말씀을 살펴보아야 합니다. "시몬 베드로가 대답하여 이르되 주는 그리스도시요 살아 계신 하나님의 아들이시니이다. 예수께서 대답하여 이르시되 바요나 시몬아 네가 복이 있도다 이를 네게 알게 한 이는 혈육이 아니요 하늘에 계신 내 아버지시니라. 또 내가 네게 이르노니 너는 베드로라 내가 이 반석 위에 내 교회를 세우리니 음부의 권세가 이기지 못하리라." 예수 그리스도를 구세주로 고백하는 성도들의 공동체가 교회입니다. 따라서 교회사는 예수 그리스도로부터 시작된 복음이 오늘날 우리에게 오기까지 복음을 한 세대에서 다음 세대로 넘긴 모든 그리스도인들의 이야기라고 할 수 있습니다.

3. 복음의 연속성과 불연속성

마가복음은 다음과 같이 시작합니다. "하나님의 아들 예수 그리스도 복음의 시작이라." 복음이 예수 그리스도에게서 시작되어 지금 저와 여러분에게 오기까지 2,000년이 넘는 시간동안 한 세대에서 다음 세대로 전해져 내려왔는데, 그 복음이 이른바 중세 1,000년의 시간은 건너뛰고 마틴 루터에게 전달되었을까요? 만약 그러한 논리대로라면 복음을 알 수 없었던 중세교회의 그리스도인들은 구원을 받지 못한 것일까요? 만약, 그렇다고 한다면 복음이 능력이 없는 것이라고 할 수도 있습니다. 그러나 복음은 사람들에 의해서 감추어 질 수 있는 것도 아니고, 악한 사람들에 의하여 질식당해 사라져 버릴 수 있는 것도 아닙니다. 예수 그리스도에게서 시작된 복음은 한 번도 중단된 적이 없이 지금까지 연속해서 이어져 오고 있고 또 우리를 통해서 다음 세대에 온전하게 넘겨질 것입니다. 이러한 복음의 속성을 역사에서는 복음의 연속성이라고 합니다.

교회의 역사는 이와 같이 복음의 연속성을 다루기에 2000년 역사 가운데 어느 것 하나 소홀히 할 수 없음을 생각해야만 합니다. 우리 개인의 역사를 생각할 때, 비록 우리가 잘 모르고 있고 또 관심을 두지 않는다고 하더라도 우리들 자신의 존재로 인하여 선조들의 존재를 부인할 수는 없는 것처럼, 교회의 역사도 마찬가지 입니다. 비록 우리의 선조들이 나라를 구한 것도 아니고 자랑할 만한 업적을 남긴 것이 없다고 하여 우리와 전혀 상관이 없다고 우리의 조상이 아니라고 할 수 없는 것처럼, 교회의 역사도 마찬가지입니다.

2,000년 교회의 역사에 나타난 믿음의 선조들이 때로는 자랑스럽다고 여길만한 일도 했었고, 때로는 그들이 자랑스럽지 못한 심지어 하나님 보시기에 부끄러운 악행들도 저질렀습니다. 그렇다고 해서 그들이 우리의 믿음의 선조들이 아니라고 부정할 수는 없습니다. 그들에게 복음이 없었다고 할 수는 없습니다. 또 그렇다고 해서 복음의 능력으로 힘 있게 살아간 것도 아니었습니다. 때로는 스스로를 하나님의 백성이라고 여기던 사람들이 자신들의 유익을 위해 저지른 악행들이나 악행인줄도 모르고 하나님의 이름으로 담대하게 저지른 죄악들이 있습니다. 이러한 모습은 예수 그리스도의 온전한 복음이 역할을 하지 못하도록 어두움 가운데 있었다고 할 수 있기에 하나님의 능력과 복음의 능력이 잘 보이지 않는 것 같은 생각이 들게 하기도 합니다. 이러한 상황을 교회사에서는 복음의 불연속성이라고 표현하기도 합니다.

그렇다면, 여기서 고민이 생깁니다. 로마 가톨릭이 지배하던 중세교회에도 복음이 있었는가 하는 질문입니다. 중세교회에도 복음이 있었겠지만, 잘 보이지 않아서 없는 것처럼 느껴진다면 어떻게 해야 할까요? 없는 것으로 간주하고 잘 보이는 부분에 집중하면 될까요? 실제로 지금까지 개신교 역사가들은 그렇게 해왔습니다. 중세는 없는 것으로 간주하고 종교개혁사에 집중해 왔습니다. 그러나, 그리스도교 공동체의 역사가 교회의 역사라는 것을 생각하면서 중세에도 그리스도교 공동체가 여전히 존재했다는 것을 인정한다면, 역사가 무엇을 의미하는지 안다면, 복음의 연속성을 생각한다면 그리스도교 역사의 절반을 내 것이 아닌 남의 것으로 간주 할 수는 없습니다.

4. 중세의 수도원 운동과 영성

그러면, 복음의 연속성을 생각하고 중세 1,000년의 역사를 우리 것으로 생각한다면 중세 교회사를 어떻게 다루어야 할까요? 지금까지는 복음이 너무나 희미해서 보이지 않는 것과 같이 여겼다면, 이제부터는 오히려 더 큰 애정을 가지고 오랜 시간동안 자세하게 들여다 보아야 희미하게나마 무언가 보이지 않겠습니까? 다행스럽게도 저는 대학생 시절 서양사를 전공으로 공부하던 중 중세사를 담당하던 교수님으로부터 깊은 인상을 받고 중세의 중요성에 대해서 일찍이 알게 되었습니다.

30년 가까이 중세사와 중세교회사에 관심을 가지고 자세하게 들여다보니 희미하게나마 보이는 것이 있었습니다. 그것은 바로 중세 수도원 운동이었습니다. 복음의 능력이 교회제도로 인해서 질식될 것과 같은 상황이 되었을 때 하나님께서는 하나님의 사람들을 사용하셔서 교회를 갱신하게 하셨고, 하나님의 사람들은 수도원 운동을 통해서 교회에 새로운 활력을 불어 넣었습니다. 물론 그렇게 시작된 수도원도 또 다시 본래의 정신을 잃어버리기도 합니다. 그럴 때 또 다른 사람들을 통해서 다른 수도원들이 생겨나기를 반복했습니다. 말하자면 중세에 수도원 운동은 이른바 교회개혁운동의 역할을 해 왔습니다. 또한 수도원 운동에 참여하지 않은 사람들 가운데서는 세상을 등지고 개인의 이익과 권력을 탐하는 대신 하나님을 바라보며 하나님과의 친밀함을 추구했던 사람들이 있습니다. 이러한 사람들을 교회사에서는 영성가라고 표현합니다. 이러한 영성가들 가운데 신학적인 작품을 남긴 사람들은 남녀를 불문하고 신학자로 인정받습니다. 심지어 로마 가톨릭 교회에서는 중세 여성 가운데 3명에게 교회박사라는 호칭을 주어서 신학자로 인정하고 있습니다. 그 세 명의 여성은 아빌라의 테레사, 시에나의 카타리나 그리고 빙엔의 힐데가르트 입니다. 혹 이 여성들의 이름을 들어보신 적이 있나요? 중세 여성들은 로마 가톨릭 편 사람들이니 우리와 상관이 없다고만 생각하셨나요? 그렇지 않습니다. 중세 여성들 가운데는 교권에 정면으로 도전하다가 마녀로 몰려서 화형을 당한 사람들도 있고, 겸손과 순종의 태도를 유지하면서도 자신이 경험한 하나님 체험을 기록으로 남겨서 후대에 전해준 신학자들도 있습니다.

중세교회사에 교황을 중심으로 한 타락한 교회만 있었던 것은 아닙니다. 마치 아합의 시대에 엘리야가 하나님의 사람들이 없음을 한탄했으나 하나님께서 남은 자를 숨겨 두셨다고 말씀하셨던 것처럼, 타락한 교황의 시대에도 하나님께서 숨겨두었던 사람들이 있습니다. 이제 저와 같은 역사가들이 중세교회사에 관심을 가지고 숨겨져 있던 사람들에게 빛을 비추어 수도원 운동과 영성가들의 삶을 배워야 할 뿐만 아니라, 타락한 중세 교회의 모습을 그대로 따라하지 않도록 경종을 울리며 반면교사로 삼아야 할 것입니다.

5. 결론적 진술

정체성이라는 거창한 단어를 사용하지 않는다고 하더라도, 자신이 누구인지, 가족이 누구인지, 자신이 어떤 일을 했는지 전혀 알지 못하는 사람이 있다면, 이 사람은 기억상실증에 걸린 사람이라고 할 수 있습니다. 이러한 상태를 개인이 아닌 공동체적 차원에서 생각한다면, 민족의 역사나 그리스도교 공동체의 역사를 알지 못하는 사람 역시 기억상실증에 걸린 사람과 같다고 할 수 있을 것입니다. 그런데, 전혀 기억하지 못하는 것은 아니고 생애의 절반쯤만을 기억하고 있으면서도, 기억하고 싶은 것만 기억하면서 그 외의 것들은 알고 싶어 하지도 않고 또 알 필요도 없다고 하는 태도는 어떻게 설명할 수 있을까요? 문제는 이것이 남의 이야기가 아니라 우리 개신교인들의 이야기라는데 있습니다.

그래서 우리는 중세교회사로부터 무엇을 배울 수 있을까를 생각해 보았습니다. 그런데 지식에 해당되는 '내용'보다는 태도에 해당되는 '마음'이 더 중요해 보입니다. 배우기 위해서는 먼저 겸손한 마음이 있어야 합니다. 2000년 교회 역사에 비교한다면 한국 그리스도교는 1/20에 해당되는 짧은 역사를 가지고 있습니다. 2000년 교회 역사에는 중요한 그리스도교 전통들이 많이 있는데, 중세교회사를 개신교 전통과 전혀 상관이 없는 것으로 여길 수는 없습니다. 타락한 교황들의 교회제도로부터는 저렇게 해서는 안 된다는 것을 배워야 하고, 교회를 갱신하려고 수도원 운동을 시작했던 사람들로부터는 저렇게 해야 한다는 것을 배워야 합니다. 또한 중세에도 하나님과의 친밀함, 나아가 하나님과의 연합을 추구하며 영성생활에 전념했던 이들이 남긴 글로부터는 오늘날 우리의 신앙생활에 적용할 수 있는 것을 찾아내어야 합니다. 중세 영성가들이 묵상한 하나님의 사역과 하나님의 말씀에 대한 경험을 남긴 사람들의 작품을 연구하고 오늘의 삶에 적용함으로써 중세교회사를 더이상 로마 가톨릭 교회의 것으로 또는 남의 것으로 취급하는 것을 멈출 수 있을 것입니다. 그렇게 할 때 우리는 복음의 연속성이라는 관점에서 2000년 교회의 역사를 온전하게 이해할 수 있게 됩니다. 복음의 연속성을 생각하면 꼭 해야 하는 일인데도 불구하고 하는 사람이 없었습니다만, 이제는 중세교회사의 중요성을 알고, 중세교회사로부터 배워야 할 것이 있음을 기억해야 할 것입니다.

참고 문헌

대한예수교장로회 총회. 『헌법』. 서울: 한국장로교출판사, 2007.

한국천주교중앙협의회. 『로마 미사 경본』 제3판, 한국어판. 서울: 한국천주교중앙협의회, 2017.

Anselmus of Canterbury. *Monologion& Proslogion*. 박승찬 역. 『모노로기온&프로스로기온』, 대우고전총서 2. 서울: 아카넷, 2002.

Bauer, Walter. *Orthodoxy and Heresy in Earliest Christianity*. Philadelphia: Fortress, 1971; Rechtgläubigkeit und Ketzerei im ältesten Christentum. Tübingen: J. C. B. Mohr, 1964.

Cyril of Alexandria. "Third letter to Nestorius." In *St. Cyril of Alexandria, The Christological Controversy: Its History, Theology, and Texts*. Translated by John McGuick. New York: Brill 1994.

Dawkins, Richard. *The God Delusion*. 이한음 역. 『만들어진 신』. 서울: 김영사, 2007.

DeYoung, Kevin. *The Good News We Almost Forgot*. 신지철 역. 『왜 우리는 하이델베르크 교리문답을 사랑하는가』. 서울: 부흥과개혁사, 2012.

Gregory of Nyssa. "On 'Not Three Gods' to Ablabius." in Phllip Schaff (ed), *Nicene and Post-Nicene Fathers Second Series, Vol. V: Gregory of Nyssa: Dogmatic Treatises; Select Writings and Letters*. Peabody, MA: Hendrickson Publishers, 1994. https://ccel.org/ccel/schaff/npnf205/npnf205.viii.v.html [2024. 04. 15. 접속].

Holcomb, Justin S. *Know the Creeds and Councils*. 이심주 역. 『신조를 알면 교회사가 보인다』. 서울: 부흥과 개혁사, 2015.

Lane, Tony. *History of Christian Thoughts*. 박도웅, 양정호 역. 『기독교 인물 사상사전』. 서울: 홍성사, 2007.

Nestorius. *The Bazaar of Heracleides*. Edited and traslated by G. R. Driver and Leoard Hodgson. Oxford: Clarendon Press, 1925.

Outler, Albert. *The Wesleyan Theological Heritage: Essays of Albert Outler*. Edited by Thomas C. Oden & Leicester R. Longden. Grand Rapids, MI: Zondervan Publishing House, 1991.

_____. "웨슬리의 4가지 신학적 기준." 김기철 역. 『세계의 신학』 31 (1996. 6.), 211-

30.

Ruckman, Peter. "로마카톨릭의 신조, 사도신경." 『월간 성경대로 믿는 사람들』. (2002. 5.)

Ruether, Rosemary R. *Introducing Redemption in Christian Feminism*. Cleveland, OH: Pilgrim Press, 2000.

Schaff, Philip. *The Creeds of Christendom, with a history and critical notes, Vol. 1: The History of the Creeds*. Grand Rapid: Baker Books, 1984.

작자미상. *The Shepherd of Hermas*. 하성수 역. 『헤르마스 목자』. 왜관: 분도출판사, 2002.

인터넷 자료

Catholic Encyclopedia. "Harrowing the Hell." https://www.newadvent.org/cathen /07143d.htm [2023. 11. 05. 접속].

대한민국 국방부. "복무신조." https://www.facebook.com/MNDKOR/posts/420877 1755844426 [게시 2024. 02. 22.].

대한성공회 분당교회. "성공회 39개 신앙신조." https://www.skhbundang.or.kr/557 [2024. 04. 05. 접속].

박도식. "상식교리 101, 성모 승천." 『가톨릭 신문』(1982. 8. 15), 4면. https://m.cath olictimes.org/mobile/article_view.php?aid=217527 [2023. 11. 10. 접속].

백영찬. "성경 안맞는 사도신경으로 고백하면 안된다." 「웨슬리안타임즈」, http:// www.kmcdaily.com/news/articleView.html?idxno=3557 [게시 2018. 04. 20.].

서울대학병원 홈페이지 N의학정보. "해리성 정체감 장애." http://www.snuh.org/ health/nMedInfo/nView.do?category=DIS&medid =AA000362 [2024. 04. 17. 접속].

위키 백과. "취미." https://ko.wikipedia.org/wiki/%EC%B7%A8%EB%AF%B8 [2023. 11. 06. 접속].

_____. "신조." https://w.wiki/848p [2023. 11. 06. 접속].

한국컴퓨터 선교회. "니케아 신조." http://kcm.kr/dic_view.php?nid=38154 [게시 2007. 06. 06.].

영상자료

Amenábar, Alejandro (director). Agora. 영화「아고라」(2009).

Howard, Ronald William (director). Da Vinci Code. 영화「다빈치 코드」(2001).

Shadyac, Tom (director). Bruce Almighty. 영화「브루스 올마이티」(2003).